LES

QUARANTE-CINQ

DEUXIÈME PARTIE

PARIS. — IMP. DE LA SOC. ANON. DE PUBL. PÉRIOD. — P. MOUILLOT. — 42479

LES

QUARANTE-CINQ

PAR

ALEXANDRE DUMAS

ILLUSTRÉS PAR J.-A. BEAUCÉ ET COPPIN

DEUXIÈME PARTIE

PARIS
CALMANN LÉVY, ÉDITEUR
ANCIENNE MAISON MICHEL LÉVY FRÈRES
3, RUE AUBER, 3

Le duc n'en avait pas moins une escorte de deux ou trois cents hommes. — Page 2.

LES QUARANTE-CINQ

PAR

ALEXANDRE DUMAS

XXXII

MESSIEURS LES BOURGEOIS DE PARIS

M. de Mayenne, dont on s'occupait tant au Louvre, et qui s'en doutait si peu, partit de l'hôtel de Guise par une porte de derrière, et tout botté, à cheval, comme s'il arrivait seulement de voyage, il se rendit au Louvre, avec trois gentilshommes.

M. d'Epernon, averti de sa venue, fit annoncer la visite au roi.

M. de Loignac, prévenu de son côté, avait fait donner un second avis aux quarante-cinq : quinze se tenaient donc, comme il était convenu, dans les antichambres; quinze dans la cour et quatorze au logis.

Nous disons quatorze, parce qu'Ernauton ayant, comme on le sait, reçu une mission particulière, ne se trouvait point parmi ses compagnons.

Mais comme la suite de M. de Mayenne n'était de nature à inspirer aucune crainte, la seconde compagnie reçut l'autorisation de rentrer à la caserne.

M. de Mayenne, introduit près de Sa Majesté, lui fit avec respect une visite que le roi accueillit avec affection.

— Eh bien! mon cousin, lui demanda le roi, vous voilà donc venu visiter Paris?

— Oui, sire, dit Mayenne; j'ai cru devoir venir, au nom de mes frères et au mien, rappeler à Votre Majesté qu'elle n'a pas de plus fidèles sujets que nous.

— Par la mordieu! dit Henri, la chose est si connue, qu'à part le plaisir que vous savez me faire en me visitant, vous pouviez, en vérité, vous épargner ce petit voyage.

Il faut bien certainement qu'il y ait eu une autre cause.

— Sire, j'ai craint que votre bienveillance pour la maison de Guise ne fût altérée par les bruits singuliers que nos ennemis font circuler depuis quelque temps.

— Quels bruits? demanda le roi avec cette bonhomie qui le rendait si dangereux aux plus intimes.

— Comment! demanda Mayenne un peu déconcerté, Votre Majesté n'aurait rien ouï dire qui nous fût défavorable?

—Mon cousin, dit le roi, sachez, une fois pour toutes, que je ne souffrirais pas qu'on dît ici du mal de MM. de Guise; et comme on sait cela mieux que vous ne paraissez le savoir, on n'en dit pas, duc.

— Alors, sire, dit Mayenne, je ne regretterai pas d'être venu, puisque j'ai eu le bonheur de voir mon roi et de le trouver en pareilles dispositions; seulement, j'avouerai que ma précipitation aura été inutile.

— Oh! duc, Paris est une bonne ville d'où l'on a toujours quelque service à tirer, fit le roi.

— Oui, sire, mais nous avons nos affaires à Soissons.

— Lesquelles, duc?

— Celles de Votre Majesté, sire.

— C'est vrai, c'est vrai, Mayenne : continuez donc à les faire comme vous avez commencé; je sais apprécier et reconnaître comme il faut la conduite de mes serviteurs.

Le duc se retira en souriant.

Le roi rentra dans sa chambre en se frottant les mains.

Loignac fit un signe à Ernauton qui dit un mot à son valet et se mit à suivre les quatre cavaliers.

Le valet courut à l'écurie, et Ernauton suivit à pied.

Il n'y avait pas de danger de perdre M. de Mayenne; l'indiscrétion de Perducas de Pincorney avait fait connaître l'arrivée à Paris d'un prince de la maison de Guise. A cette nouvelle, les bons ligueurs avaient commencé à sortir de leurs maisons et à éventer sa trace.

Mayenne n'était pas difficile à reconnaître à ses larges épaules, à sa taille arrondie et à sa barbe en écuelle, comme dit l'Etoile.

On l'avait donc suivi jusqu'aux portes du Louvre, et, là, les mêmes compagnons l'attendaient pour le reprendre à sa sortie et l'accompagner jusqu'aux portes de son hôtel.

En vain Mayneville écartait les plus zélés en leur disant :

— Pas tant de feu, mes amis, pas tant de feu; vrai Dieu! vous allez nous compromettre.

Le duc n'en avait pas moins une escorte de deux ou trois cents hommes lorsqu'il arriva à l'hôtel Saint-Denis où il avait élu domicile.

Ce fut une grande facilité donnée à Ernauton de suivre le duc, sans être remarqué.

Au moment où le duc rentrait et où il se retournait pour saluer, dans un des gentilshommes qui saluaient en même temps que lui, il crut reconnaître le cavalier qui accompagnait ou qu'accompagnait le page qu'il avait fait entrer par la porte Saint-Antoine, et qui avait montré une si étrange curiosité à l'endroit du supplice de Salcède.

Presque au même instant, et comme Mayenne venait de disparaître, une litière fendit la foule. Mayneville alla au devant d'elle : un des rideaux s'écarta, et, grâce à un rayon de lune, Ernauton crut reconnaître et son page et la dame de la porte Saint-Antoine.

Mayneville et la dame échangèrent quelques mots, la litière disparut sous le porche de l'hôtel; Mayneville suivit la litière, et la porte se referma.

Un instant après, Mayneville parut sur le balcon, remercia au nom du duc les Parisiens, et, comme il se faisait tard, il les invita à rentrer chez eux, afin que la malveillance ne pût tirer aucun parti de leur rassemblement.

Tout le monde s'éloigna sur cette invitation, à l'exception de dix hommes qui étaient entrés à la suite du duc.

Ernauton s'éloigna comme les autres, ou plutôt, tandis que les autres s'éloignaient, fit semblant de s'éloigner.

Les dix élus qui étaient restés, à l'exclusion de tous autres, étaient les députés de la Ligue, envoyés à M. de Mayenne pour le remercier d'être venu, mais en même temps pour le conjurer de décider son frère à venir.

En effet, ces dignes bourgeois que nous avons déjà entrevus pendant la soirée aux cuirasses, ces dignes bourgeois, qui ne manquaient pas d'imagination, avaient combiné, dans leurs réunions préparatoires, une foule de plans auxquels il ne manquait que la sanction et l'appui d'un chef sur lequel on pût compter.

Bussy-Leclerc venait annoncer qu'il avait exercé trois couvents au maniement des armes, et enrégimenté cinq cents bourgeois, c'est-à-dire mis en disponibilité un effectif de mille hommes.

Lachapelle-Marteau avait pratiqué les magistrats, les clercs et tout le peuple du palais. Il pouvait offrir à la fois le conseil et l'action; représenter le conseil par deux cents robes noires, l'action par deux cents hoquetons.

Brigard avait les marchands de la rue des Lombards, des piliers des halles et de la rue Saint-Denis.

Crucé partageait les procureurs avec Lachapelle-Marteau, et disposait, de plus, de l'Université de Paris.

Delbar offrait tous les mariniers et les gens du port, dangereuse espèce formant un contingent de cinq cents hommes.

Louchard disposait de cinq cents maquignons et marchands de chevaux, catholiques enragés.

Un potier d'étain qui s'appelait Pollard et un charcutier nommé Gilbert présentaient quinze cents bouchers et charcutiers de la ville et des faubourgs.

Maître Nicolas Poulain, l'ami de Chicot, offrait tout et tout le monde.

Quand le duc, bien claquemuré dans une chambre sûre, eut entendu ces révélations et ces offres :

— J'admire la force de la Ligue, dit-il, mais le but qu'elle vient sans doute me proposer, je ne le vois pas.

Maître Lachapelle-Marteau s'apprêta aussitôt à faire un discours en trois points; il était fort prolixe, la chose était connue; Mayenne frissonna.

— Faisons vite, dit-il.

Bussy-Leclerc coupa la parole à Marteau.

— Voici, dit-il. Nous avons soif d'un changement; nous sommes les plus forts, et nous voulons en conséquence ce changement : c'est court, clair et précis.

— Mais, demanda Mayenne, comment opérerez-vous pour arriver à ce changement?

— Il me semble, dit Bussy-Leclerc avec cette franchise de parole qui chez un homme de si basse condition que lui pouvait passer pour de l'audace, il me semble que l'idée de l'Union venant de nos chefs, c'était à nos chefs et non à nous d'indiquer le but.

— Messieurs, répliqua Mayenne, vous avez parfaitement raison : le but doit être indiqué par ceux qui ont l'honneur d'être vos chefs; mais c'est ici le cas de vous répéter que le général doit être le juge du moment de livrer la bataille, et qu'il a beau voir ses troupes rangées, armées et animées, il ne donne le signal de la charge que lorsqu'il croit devoir le faire.

— Mais enfin, monseigneur, reprit Crucé, la Ligue est pressée, nous avons déjà eu l'honneur de vous le dire.

— Pressée de quoi, monsieur Crucé? demanda Mayenne.

— Mais d'arriver.

— A quoi?

— A notre but; nous avons notre plan aussi, nous.

— Alors, c'est différent, dit Mayenne; si vous avez votre plan, je n'ai plus rien à dire.

— Oui, monseigneur; mais pouvons-nous compter sur votre aide?

— Sans aucun doute, si ce plan nous agrée, à mon frère et à moi.

— C'est probable, monseigneur, qu'il vous agréera.

— Voyons ce plan, alors.

Les ligueurs se regardèrent : deux ou trois firent signe à Lachapelle-Marteau de parler.

Lachapelle-Marteau s'avança et parut solliciter du duc la permission de s'expliquer.

— Dites, fit le duc.

— Le voici, monseigneur, dit Marteau : il nous est venu, à Leclerc, à Crucé et à moi ; nous l'avons médité, et il est probable que son résultat est certain.

— Au fait, monsieur Marteau, au fait.

— Il y a plusieurs points dans la ville qui relient toutes les forces de la ville entre elles : le grand et le petit Châtelet, le palais du Temple, l'Hôtel-de-Ville, l'Arsenal et le Louvre.

— C'est vrai, dit le duc.

— Tous ces points sont défendus par des garnisons à demeure, mais peu difficiles à forcer, parce qu'elles ne peuvent s'attendre à un coup de main.

— J'admets encore ceci, dit le duc.

— Cependant la ville se trouve en outre défendue, d'abord par le chevalier du guet avec ses archers, lesquels promènent aux endroits en péril la véritable défense de Paris.

Voici ce que nous avons imaginé :

Saisir chez lui le chevalier du guet, qui loge à la Couture-Sainte-Catherine.

Le coup de main peut se faire sans éclat, l'endroit étant désert et écarté.

Mayenne secoua la tête.

— Si désert et si écarté qu'il soit, dit-il, on n'enfonce pas une bonne porte, et l'on ne tire pas une vingtaine de coups d'arquebuse sans un peu d'éclat.

— Nous avons prévu cette objection, monseigneur, dit Marteau; un des archers du chevalier du guet est à nous. Au milieu de la nuit nous irons frapper à la porte, deux ou trois seulement : l'archer ouvrira : il ira prévenir le chevalier que Sa Majesté veut lui parler. Cela n'a rien d'étrange : une fois par mois, à peu près, le roi mande cet officier pour des rapports et des expéditions. La porte ouverte ainsi, nous faisons entrer dix hommes, des mariniers qui logent au quartier Saint-Paul, et qui expédient le chevalier du guet.

— Qui égorgent, c'est-à-dire?

— Oui, monseigneur. Voilà donc les premiers ordres de défense interceptés. Il est vrai que d'autres magistrats, d'autres fonctionnaires peuvent être mis en avant par les bourgeois trembleurs ou les politiques. Il y a M. le président, il y a M. d'O, il y a M. de Chiverny, M. le procureur Laguesle; eh bien ! on forcera leurs maisons à la même heure : la Saint-Barthélemy nous a appris comment cela se faisait, et on les traitera comme on aura traité M. le chevalier du guet.

— Ah ! ah ! fit le duc, qui trouvait la chose grave.

— Ce sera une excellente occasion, monseigneur, de courir sus aux politiques, tous désignés dans nos quartiers, et d'en finir avec les hérésiarques religieux et les hérésiarques politiques

— Tout cela est à merveille, messieurs, dit Mayenne, mais vous ne m'avez pas expliqué si vous prendrez aussi en un moment le Louvre, véritable château-fort, où veillent incessamment des gardes et des gentilshommes. Le roi, si timide qu'il soit, ne se laissera pas égorger comme le chevalier du guet; il mettra l'épée à la main, et, pensez-y bien, il est le roi; sa présence fera beaucoup d'effet sur les bourgeois, et vous vous ferez battre.

— Nous avons choisi quatre mille hommes pour cette expédition du Louvre, monseigneur, et quatre mille hommes qui n'aiment pas assez le Valois pour que sa présence produise sur eux l'effet que vous dites.

— Vous croyez que cela suffira?

— Sans doute, nous serons dix contre un, dit Bussy-Leclerc.

— Et les Suisses? Il y en a quatre mille, messieurs.

— Oui, mais ils sont à Lagny, et Lagny est à huit lieues de Paris ; donc, en admettant que le roi puisse les faire prévenir, deux heures aux messagers pour faire la course à cheval, huit heures aux Suisses pour faire la route à pied, cela fera dix heures ; et ils arriveront juste à temps pour être arrêtés aux barrières, car, en dix heures, nous serons maîtres de toute la ville.

— Eh bien, soit, j'admets tout cela; le chevalier du guet est égorgé, les politiques sont détruits, les autorités de la ville ont disparu, tous les obstacles sont renversés, enfin : vous avez arrêté sans doute ce que vous feriez alors?

— Nous faisons un gouvernement d'honnêtes gens que nous sommes, dit Brigard, et pourvu que nous réussissions dans notre petit commerce, que nous ayons le pain assuré pour nos enfants et nos femmes, nous ne désirons rien de plus. Un peu d'ambition peut-être fera désirer à quel-

Où diable courez-vous à cette heure? — PAGE 7

ques-uns d'entre nous d'être dizainiers, ou quarteniers, ou commandants d'une compagnie de milice ; eh bien ! monsieur le duc, nous le serons, mais voilà tout; vous voyez que nous ne sommes point exigeants.

— Monsieur Brigard, vous parlez d'or, dit le duc ; oui, vous êtes honnêtes, je le sais bien, et vous ne souffrirez dans vos rangs aucun mélange.

— Oh ! non, non ! s'écrièrent plusieurs voix ; pas de lie avec le bon vin.

— A merveille ! dit le duc, voilà parler. Maintenant, voyons : çà, monsieur le lieutenant de la prévôté, y a-t-il beaucoup de fainéants et de mauvais peuple dans l'Ile-de-France?

Nicolas Poulain, qui ne s'était pas mis une seule fois en avant, s'avança comme malgré lui.

— Oui, certes, monseigneur, dit-il, il n'y en a que trop.

— Pouvez-vous nous donner à peu près le chiffre de cette populace ?

— Oui, à peu près.

— Estimez donc, maître Poulain.

Poulain se mit à compter sur ses doigts.

— Voleurs, trois à quatre mille;

Oisifs et mendiants, deux mille à deux mille cinq cents;

Larrons d'occasion, quinze cents à deux mille;

Assassins, quatre à cinq cents.

— Bon! voilà, au bas chiffre, six mille ou six mille cinq cents gredins de sac et de corde. A quelle religion appartiennent ces gens-là?

— Plaît-il, monseigneur? interrogea Poulain.

— Je demande s'ils sont catholiques ou huguenots.

Poulain se mit à rire.

— Ils sont de toutes les religions, monseigneur, dit-il, ou plutôt d'une seule : leur Dieu est l'or, et le sang est leur prophète.

— Bien, voilà pour la religion religieuse, si l'on peut dire cela; et maintenant, en religion politique, qu'en dirons-nous? Sont-ils valois, ligueurs, politiques zélés, ou navarrais?

— Ils sont bandits et pillards.

— Monseigneur, ne supposez pas, dit Crucé, que nous irons jamais prendre ces gens pour alliés.

— Non, certes, je ne le suppose pas, monsieur Crucé, et c'est bien ce qui me contrarie.

— Et pourquoi cela vous contrarie-t-il, monseigneur? demandèrent avec surprise quelques membres de la députation.

— Ah! c'est que, comprenez bien, messieurs, ces gens-là qui n'ont pas d'opinion, et qui par conséquent ne fraternisent pas avec vous, voyant qu'il n'y a plus à Paris de magistrats, plus de force publique, plus de royauté, plus rien enfin de ce qui les contient encore, se mettront à piller vos boutiques pendant que vous ferez la guerre, et vos maisons pendant que vous occuperez le Louvre : tantôt ils se mettront avec les Suisses contre vous, tantôt avec vous contre les Suisses, de façon qu'ils seront toujours les plus forts.

— Diable, firent les députés en se regardant entre eux.

— Je crois que c'est assez grave pour qu'on y pense, n'est-ce pas, messieurs? dit le duc. Quant à moi, je m'en occupe fort, et je chercherai un moyen de parer à cet inconvénient, car votre intérêt avant le nôtre, c'est la devise de mon frère et la mienne.

Les députés firent entendre un murmure d'approbation.

— Messieurs, maintenant permettez à un homme qui a fait vingt-quatre lieues à cheval dans sa nuit et dans sa journée, d'aller dormir quelques heures; il n'y a pas péril dans la demeure, quant à présent du moins, tandis que si vous agissez il y en aurait : ce n'est point votre avis peut-être?

— Oh! si fait, monsieur le duc, dit Brigard.

— Très bien.

— Nous prenons donc bien humblement congé de vous, monseigneur, continua Brigard, et quand vous voudrez bien nous fixer une nouvelle réunion...

— Ce sera le plus tôt possible, messieurs, soyez tranquilles, dit Mayenne; demain peut-être, après-demain au plus tard.

Et prenant effectivement congé d'eux, il les laissa tout étourdis de cette prévoyance qui avait découvert un danger auquel ils n'avaient pas même songé.

Mais à peine avait-il disparu qu'une porte cachée dans la tapisserie s'ouvrit et qu'une femme s'élança dans la salle.

— La duchesse! s'écrièrent les députés.

— Oui, messieurs! s'écria-t-elle, et qui vient vous tirer d'embarras, même!

Les députés qui connaissaient sa résolution, mais qui en même temps craignaient son enthousiasme, s'empressèrent autour d'elle.

— Messieurs, continua la duchesse en souriant, ce que n'ont pu faire les Hébreux, Judith seule l'a fait; espérez, moi aussi, j'ai mon plan.

Et présentant aux ligueurs deux blanches mains, que les plus galants baisèrent, elle sortit par la porte qui avait déjà donné passage à Mayenne.

— Tudieu! s'écria Bussy-Leclerc en se léchant les moustaches et en suivant la duchesse, je crois décidément que voilà l'homme de la famille.

— Ouf! murmura Nicolas Poulain en essuyant la sueur qui avait perlé sur son front à la vue de madame de Montpensier, je voudrais bien être hors de tout ceci.

XXXIII

FRÈRE BORROMÉE

Il était dix heures du soir à peu près : MM. les députés s'en retournaient assez contrits, et à chaque coin de rue qui les rapprochait de leurs maisons particulières, ils se quittaient en échangeant leurs civilités.

Nicolas Poulain, qui demeurait le plus loin de tous, chemina seul et le dernier, réfléchissant profondément à la situation perplexe qui lui avait fait pousser l'exclamation par laquelle commence le dernier paragraphe de notre dernier chapitre.

En effet, la journée avait été pour tout le monde, et particulièrement pour lui, fertile en événements.

Il rentrait donc chez lui, tout frissonnant de ce qu'il venait d'entendre, et se disant que si l'Ombre avait jugé à propos de le pousser à une dénonciation du complot de Vincennes, Robert Briquet ne lui pardonnerait jamais de n'avoir pas révélé le plan de manœuvre si naïvement développé par Lachapelle-Marteau devant M. de Mayenne.

Au plus fort de ses réflexions, et au milieu de la rue de la Pierre-au-Réal, espèce de boyau large de quatre pieds, qui conduisait rue Neuve-Saint-Méry, Nicolas Poulain vit accourir, en sens opposé à celui dans lequel il marchait, une robe de Jacobin retroussée jusqu'aux genoux.

Il fallait se ranger, car deux chrétiens ne pouvaient passer de front dans cette rue.

Nicolas Poulain espérait que l'humilité monacale lui céderait le haut pavé, à lui homme d'épée; mais il n'en fut rien : le moine courait comme un cerf au lancer ; il courait si fort qu'il eût renversé une muraille, et Nicolas Poulain, tout en maugréant, se rangea pour n'être point renversé.

Mais alors commença pour eux, dans cette gaîne bordée de maisons, l'évolution agaçante qui a lieu entre deux hommes indécis qui voudraient passer tous deux, qui tiennent à ne pas s'embrasser, et qui se trouvent toujours ramenés dans les bras l'un de l'autre.

Poulain jura, le moine sacra, et l'homme de robe, moins patient que l'homme d'épée, le saisit par le milieu du corps pour le coller contre la muraille.

Dans ce conflit, et comme ils étaient sur le point de se gourmer, ils se reconnurent.

— Frère Borromée ! dit Poulain.

— Maître Nicolas Poulain ! s'écria le moine.

— Comment vous portez-vous ? reprit Poulain, avec cette admirable bonhomie et cette inaltérable mansuétude du bourgeois parisien.

— Très mal, répondit le moine, beaucoup plus difficile à calmer que le laïque, car vous m'avez mis en retard et j'étais fort pressé.

— Diable d'homme que vous êtes ! répliqua Poulain ; toujours belliqueux comme un Romain ! Mais où diable courez-vous à cette heure avec tant de hâte ? est-ce que le prieuré brûle ?

— Non pas ; mais j'étais allé chez madame la duchesse pour parler à Mayneville.

— Chez quelle duchesse ?

— Il n'y en a qu'une seule, ce me semble, chez laquelle on puisse parler à Mayneville, dit Borromée, qui d'abord avait cru pouvoir répondre catégoriquement au lieutenant de la

Bon! me voilà conseiller du royaume de Navarre. — PAGE 13.

prévôté, parce que ce lieutenant pouvait le faire suivre, mais qui cependant ne voulait pas être trop communicatif avec le curieux.

— Alors, reprit Nicolas Poulain, qu'alliez-vous faire chez madame de Montpensier?

— Eh! mon Dieu! c'est tout simple, dit Borromée, cherchant une réponse spécieuse; notre révérend prieur a été sollicité par madame la duchesse de devenir son directeur; il avait accepté, mais un scrupule de conscience l'a pris, et il refuse. L'entrevue était fixée à demain : je dois donc, de la part de dom Modeste Gorenflot, dire à la duchesse qu'elle ne compte plus sur lui.

— Très bien; mais vous n'avez pas l'air d'aller du côté de l'hôtel de Guise, mon très cher frère; je dirai même plus, c'est que vous lui tournez parfaitement le dos.

— C'est vrai, reprit frère Borromée, puisque j'en viens.

— Mais où allez-vous alors?

— On m'a dit, à l'hôtel, que madame la duchesse était allée faire visite à M. de Mayenne, arrivé ce soir et logé à l'hôtel Saint-Denis.

— Toujours vrai. Effectivement, dit Poulain, le duc est à l'hôtel Saint-Denis, et la duchesse est près du duc ; mais, compère, à quoi bon, je vous prie, jouer au fin avec moi ? Ce n'est pas d'ordinaire le trésorier qu'on envoie faire les commissions du couvent.

— Auprès d'une princesse, pourquoi pas?

— Et ce n'est pas vous, le confident de Mayneville, qui croyez aux confessions de madame la duchesse de Montpensier.

— A quoi donc croirais-je ?

— Que diable ! mon cher, vous savez bien la distance qu'il y a du prieuré au milieu de la route, puisque vous me l'avez fait mesurer : prenez garde ! vous m'en dites si peu que j'en croirai peut-être beaucoup trop.

— Et vous aurez tort, cher monsieur Poulain; je ne sais rien autre chose. Maintenant ne me retenez pas, je vous prie, car je ne trouverais plus madame la duchesse.

— Vous la trouverez toujours chez elle où elle reviendra et où vous auriez pu l'attendre.

— Ah ! dame ! fit Borromée, je ne suis pas fâché non plus de voir un peu M. le duc.

— Allons donc.

— Car enfin vous le connaissez : si une fois je le laisse partir chez sa maîtresse, on ne pourra plus mettre la main dessus.

— Voilà qui est parlé. Maintenant que je sais à qui vous avez affaire, je vous laisse ; adieu, et bonne chance.

Borromée, voyant le chemin libre, jeta, en échange des souhaits qui lui étaient adressés, un leste bonsoir à Nicolas Poulain, et s'élança dans la voie ouverte.

— Allons, allons : il y a encore quelque chose de nouveau, se dit Nicolas Poulain en regardant la robe du jacobin qui s'effaçait peu à peu dans l'ombre; mais quel diable de besoin ai-je donc de savoir ce qui se passe ? est-ce que je prendrais goût par hasard au métier que je suis condamné à faire ? fi donc !

Et il s'alla coucher, non point avec le calme d'une bonne conscience, mais avec la quiétude que nous donne dans toutes les positions de ce monde, si fausses qu'elles soient, l'appui d'un plus fort que nous.

Pendant ce temps Borromée continuait sa course, à laquelle il imprimait une vitesse qui lui donnait l'espérance de rattraper le temps perdu.

Il connaissait en effet les habitudes de M. de Mayenne , et avait sans doute, pour être bien informé, des raisons qu'il n'avait pas cru devoir détailler à maître Nicolas Poulain.

Toujours est-il qu'il arriva suant et soufflant à l'hôtel Saint-Denis, au moment où le duc et la duchesse, ayant causé de leurs grandes affaires , M. de Mayenne allait congédier sa sœur pour être libre d'aller rendre visite à cette dame de la Cité dont nous savons que Joyeuse avait à se plaindre.

Le frère et la sœur, après plusieurs commentaires sur l'accueil du roi et sur le plan des dix, étaient convenus des faits suivants.

Le roi n'avait pas de soupçons, et se faisait de jour en jour plus facile à attaquer.

L'important était d'organiser la Ligue dans les provinces du nord, tandis que le roi abandonnait son frère et qu'il oubliait Henri de Navarre.

De ces deux derniers ennemis, le duc d'Anjou, avec sa sourde ambition, était le seul à craindre; quant à Henri de Navarre, on le savait par des espions bien renseignés, il ne s'occupait que de faire l'amour à ses trois ou quatre maîtresses.

— Paris était préparé , disait tout haut Mayenne; mais leur alliance avec la famille royale donnait de la force aux politiques et aux vrais royalistes; il fallait attendre une rupture entre le roi et ses alliés : cette rupture, avec le caractère inconstant de Henri, ne pouvait pas tarder à avoir lieu.

Or, comme rien ne presse, continuait de dire Mayenne, attendons.

— Moi, disait tout bas la duchesse, j'avais besoin de dix hommes répandus dans tous les quartiers de Paris pour soulever Paris après ce coup que je médite; j'ai trouvé ces dix hommes, je ne demande plus rien.

Ils en étaient là, l'un de son dialogue, l'autre de ses *apartés*, lorsque Mayneville entra tout à coup, annonçant que Borromée voulait parler à M. le duc.

— Borromée ! fit le duc surpris, qu'est-ce que cela?

— C'est, monseigneur, répondit Mayneville, celui que vous m'envoyâtes de Nancy, quand je demandai à Votre Altesse un homme d'action et un homme d'esprit.

— Je me rappelle! je vous répondis que j'avais les deux en un seul, et je vous envoyai le capitaine Borroville. A-t-il changé de nom, et s'appelle-t-il Borromée?

— Oui, monseigneur, de nom et d'uniforme; il s'appelle Borromée, et est jacobin.

— Borroville, jacobin!

— Oui, monseigneur.

— Et pourquoi donc est-il jacobin? Le diable doit bien rire, s'il l'a reconnu sous le froc.

— Pourquoi il est jacobin? La duchesse fit un signe à Mayneville. Vous le saurez plus tard, continua celui-ci, c'est notre secret, monseigneur; et, en attendant, écoutons le capitaine Borroville, ou le frère Borromée, comme il vous plaira.

— Oui, d'autant plus que sa visite m'inquiète, dit madame de Montpensier.

— Et moi aussi, je l'avoue, dit Mayneville.

— Alors introduisez-le sans perdre un instant, dit la duchesse.

Quant au duc, il flottait entre le désir d'entendre le messager et la crainte de manquer au rendez-vous de sa maîtresse.

Il regardait à la porte et à l'horloge.

La porte s'ouvrit, et l'horloge sonna onze heures.

— Eh! Borroville, dit le duc, ne pouvant s'empêcher de rire, malgré un peu de mauvaise humeur, comme vous voilà déguisé, mon ami!

— Monseigneur, dit le capitaine, je suis en effet bien mal à mon aise sous cette diable de robe; mais enfin, il faut ce qu'il faut, comme disait M. de Guise le père.

— Ce n'est pas moi, toujours, qui vous ai fourré dans cette robe-là, Borroville, dit le duc; ne m'en gardez donc point rancune, je vous prie.

— Non, monseigneur, c'est madame la duchesse; mais je ne lui en veux pas, puisque j'y suis pour son service.

— Bien, merci, capitaine; et maintenant, voyons, qu'avez-vous à nous dire si tard?

— Ce que malheureusement je n'ai pu vous dire plus tôt, monseigneur, car j'avais tout le prieuré sur les bras.

— Eh bien! maintenant parlez.

— Monsieur le duc, dit Borroville, le roi envoie ses secours à M. le duc d'Anjou.

— Bah! dit Mayenne, nous connaissons cette chanson-là; voilà trois ans qu'on nous la chante.

— Oh! oui, mais cette fois, monseigneur, je vous donne la nouvelle comme sûre.

— Hum! dit Mayenne, avec un mouvement de tête pareil à celui d'un cheval qui se cabre, comme sûre?

— Aujourd'hui même, c'est-à-dire la nuit dernière, à deux heures du matin, M. de Joyeuse est parti pour Rouen. Il prend la mer à Dieppe et porte à Anvers trois mille hommes.

— Oh! oh! fit le duc; et qui vous a dit cela, Borroville?

— Un homme qui lui-même part pour la Navarre, monseigneur.

— Pour la Navarre! chez Henri?

— Oui, monseigneur.

— Et de la part de qui va-t-il chez Henri?

— De la part du roi; oui, monseigneur, de la part du roi, et avec une lettre du roi.

— Quel est cet homme?

— Il s'appelle Robert Briquet.

— Après?

— C'est un grand ami de dom Gorenflot.

— Un grand ami de dom Gorenflot?

— Ils se tutoient.

— Ambassadeur du roi?

— Ceci, j'en suis assuré; il a du prieuré envoyé chercher au Louvre une lettre de créance, et c'est un de nos moines qui a fait la commission.

— Et ce moine?

— C'est notre petit guerrier, Jacques Clément, celui-là même que vous avez remarqué, madame la duchesse.

— Et il ne vous a pas communiqué cette lettre? dit Mayenne; le maladroit!

— Monseigneur, le roi ne la lui a point remise; il l'a fait porter au messager par des gens à lui.

— Il faut avoir cette lettre, morbleu!

— Certainement qu'il faut l'avoir, dit la duchesse.

— Comment n'avez-vous point songé à cela? dit Mayneville.

— J'y avais si bien pensé que j'avais voulu adjoindre au messager un de mes hommes, un Hercule; mais Robert Briquet s'en est défié et l'a renvoyé.

— Il fallait y aller vous-même.

— Impossible.

— Pourquoi cela ?

— Il me connaît.

— Pour moine, mais pas pour capitaine, j'espère ?

— Ma foi, je n'en sais rien : ce Robert Briquet a l'œil fort embarrassant.

— Quel homme est-ce donc ? demanda Mayenne.

— Un grand sec, tout nerfs, tout muscles et tout os, adroit, railleur et taciturne.

— Ah ! ah ! et maniant l'épée ?

— Comme celui qui l'a inventée, monseigneur.

— Figure longue ?

— Monseigneur, il a toutes les figures.

— Ami du prieur ?

— Du temps qu'il était simple moine.

— Oh ! j'ai un soupçon, fit Mayenne en fronçant le sourcil, et je m'éclaircirai.

— Faites vite, monseigneur, car, fendu comme il est, ce gaillard-là doit marcher rondement.

— Borroville, dit Mayenne, vous allez partir pour Soissons, où est mon frère.

— Mais le prieuré, monseigneur ?

— Etes-vous donc si embarrassé, dit Mayneville, de faire une histoire à dom Modeste, et ne croit-il point tout ce que vous voulez lui faire croire ?

— Vous direz à M. de Guise, continua Mayenne, tout ce que vous savez de la mission de M. de Joyeuse.

— Oui, monseigneur.

— Et la Navarre, que vous oubliez, Mayenne ? dit la duchesse.

— Je l'oublie si peu que je m'en charge, répondit Mayenne. Qu'on me selle un cheval frais, Mayneville.

Puis il ajouta tout bas :

— Vivrait-il encore ? Oh ! oui, il doit vivre !

XXXIV

CHICOT LATINISTE

Après le départ des jeunes gens, on se rappelle que Chicot avait marché d'un pas rapide.

Mais aussi, dès qu'ils eurent disparu dans le vallon que forme la côte du pont de Juvisy sur l'Orge, Chicot qui semblait, comme Argus, avoir le privilége de voir par derrière et qui ne voyait plus ni Ernauton ni Sainte-Maline, Chicot s'arrêta au point culminant de la butte, interrogea l'horizon, les fossés, la plaine, les buissons, la rivière, tout enfin, jusqu'aux nuages pommelés qui glissaient obliquement derrière les grands ormes du chemin, et sûr de n'avoir aperçu personne qui le gênât ou l'espionnât, il s'assit au revers d'un fossé, le dos appuyé contre un arbre et commença ce qu'il appelait son examen de conscience.

Il avait deux bourses d'argent, car il s'était aperçu que le sachet remis par Sainte-Maline, outre la lettre royale, contenait certains objets arrondis et roulants qui ressemblaient fort à de l'or ou à de l'argent monnayé.

Le sachet était une véritable bourse royale, chiffrée de deux H, un brodé dessus, l'autre brodé dessous.

— C'est joli, dit Chicot en considérant la bourse, c'est charmant de la part du roi ! Son nom, ses armes ! on n'est pas plus généreux et plus stupide !

Décidément, jamais je ne ferai rien de lui.

Ma parole d'honneur, continua Chicot, si une chose m'étonne, c'est que ce bon et excellent roi n'ait pas du même coup fait broder sur la même bourse la lettre qu'il m'envoie porter à son beau-frère, et mon reçu. Pourquoi nous gêner? Tout le monde politique est au grand air aujourd'hui : politiquons comme tout le monde. Bah ! quand on assassinerait un peu ce pauvre Chicot, comme on a déjà fait du courrier que ce même Henri envoyait à Rome à M. de Joyeuse, ce serait un ami de moins, voilà tout; et les amis sont si communs par le temps qui court, qu'on peut en être prodigue.

Que Dieu choisit mal quand il choisit !

Maintenant, voyons d'abord ce qu'il y a d'argent dans la bourse, nous examinerons la lettre après : cent écus ! juste la même somme que j'ai empruntée à Gorenflot. Ah ! pardon, ne calomnions pas : voilà un petit paquet... de l'or d'Espagne, cinq quadruples. Allons ! allons ! c'est délicat; il est bien gentil, Henriquet ! eh ! en vérité, n'étaient les chiffres et les fleurs de lis, qui me paraissent superflus, je lui enverrais un gros baiser.

Maintenant cette bourse-là me gêne ; il me semble que les oiseaux, en passant au-dessus de ma tête, me prennent pour un émissaire royal et vont se moquer de moi, ou, ce qui serait bien pis, me dénoncer aux passants.

Chicot vida sa bourse dans le creux de sa main, tira de sa poche le simple sac de toile de Gorenflot, y fit passer l'argent et l'or, en disant aux écus :

— Vous pouvez demeurer tranquillement ensemble, mes enfants, car vous venez du même pays.

Puis, tirant à son tour la lettre du sachet, il y mit en sa place un caillou qu'il ramassa, referma les cordons de la bourse sur le caillou et le lança, comme un frondeur fait d'une pierre, dans l'Orge qui serpentait au-dessous du pont.

L'eau jaillit, deux ou trois cercles en diaprèrent la calme surface, et allèrent, en s'élargissant, se briser contre ses bords.

— Voilà pour moi, dit Chicot; maintenant travaillons pour Henri.

Et il prit la lettre qu'il avait posée à terre pour lancer la bourse plus facilement dans la rivière.

Mais il venait par le chemin un âne chargé de bois.

Deux femmes conduisaient cet âne qui marchait d'un pas aussi fier que si, au lieu de bois, il eût porté des reliques.

Chicot cacha la lettre sous sa large main, appuyée sur le sol, et les laissa passer.

Une fois seul, il reprit la lettre, en déchira l'enveloppe et en brisa le sceau avec la plus imperturbable tranquillité, et comme s'il se fût agi d'une simple lettre de procureur.

Puis il reprit l'enveloppe qu'il roula entre ses deux mains, le sceau qu'il broya entre deux pierres, et envoya le tout rejoindre le sachet.

— Maintenant, dit Chicot, voyons le style.

Et il déploya la lettre et lut :

« Notre très cher frère, cet amour profond que vous portait notre très cher frère et roi défunt, Charles IX, habite encore sous les voûtes du Louvre et me tient au cœur opiniâtrément. »

Chicot salua.

« Aussi me répugne-t-il d'avoir à vous entretenir d'objets tristes et fâcheux; mais vous êtes fort dans la fortune contraire; aussi je n'hésite plus à vous communiquer de ces choses qu'on ne dit qu'à des amis vaillants et éprouvés. »

Chicot interrompit et salua de nouveau.

« D'ailleurs, continua-t-il, j'ai un intérêt royal à vous persuader cet intérêt : c'est l'honneur de mon nom et du vôtre, mon frère.

« Nous nous ressemblons en ce point, que nous sommes tous deux entourés d'ennemis. Chicot vous l'expliquera. »

— *Chicotus explicabit!* dit Chicot, ou plutôt *evolvet*, ce qui est infiniment plus élégant.

« Votre serviteur, M. le vicomte de Turenne, fournit des sujets quotidiens de scandale à votre cour. A Dieu ne plaise que je regarde en vos affaires, sinon pour votre bien et honneur! mais votre femme, qu'à mon grand regret je nomme ma sœur, devrait avoir ce souci pour vous en mon lieu et place... ce qu'elle ne fait. »

— Oh! oh! dit Chicot continuant ses traductions latines : *Quæque omittit facere.* C'est dur.

« Je vous engage donc à veiller, mon frère, à ce que les intelligences de Margot avec le vicomte de Turenne, étrangement lié avec nos amis communs, n'apportent honte et dommage à la maison de Bourbon. Faites un bon exemple aussitôt que vous serez sûr du fait, et assurez-vous du fait aussitôt que vous aurez ouï Chicot expliquant ma lettre. »

— *Statim atque audiveris Chicotum litteras explicantem.*

Poursuivons, dit Chicot.

« Il serait fâcheux que le moindre soupçon planât sur la légitimité de votre héritage, mon frère, point précieux auquel Dieu m'interdit de songer; car, hélas! moi, je suis condamné d'avance à ne pas revivre dans ma postérité.

« Les deux complices que, comme frère et comme roi, je vous dénonce, s'assemblent la plupart du temps en un petit château qu'on appelle Loignac. Ils choisissent le prétexte d'une chasse; ce château est en outre un foyer d'intrigues auxquelles les messieurs de Guise ne sont point étrangers; car vous savez, à n'en pas douter, mon cher Henri, de quel étrange amour ma sœur a poursuivi Henri de Guise et mon propre frère, M. d'Anjou, du temps que je portais ce nom moi-même, et qu'il s'appelait, lui, duc d'Alençon. »

— *Quo et quam irregulari amore sit prosecuta et Henricum Guisium et germanum meum,* etc.

« Je vous embrasse et vous recommande mes avis, tout prêt d'ailleurs à vous aider en tout et pour tout. En attendant, aidez-vous des avis de Chicot, que je vous envoie. »

— *Age, auctore Chicoto.* Bon! me voilà conseiller du royaume de Navarre.

« Votre affectionné, etc., etc. »

Ayant lu ainsi, Chicot posa sa tête entre ses deux mains.

— Oh! fit-il, voilà, ce me semble, une assez mauvaise commission, et qui me prouve qu'en fuyant un mal, comme dit Horatius Flaccus, on tombe dans un pire.

En vérité, j'aime mieux Mayenne.

Et cependant, à part son diable de sachet broché que je ne lui pardonne pas, la lettre est d'un habile homme. En effet, en supposant Henriot pétri de la pâte qui sert d'ordinaire à faire les maris, cette lettre le brouille du même coup avec sa femme, Turenne, Anjou, Guise, et même avec l'Espagne. En effet, pour que Henri de Valois soit si bien informé, au Louvre, de ce qui se passe chez Henri de Navarre, à Pau, il faut qu'il ait quelque espion là-bas, et cet espion va fort intriguer Henriot.

D'un autre côté, cette lettre va m'attirer force désagréments si je rencontre un Espagnol, un Lorrain, un Béarnais ou un Flamand, assez curieux pour chercher à savoir ce que l'on m'envoie faire en Béarn.

Or, je serais bien imprévoyant si je ne m'attendais point à la rencontre de quelqu'un de ces curieux-là.

Mons Borromée surtout, ou je me trompe fort, doit me réserver quelque chose.

Deuxième point.

Quelle chose Chicot a-t-il cherchée, lorsqu'il a demandé une mission près du roi Henri?

La tranquillité était son but.

Or, Chicot va brouiller le roi de Navarre avec sa femme.

Ce n'est point l'affaire de Chicot, attendu que Chicot, en brouillant entre eux de si puissants personnages, va se faire des ennemis mortels qui l'empêcheront d'atteindre l'âge heureux de quatre-vingts ans.

Ma foi, tant mieux, il ne fait bon vivre que tant qu'on est jeune.

Mais autant valait alors attendre le coup de couteau de M. de Mayenne.

Non, car il faut réciprocité en toute chose; c'est la devise de Chicot.

Chicot poursuivra donc son voyage.

Mais Chicot est homme d'esprit, et Chicot prendra ses précautions. En conséquence, il n'aura sur lui que de l'argent, afin que si l'on tue Chicot, on ne fasse tort qu'à lui.

Chicot va donc mettre la dernière main à ce

qu'il a commencé, c'est-à-dire qu'il va traduire d'un bout à l'autre cette belle épître en latin, et se l'incruster dans la mémoire où déjà elle est gravée aux deux tiers; puis il achètera un cheval, parce que réellement, de Juvisy à Pau, il faut mettre trop de fois le pied droit devant le pied gauche.

Mais avant toutes choses, Chicot déchirera la lettre de son ami Henri de Valois en un nombre infini de petits morceaux, et il aura soin surtout que ces petits morceaux s'en aillent, réduits à l'état d'atomes, les uns dans l'Orge, les autres dans l'air, et que le reste enfin soit confié à la terre, notre mère commune, dans le sein de laquelle tout retourne, même les sottises des rois.

Quand Chicot aura fini ce qu'il commence...

Et Chicot s'interrompit pour exécuter son projet de division. Le tiers de la lettre s'en alla donc par eau, l'autre tiers par l'air, et le troisième tiers disparut dans un trou creusé à cet effet avec un instrument qui n'était ni une dague ni un couteau, mais qui pouvait au besoin remplacer l'un et l'autre, et que Chicot portait à sa ceinture.

Lorsqu'il eut fini cette opération il continua :

— Chicot se remettra en route avec les précautions les plus minutieuses, et il dînera en la bonne ville de Corbeil, comme un honnête estomac qu'il est.

En attendant, occupons-nous, continua Chicot, du thème latin que nous avons décidé de faire; je crois que nous allons composer un assez joli morceau.

Tout à coup Chicot s'arrêta; il venait de s'apercevoir qu'il ne pouvait traduire en latin le mot Louvre; cela le contrariait fort.

Il était également forcé de macaroniser le mot Margot en Margota, comme il avait déjà fait de Chicot en Chicotus, attendu que, pour bien dire, il eût fallu traduire Chicot par Chicôt, et Margot par Margôt, ce qui n'était plus latin, mais grec.

Quant à Margarita, il n'y pensait point; la traduction, à son avis, n'eût point été exacte.

Tout ce latin, avec la recherche du purisme et la tournure cicéronienne, conduisit Chicot jusqu'à Corbeil, ville agréable, où le hardi messager regarda un peu les merveilles de Saint-Spire et beaucoup celles d'un rôtisseur-traiteur-aubergiste qui parfumait de ses vapeurs appétissantes les alentours de la cathédrale.

Nous ne décrirons point le festin qu'il fit; nous n'essaierons point de peindre le cheval qu'il acheta dans l'écurie de l'hôtelier; ce serait nous imposer une tâche trop rigoureuse; disons seulement que le repas fut assez long et le cheval assez défectueux pour nous fournir, si notre conscience était moins grande, la matière de près d'un volume.

XXXV

LES QUATRE VENTS

Chicot, avec son petit cheval qui devait être un bien fort cheval pour porter un si grand personnage; Chicot, après avoir couché à Fontainebleau, fit le lendemain un coude à droite, jusqu'à un petit village nommé Orgeval. Il eût bien voulu faire ce jour-là quelques lieues encore, car il paraissait désireux de s'éloigner de Paris; mais sa monture commençait de butter si fréquemment et si bas, qu'il jugea qu'il était urgent de s'arrêter.

D'ailleurs ses yeux, d'ordinaire si exercés, n'avaient réussi à rien apercevoir tout le long de la route.

Hommes, chariots et barrières lui avaient paru parfaitement inoffensifs.

Mais Chicot, en sûreté, pour l'apparence du moins, ne vivait pas pour cela en sécurité; personne, en effet, nos lecteurs doivent le savoir, ne croyait moins et ne se fiait moins aux apparences que Chicot.

Avant de se coucher et de faire coucher son cheval, il examina donc avec grand soin toute la maison.

On montra à Chicot de superbes chambres avec trois ou quatre entrées; mais, à l'avis de Chicot, non-seulement ces chambres avaient trop de portes, mais encore ces portes ne fermaient pas assez bien.

L'hôte venait de faire réparer un grand cabinet sans autre issue qu'une porte sur l'escalier; cette porte était armée de verrous formidables à l'intérieur.

Chicot se fit dresser un lit dans ce cabinet, qu'il préféra du premier coup à ces magnifiques chambres sans fortifications, qu'on lui avait montrées.

Il fit jouer les verrous dans leurs gâches, et satisfait de leur jeu solide et facile à la fois, il soupa chez lui, défendit qu'on enlevât la table, sous prétexte qu'il lui prenait parfois des faim-valles dans la nuit, soupa, se déshabilla, plaça ses habits sur une chaise et se coucha.

Mais avant de se coucher, pour plus grande précaution, il tira de ses habits la bourse ou plutôt le sac d'écus, et le plaça sous son chevet avec sa bonne épée.

Puis il repassa trois fois la lettre dans son esprit.

La table lui faisait un second contrefort, et cependant ce double rempart ne lui parut point suffisant; il se releva, prit une armoire entre ses deux bras, et la plaça en face de l'issue qu'elle boucha hermétiquement.

Il avait donc entre lui et toute agression possible, une porte, une armoire, et une table.

L'hôtellerie avait paru à Chicot à peu près inhabitée. L'hôte avait une figure candide; il faisait ce jour-là un vent à décorner des bœufs, et l'on entendait dans les arbres voisins ces craquements effroyables qui deviennent, au dire de Lucrèce, un bruit si doux et si hospitalier pour le voyageur bien clos et bien couvert, étendu dans un bon lit.

Chicot, après tous ses préparatifs de défense,

se plongea délicieusement dans le sien. Il faut le dire, ce lit était moelleux et constitué de façon à garantir un homme de toutes les inquiétudes, vinssent-elles des hommes, vinssent-elles des choses.

En effet, il s'abritait sous ses larges rideaux de serge verte, et une courtine, épaisse comme un édredon, chatouillait d'une douce chaleur les membres du voyageur endormi.

Chicot avait soupé comme Hippocrate ordonne de le faire, c'est-à-dire modestement : il n'avait bu qu'une bouteille de vin ; son estomac, dilaté comme il convient, envoyait à tout l'organisme cette sensation de bien-être que communique, sans y faillir jamais, ce complaisant organe, suppléant du cœur chez beaucoup de gens qu'on appelle des honnêtes gens.

Chicot était éclairé par une lampe qu'il avait posée sur le rebord de la table qui avoisinait son lit ; il lisait, avant de s'endormir et un peu pour s'endormir, un livre très curieux et fort nouveau qui venait de paraître, et qui était l'œuvre d'un certain maire de Bordeaux, que l'on appelait Montagne ou Montaigne.

Ce livre avait été imprimé à Bordeaux même en 1581 ; il contenait les deux premières parties d'un ouvrage assez connu depuis et intitulé *les Essais*. Ce livre était assez amusant pour qu'un homme le lût et le relût pendant le jour. Mais il avait en même temps l'avantage d'être assez ennuyeux pour ne point empêcher de dormir un homme qui a fait quinze lieues à cheval et qui a bu sa bouteille de vin généreux à souper.

Chicot estimait fort ce livre, qu'il avait mis, en partant de Paris, dans la poche de son pourpoint et dont il connaissait personnellement l'auteur. Le cardinal du Perron l'avait surnommé le bréviaire des honnêtes gens ; et Chicot, capable en tout point d'apprécier le goût et l'esprit du cardinal, Chicot, disons-nous, prenait volontiers les *Essais* du maire de Bordeaux pour bréviaire.

Cependant il arriva qu'en lisant son huitième chapitre, il s'endormit profondément.

La lampe brûlait toujours ; la porte, renforcée de l'armoire et de la table, était toujours fermée ; l'épée était toujours au chevet avec les écus. Saint Michel Archange eût dormi comme Chicot, sans songer à Satan, même lorsqu'il eût su le lion rugissant de l'autre côté de cette porte et à l'envers de ses verrous.

Nous avons dit qu'il faisait grand vent ; les sifflements de ce serpent gigantesque glissaient avec des mélodies effrayantes sous la porte, et secouaient les airs d'une façon bizarre ; le vent est la plus parfaite imitation ou plutôt la plus complète raillerie de la voix humaine : tantôt il glapit comme un enfant qui pleure, tantôt il imite, dans ses grondements, la grosse colère d'un mari qui se querelle avec sa femme.

Chicot se connaissait en tempête ; au bout d'une heure, tout ce fracas était devenu pour lui un élément de tranquillité ; il luttait contre toutes les intempéries de la saison.

Contre le froid, avec sa courtine ;

Contre le vent, avec ses ronflements.

Cependant, tout en dormant, il semblait à Chicot que la tempête grossissait et surtout se rapprochait d'une façon insolite.

Tout à coup, une rafale d'une force invincible ébranle la porte, fait sauter gâches et verrous, pousse l'armoire qui perd son équilibre et tombe sur la lampe qu'elle éteint et sur la table qu'elle écrase.

Chicot avait la faculté, tout en dormant bien, de s'éveiller vite et avec toute sa présence d'esprit ; cette présence d'esprit lui indiqua qu'il valait mieux se laisser glisser dans la ruelle que de descendre en avant du lit. En se laissant glisser dans la ruelle, ses deux mains alertes et aguerries se portèrent rapidement à gauche sur le sac d'écus, à droite sur la poignée de son épée.

Chicot ouvrit de grands yeux.

Nuit profonde.

Chicot alors ouvrit les oreilles, et il lui sembla que cette nuit était littéralement déchirée par le combat des quatre vents qui se disputaient toute cette chambre, depuis l'armoire, qui continuait d'écraser de plus en plus la table, jusqu'aux chaises, qui roulaient et se choquaient tout en se cramponnant aux autres meubles.

Il semble à Chicot, au milieu de tout ce fracas, que les quatre vents sont entrés chez lui en chair et en os, et qu'il a affaire à Eurus, à Notus, à Aquilo et à Boréas en personne, avec leurs grosses joues et surtout leurs gros pieds.

Résigné, parce qu'il comprend qu'il ne peut rien contre les dieux de l'Olympe, Chicot s'accroupit dans l'angle de sa ruelle, semblable au fils d'Oïlée, après une de ses grandes fureurs que raconte Homère.

Et mes habits! s'écria Chicot. — PAGE 16.

Seulement il tient la pointe de sa longue épée en arrêt et du côté du vent, ou plutôt des vents, afin que si les mythologiques personnages s'approchent inconsidérement de lui, ils s'embrochent tout seuls, dût-il résulter ce qui résulta de la blessure faite par Diomède à Vénus.

Seulement, après quelques minutes du plus abominable tintamarre qui ait jamais déchiré l'oreille humaine, Chicot profite d'un moment de répit que lui donne la tempête pour dominer de sa voix les éléments déchaînés et les meubles livrés à des colloques trop bruyants pour être tout à fait naturels.

Chicot crie et vocifère : Au secours!

Enfin, Chicot fait tant de bruit à lui tout seul, que les éléments se calment, comme si Neptune en personne avait prononcé le fameux *Quos ego*, et qu'après six ou huit minutes pendant lesquelles Eurus, Notus, Boréas, Aquilo semblent battre en retraite, l'hôte reparaît avec une lanterne et vient éclairer le drame.

La scène sur laquelle il venait de se jouer présentait un aspect déplorable, et qui ressemblait fort à celui d'un champ de bataille. La grande armoire, renversée sur la table broyée, démasquait la porte sans gonds et qui, retenue seulement par un de ses verrous, oscillait comme une voile de navire; les trois ou quatre chaises qui complétaient l'ameublement avaient le dos renversé et les pieds en l'air; enfin les faïences qui garnissaient la table gisaient éclopées et étoilées sur les dalles.

— Mais c'est donc ici l'enfer! s'écria Chicot en reconnaissant son hôte à la lueur de sa lanterne.

— Oh! monsieur, s'écria l'hôte en apercevant l'affreux dégât qui venait d'être consommé, oh! monsieur, qu'est-il donc arrivé?

Et il leva les mains et par conséquent sa lanterne au ciel.

— Combien y a-t-il de démons logés chez vous, dites-moi, mon ami? hurla Chicot.

— Oh! Jésus! quel temps! répondit l'hôte avec le même geste pathétique.

— Mais les verrous ne tiennent donc pas? continua Chicot; la maison est donc de carton? J'aime mieux sortir d'ici : je préfère la plaine.

Et Chicot se dégagea de la ruelle du lit, et apparut, l'épée à la main, dans l'espace demeuré libre entre le pied du lit et la muraille.

— Oh! mes pauvres meubles! soupira l'hôte.

— Et mes habits! s'écria Chicot : où sont-ils, mes habits qui étaient sur cette chaise?

— Vos habits, mon cher monsieur? fit l'hôte avec naïveté; mais s'ils y étaient, ils doivent y être encore.

— Comment! s'ils y étaient! mais supposez-vous, par hasard, dit Chicot, que je sois venu hier dans le costume où vous me voyez?

Et Chicot essaya, mais en vain, de se draper dans sa légère tunique.

— Mon Dieu! monsieur, répondit l'hôte assez embarrassé de répondre à un pareil argument, je sais bien que vous étiez vêtu.

— C'est heureux que vous en conveniez.

— Mais...

— Mais quoi?

— Le vent a tout ouvert, tout dispersé.

— Ah! c'est une raison.

— Vous voyez bien, fit vivement l'hôte.

— Cependant, reprit Chicot, suivez mon calcul, cher ami. Quand le vent entre quelque part, et il faut qu'il soit entré ici, n'est-ce pas, pour y faire le désordre que j'y vois?

— Sans aucun doute.

— Eh bien! quand le vent entre quelque part, c'est en venant du dehors?

— Oui, certes, monsieur.

— Vous ne le contestez pas?

— Non, ce serait folie.

— Eh bien! le vent devait donc, en entrant ici, amener les habits des autres dans ma chambre, au lieu d'emporter les miens je ne sais où.

— Ah! dame! oui, ce me semble. Cependant, la preuve du contraire existe ou semble exister.

— Compère, dit Chicot, qui venait d'explorer le plancher avec son œil investigateur, compère, quel chemin le vent a-t-il pris pour venir me trouver ici?

— Plaît-il, monsieur?

— Je vous demande d'où vient le vent?

— Du nord, monsieur, du nord.

— Eh bien! il a marché dans la boue, car voici ses souliers imprimés sur le carreau.

Et Chicot montrait, en effet, sur la dalle les traces toutes récentes d'une chaussure boueuse.

L'hôte pâlit.

— Maintenant, mon cher, dit Chicot, si j'ai un conseil à vous donner, c'est de surveiller ces sortes de vents qui entrent dans les auberges, pénètrent dans les chambres en enfonçant les portes, et se retirent en volant les habits des voyageurs.

L'hôte recula de deux pas, afin de se dégager de tous ces meubles renversés, et de se retrouver à l'entrée du corridor.

Puis, lorsqu'il sentit sa retraite assurée :

— Pourquoi m'appeler voleur? dit-il.

— Tiens! qu'avez-vous donc fait de votre figure de bonhomme? demanda Chicot : je vous trouve tout changé.

— Je change, parce que vous m'insultez.

— Moi!

— Sans doute, vous m'appelez voleur, répliqua l'hôte sur un ton encore plus élevé, et ressemblant fort à de la menace.

— Mais je vous appelle voleur parce que vous êtes responsable de mes effets, il me semble, et que mes effets ont été volés; vous ne le nierez pas?

Et ce fut Chicot qui, à son tour, comme un

maître d'armes qui tâte son adversaire, fit un geste de menace.

— Holà! cria l'hôte, holà! venez à moi, vous autres!

A cet appel, quatre hommes armés de bâtons, parurent dans l'escalier.

— Ah! voici Eurus, Notus, Aquilo et Boréas, dit Chicot, ventre de biche! puisque l'occasion s'en présente, je veux priver la terre du vent du Nord; c'est un service à rendre à l'humanité; il y aura printemps éternel.

Et il détacha un si rude coup de sa longue épée dans la direction de l'assaillant le plus proche, que si celui-ci, avec la légèreté d'un véritable fils d'Eole, n'eût point fait un bond en arrière, il était percé d'outre en outre.

Malheureusement comme, tout en faisant ce bond, il regardait Chicot, et par conséquent, ne pouvait voir derrière lui, il tomba sur le rebord de la dernière marche de l'escalier, le long duquel, ne pouvant garder son centre de gravité, il dégringola à grand bruit.

Cette retraite fut un signal pour les trois autres qui disparurent par l'orifice ouvert devant eux ou plutôt derrière eux, avec la rapidité de fantômes qui s'abîment dans une trappe.

Cependant, le dernier qui disparut avait eu le temps, tandis que ses compagnons opéraient leur descente, de dire quelques mots à l'oreille de l'hôte.

— C'est bien, c'est bien! grommela celui-ci, on les retrouvera, vos habits.

— Eh bien, voilà tout ce que je demande.

— Et l'on va vous les apporter.

— A la bonne heure : ne pas aller nu, c'est un souhait raisonnable, ce me semble.

On apporta en effet les habits, mais visiblement détériorés.

— Oh! oh! fit Chicot, il y a bien des clous dans votre escalier. Diables de vents, va! mais enfin, réparation d'honneur. Comment pouvais-je vous soupçonner? vous avez une si honnête figure.

L'hôte sourit avec aménité.

— Et maintenant, dit-il, vous allez vous rendormir, je présume?

— Non, merci, non, j'ai dormi assez.

— Qu'allez-vous donc faire?

— Vous allez me prêter votre lanterne, s'il vous plaît, et je continuerai ma lecture, répliqua Chicot, avec le même agrément.

L'hôte ne dit rien; il tendit seulement sa lanterne à Chicot et se retira.

Chicot redressa son armoire contre la porte, et se rengaîna dans son lit.

La nuit fut calme; le vent s'était éteint, comme si l'épée de Chicot avait pénétré dans l'outre qui l'entretenait.

Au point du jour, l'ambassadeur demanda son cheval, paya sa dépense et partit en disant :

— Nous verrons ce soir.

XXXVI

COMMENT CHICOT CONTINUA SON VOYAGE ET CE QUI LUI ARRIVA

Chicot passa toute sa matinée à s'applaudir d'avoir eu le sang-froid et la patience que nous avons dits pendant cette nuit d'épreuves.

— Mais, pensa-t-il, on ne prend pas deux fois un vieux loup au même piége; il est donc à peu près certain qu'on va inventer aujourd'hui une diablerie nouvelle à mon endroit : tenons-nous donc sur nos gardes.

Le résultat de ce raisonnement, plein de prudence, fut que Chicot fit pendant toute la journée une marche que Xénophon n'eût pas trouvée indigne d'immortaliser dans sa retraite des Dix Mille.

Tout arbre, tout accident de terrain, toute muraille lui servaient de point d'observation ou de fortification naturelle.

Il avait même conclu, chemin faisant, des alliances, sinon offensives, du moins défensives.

En effet, quatre gros marchands épiciers de Paris, qui s'en allaient commander à Orléans leurs confitures de cotignac, et à Limoges leurs fruits secs, daignèrent agréer la société de Chicot, lequel s'annonça pour un chaussetier de Bordeaux, retournant chez lui après ses affaires faites. Or, comme Chicot, Gascon d'origine, n'avait perdu son accent que lorsque l'absence de cet accent lui était particulièrement nécessaire, il n'inspira aucune défiance à ses compagnons de voyage.

Cette armée se composait donc de cinq maîtres et de quatre commis épiciers : elle n'était pas plus méprisable quant à l'esprit que quant au nombre, attendu les habitudes belliqueuses introduites depuis la Ligue dans les mœurs de l'épicerie parisienne.

Nous n'affirmerons pas que Chicot professait un grand respect pour la bravoure de ses compagnons; mais, alors certainement, le proverbe dit vrai qui assure que trois poltrons ensemble ont moins peur qu'un brave tout seul.

Chicot n'eut plus peur du tout, du moment où il se trouva avec quatre poltrons; il dédaigna même de se retourner dès lors, comme il faisait auparavant, pour voir ceux qui pouvaient le suivre.

Il résulta de là qu'on atteignit sans encombre, en politiquant beaucoup, et en faisant force bravades, la ville désignée pour le souper et le coucher de la troupe.

On soupa, on but sec, et chacun gagna sa chambre.

Chicot n'avait épargné, pendant ce festin, ni sa verve railleuse qui divertissait ses compagnons, ni les coups de muscat et de bourgogne qui entretenaient sa verve : on avait fait bon marché entre commerçants, c'est-à-dire entre gens libres, de Sa Majesté le roi de France et de toutes les autres majestés, fussent-elles de Lorraine, de Navarre, de Flandre ou d'autres lieux.

Or, Chicot s'alla coucher après avoir donné, pour le lendemain, rendez-vous à ses quatre épiciers, qui l'avaient pour ainsi dire triomphalement conduit à sa chambre.

Maître Chicot se trouvait donc gardé comme un prince, dans son corridor, par les quatre voyageurs dont les quatre cellules précédaient

Il monta sans hésiter sur le rebord de la fenêtre. — PAGE 23.

la sienne, sise au bout du couloir, et par conséquent inexpugnable, grâce aux alliances intermédiaires.

En effet, comme à cette époque les routes étaient peu sûres, même pour ceux qui n'étaient chargés que de leurs propres affaires, chacun s'était assuré de l'appui du voisin, en cas de malencontre. Chicot, qui n'avait pas raconté ses mésaventures de la nuit précédente, avait poussé, on le comprend, à la rédaction de cet article du traité qui avait au reste été adopté à l'unanimité.

Chicot pouvait donc, sans manquer à sa prudence accoutumée, se coucher et s'endormir. Il pouvait d'autant mieux le faire qu'il avait, par renfort de prudence, visité minutieusement la chambre, poussé les verrous de sa porte et fermé les volets de sa fenêtre, la seule qu'il y eût dans l'appartement; il va sans dire qu'il avait sondé la muraille du poing, et que partout la muraille avait rendu un son satisfaisant.

Mais il arriva, pendant son premier sommeil, un événement que le sphinx lui-même, ce devin par excellence, n'aurait jamais pu prévoir :

c'est que le diable était en train de se mêler des affaires de Chicot, et que le diable est plus fin que tous les sphinx du monde.

Vers neuf heures et demie, un coup fut frappé timidement à la porte des commis épiciers logés tous quatre ensemble, dans une sorte de galetas, au-dessus du corridor des marchands, leurs patrons. L'un d'eux ouvrit d'assez mauvaise humeur, et se trouva nez à nez avec l'hôte.

— Messieurs, leur dit ce dernier, je vois avec bien de la joie que vous vous êtes couchés tout habillés; je veux vous rendre un grand service. Vos maîtres se sont fort échauffés à table en parlant politique. Il paraît qu'un échevin de la ville les a entendus et a rapporté leurs propos au maire : or, notre ville se pique d'être fidèle; le maire vient d'envoyer le guet qui a saisi vos patrons et les a conduits à l'Hôtel-de-Ville pour s'expliquer. La prison est bien près de l'Hôtel-de-Ville; mes garçons, gagnez au pied; vos mules vous attendent, vos patrons vous rejoindront toujours bien.

Les quatre commis bondirent comme des chevreaux, se faufilèrent dans l'escalier, sautèrent tout tremblants sur leurs mules et reprirent le chemin de Paris, après avoir chargé l'hôte d'avertir leurs maîtres de leur départ et de la direction adoptée, s'il arrivait que leurs maîtres revinssent à l'hôtellerie.

Cela fait, et ayant vu disparaître les quatre garçons au coin de la rue, l'hôte s'en alla heurter, avec la même précaution, à la première porte du corridor.

Il gratta si bien, que le premier marchand lui cria d'une voix de Stentor :

— Qui va là?

— Silence, malheureux! répondit l'hôte : venez auprès de la porte, et marchez sur la pointe des pieds.

Le marchand obéit; mais comme c'était un homme prudent, tout en collant son oreille à la porte, il n'ouvrit pas et demanda :

— Qui êtes-vous?

— Ne reconnaissez-vous pas la voix de votre hôte?

— C'est vrai; eh! mon Dieu, qu'y a-t-il?

— Il y a que vous avez à table un peu librement parlé du roi, et que le maire en a été informé par quelque espion, en sorte que le guet est venu. Heureusement que j'ai eu l'idée d'indiquer la chambre de vos commis, de sorte qu'il est occupé à arrêter là-haut vos commis au lieu de vous arrêter vous-mêmes ici.

— Oh! oh! que m'apprenez-vous? fit le marchand.

— La simple et pure vérité! Hâtez-vous de vous sauver, tandis que l'escalier est encore libre...

— Mais, mes compagnons?

— Oh! vous n'aurez pas le temps de les prévenir.

— Pauvres gens!

— Et le marchand s'habilla en toute hâte.

Pendant ce temps l'hôte, comme frappé d'une inspiration subite, cogna du doigt la cloison qui séparait le premier marchand du second.

Le second, réveillé par les mêmes paroles et la même fable, ouvrit doucement sa porte; le troisième, réveillé comme le second, appela le quatrième; et tous quatre alors, légers comme une volée d'hirondelles, disparurent en levant les bras au ciel et en marchant sur la pointe des orteils.

— Ce pauvre chaussetier, disaient-ils, c'est sur lui que tout va tomber; il est vrai que c'est lui qui en a dit le plus. Ma foi, gare à lui, car l'hôte n'a pas eu le temps de le prévenir comme nous!

En effet, maître Chicot, comme on le comprend, n'avait été prévenu de rien.

Au moment même où les marchands s'enfuyaient en le recommandant à Dieu, il dormait du plus profond sommeil.

L'hôte s'en assura en écoutant à la porte; puis il descendit dans la salle basse dont la porte soigneusement fermée s'ouvrit à son signal.

Il ôta son bonnet et entra.

La salle était occupée par six hommes armés dont l'un paraissait avoir le droit de commander aux autres.

— Eh bien? dit ce dernier.

— Eh bien, monsieur l'officier, j'ai obéi en tout point.

— Votre auberge est déserte?

— Absolument.

— La personne que nous vous avons désignée n'a pas été prévenue ni réveillée?

— Ni prévenue, ni réveillée.

— Monsieur l'hôtelier, vous savez au nom de qui nous agissons; vous savez quelle cause nous servons, car vous êtes vous-même défenseur de cette cause?

— Oui, certes, monsieur l'officier; aussi voyez-vous que j'ai sacrifié, pour obéir à mon serment, l'argent que mes hôtes eussent dépensé chez moi; mais il est dit dans ce serment : Je sacrifierai mes biens à la défense de la sainte religion catholique.

— Et ma vie!... vous oubliez ce mot, dit l'officier d'une voix altière.

— Mon Dieu! s'écria l'hôte en joignant les mains, est-ce qu'on me demande ma vie? j'ai femme et enfants!

— On ne vous la demandera que si vous n'obéissez point aveuglément à ce qui vous sera recommandé.

— Oh! j'obéirai, soyez tranquille.

— En ce cas, allez vous coucher; fermez les portes, et, quoi que vous entendiez ou voyiez, ne sortez pas, dût votre maison brûler et s'écrouler sur votre tête. Vous voyez que votre rôle n'est pas difficile.

— Hélas! hélas! je suis ruiné, murmura l'hôte.

— On m'a chargé de vous indemniser, dit l'officier; prenez ces trente écus que voici.

— Ma maison estimée trente écus! fit piteusement l'aubergiste.

— Eh! vive Dieu! l'on ne vous cassera pas seulement une vitre, pleureur que vous êtes... Fi! les vilains champions de la sainte Ligue que nous avons là!

— L'hôte partit et s'enferma comme un parlementaire prévenu du sac de la ville.

Alors l'officier commanda aux deux hommes les mieux armés de se placer sous la fenêtre de Chicot.

Lui-même, avec les trois autres, monta au logis de ce pauvre chaussetier, comme l'appelaient ses compagnons de voyage, déjà loin de la ville.

— Vous savez l'ordre? dit l'officier. S'il ouvre, s'il se laisse fouiller, si nous trouvons sur lui ce que nous cherchons, on ne lui fera pas le moindre mal; mais, si le contraire arrive, un bon coup de dague, entendez-vous bien? pas de pistolet, pas d'arquebuse. D'ailleurs, c'est inutile, étant quatre contre un.

On était arrivé à la porte.

L'officier heurta.

— Qui va là? dit Chicot, réveillé en sursaut.

— Pardieu! dit l'officier, soyons rusé. Vos amis les épiciers, lesquels ont quelque chose d'important à vous communiquer, dit-il.

— Oh! oh! fit Chicot, le vin d'hier vous a bien grossi la voix, mes épiciers.

— L'officier adoucit sa voix, et dans le diapason le plus insinuant :

— Mais ouvrez donc, cher compagnon et confrère.

— Ventre de biche! comme votre épicerie sent la ferraille! dit Chicot.

— Ah! tu ne veux pas ouvrir! cria l'officier impatienté; alors sus! enfoncez la porte!

Chicot courut à la fenêtre, la tira à lui, et vit en bas les deux épées nues.

— Je suis pris! s'écria-t-il.

— Ah! ah! compère, dit l'officier, qui avait entendu le bruit de la fenêtre qui s'ouvrait, tu crains le saut périlleux : tu as raison. Allons, ouvre-nous, ouvre!

— Ma foi, non, dit Chicot; la porte est solide, et il me viendra du renfort quand vous ferez du bruit.

L'officier éclata de rire et ordonna aux soldats de desceller les gonds.

Chicot se mit à hurler pour appeler les marchands.

— Imbécile! dit l'officier, crois-tu que nous t'avons laissé du secours? Détrompe-toi, tu es bien seul, et par conséquent bien perdu! Allons, fais contre mauvaise fortune bon cœur... Marchez, vous autres!

Et Chicot entendit frapper trois crosses de mousquet contre la porte avec la force et la régularité de trois béliers.

— Il y a là, dit-il, trois mousquets et un officier; en bas, deux épées seulement : quinze pieds à sauter, c'est une misère. J'aime mieux les épées que les mousquets.

Et nouant son sac à sa ceinture, il monta sans hésiter sur le rebord de la fenêtre, tenant son épée à la main.

Les deux hommes demeurés en bas tenaient leur lame en l'air.

Mais Chicot avait deviné juste. Jamais un homme, fût-il Goliath, n'attendra la chute d'un homme, fût-il un pygmée, lorsque cet homme peut le tuer en se tuant.

Les soldats changèrent de tactique et se reculèrent, décidés à frapper Chicot lorsqu'il serait tombé.

C'est là que le Gascon les attendait. Il sauta, en homme habile, sur les pointes et resta ac-

Qui êtes-vous, monsieur? demanda Mayenne. — PAGE 29.

croupi. Au même instant, un des hommes lui détacha un coup de pointe voire qui eût percé une muraille.

Mais Chicot ne se donna même pas la peine de parer. Il reçut le coup en plein thorax; mais, grâce à la cotte de mailles de Gorenflot, la lame de son ennemi se brisa comme verre.

— Il est cuirassé! dit le soldat.

— Pardieu! répliqua Chicot, qui d'un revers lui avait déjà fendu la tête.

L'autre se mit à crier, ne songeant plus qu'à parer, car Chicot attaquait.

Malheureusement il n'était pas même de la force de Jacques Clément. Chicot l'étendit, à la seconde passe, à côté de son camarade.

En sorte que, la porte enfoncée, l'officier ne vit plus, en regardant par la fenêtre, que ses deux sentinelles baignant dans leur sang.

A cinquante pas des moribonds, Chicot s'enfuyait assez tranquillement.

— C'est un démon! cria l'officier, il est à l'épreuve du fer.

— Oui, mais pas du plomb, fit un soldat en le couchant en joue.

— Malheureux ! s'écria l'officier en relevant le mousquet, du bruit ! tu réveillerais toute la ville : nous le trouverons demain.

— Ah ! voilà, dit philosophiquement un des soldats ; c'est quatre hommes qu'il eût fallu mettre en bas, et deux en haut seulement.

— Vous êtes un sot ! répondit l'officier.

— Nous verrons ce que M. le duc lui dira qu'il est, à lui ! grommela ce soldat pour se consoler.

Et il reposa la crosse de son mousquet à terre.

XXXVII

TROISIÈME JOURNÉE DE VOYAGE

Chicot ne s'enfuyait avec cette mollesse que parce qu'il était à Etampes, c'est-à-dire dans une ville, au milieu d'une population, sous la sauvegarde d'une certaine quantité de magistrats qui, à sa première réquisition, eussent donné cours à la justice et eussent arrêté M. de Guise lui-même.

Ses assaillants comprirent admirablement leur fausse position. Aussi l'officier, on l'a vu, au risque de laisser fuir Chicot, défendit à ses soldats l'usage des armes bruyantes.

Ce fut par la même raison qu'il s'abstint de poursuivre Chicot qui eût, au premier pas qu'on eût fait sur ses traces, poussé des cris à réveiller toute la ville.

La petite troupe, réduite d'un tiers, s'enveloppa dans l'ombre, abandonnant, pour se moins compromettre, les deux morts, et en laissant leurs épées auprès d'eux pour qu'on supposât qu'ils s'étaient entretués.

Chicot chercha, mais en vain, dans le quartier, ses marchands et leurs commis.

Puis, comme il supposait bien que ceux à qui il avait eu affaire, voyant leur coup manqué, n'avaient garde de rester dans la ville, il pensa qu'il était de bonne guerre à lui d'y rester.

Il y eut plus : après avoir fait un détour et de l'angle d'une rue voisine avoir entendu s'éloigner le pas des chevaux, il eut l'audace de revenir à l'hôtellerie.

Il y trouva l'hôte qui n'avait pas encore repris son sang-froid et qui le laissa seller son cheval dans l'écurie, en le regardant avec le même ébahissement qu'il eût fait pour un fantôme.

Chicot profita de cette stupeur bienveillante pour ne pas payer sa dépense, que de son côté l'hôte se garda bien de réclamer.

Puis il alla achever sa nuit dans la grande salle d'une autre hôtellerie, au milieu de tous les buveurs, lesquels étaient bien loin de se douter que ce grand inconnu, au visage souriant et à l'air gracieux, tout en manquant d'être tué, venait de tuer deux hommes.

Le point du jour le trouva sur la route, en

proie à des inquiétudes qui grandissaient d'instants en instants. Deux tentatives avaient échoué heureusement; une troisième pouvait lui être funeste.

A ce moment il eût composé avec tous les Guisards, quitte à leur conter les bourdes qu'il savait si bien inventer.

Un bouquet de bois lui donnait des appréhensions difficiles à décrire; un fossé lui faisait courir des frissons par tout le corps; une muraille un peu haute était sur le point de le faire retourner en arrière.

De temps en temps il se promettait, une fois à Orléans, d'envoyer au roi un courrier pour demander de ville en ville une escorte.

Mais comme jusqu'à Orléans la route fut déserte et parfaitement sûre, Chicot pensa qu'il aurait inutilement l'air d'un poltron, que le roi perdrait sa bonne opinion de Chicot, et qu'une escorte serait bien gênante; d'ailleurs cent fossés, cinquante haies, vingt murs, dix taillis avaient déjà été passés sans que le moindre objet suspect se fût montré sous les branches ou sur les pierres.

Mais, après Orléans, Chicot sentit ses terreurs redoubler; quatre heures approchaient, c'est-à-dire le soir. La route était fourrée comme un bois, elle montait comme une échelle; le voyageur, se détachant sur le chemin grisâtre, apparaissait pareil au More d'une cible, à quiconque se fût senti le désir de lui envoyer une balle d'arquebuse.

Tout à coup Chicot entendit au loin un certain bruit semblable au roulement que font sur la terre sèche les chevaux qui galopent.

Il se retourna, et au bas de la côte dont il avait atteint la moitié, il vit des cavaliers montant à toute bride.

Il les compta; ils étaient sept.

Quatre avaient des mousquets sur l'épaule.

Le soleil couchant tirait de chaque canon un long éclat d'un rouge de sang.

Les chevaux de ces cavaliers gagnaient beaucoup sur le cheval de Chicot. Chicot d'ailleurs ne se souciait pas d'engager une lutte de rapidité dont le résultat eût été de diminuer ses ressources en cas d'attaque.

Il fit seulement marcher son cheval en zigzags, pour enlever aux arquebusiers la fixité du point de mire.

Ce n'était point sans une profonde intelligence de l'arquebuse en général, et des arquebusiers en particulier, que Chicot employait cette manœuvre; car au moment où les cavaliers se trouvaient à cinquante pas de lui, il fut salué par quatre coups qui, suivant la direction dans laquelle tiraient les cavaliers, passèrent droit au-dessus de sa tête.

Chicot s'attendait, comme on l'a vu, à ces quatre coups d'arquebuse; aussi avait-il fait son plan d'avance. En entendant siffler les balles, il abandonna les rênes et se laissa glisser à bas de son cheval. Il avait eu la précaution de tirer son épée du fourreau, et tenait à la main gauche une dague tranchante comme un rasoir, et pointue comme une aiguille.

Il tomba donc, disons-nous, et cela, de telle façon que ses jambes fussent des ressorts pliés, mais prêts à se détendre; en même temps, grâce à la position ménagée dans la chute, sa tête se trouvait garantie par le poitrail de son cheval.

Un cri de joie partit du groupe des cavaliers qui, en voyant tomber Chicot, crut Chicot mort.

— Je vous le disais bien, imbécile, dit en accourant au galop un homme masqué; vous avez tout manqué, parce qu'on n'a pas suivi mes ordres à la lettre. Cette fois le voici à bas : mort ou vif, qu'on le fouille, et s'il bouge qu'on l'achève.

— Oui, monsieur, répliqua respectueusement un des hommes de la foule.

Et chacun mit pied à terre, à l'exception d'un soldat qui réunit toutes les brides et garda tous les chevaux.

Chicot n'était pas précisément un homme pieux; mais, dans un pareil moment, il songea qu'il y a un Dieu, que ce Dieu lui ouvrait les bras, et qu'avant cinq minutes peut-être le pécheur serait devant son juge.

Il marmotta quelque sombre et fervente prière qui fut certainement entendue là-haut.

Deux hommes s'approchèrent de Chicot; tous deux avaient l'épée à la main.

On voyait bien que Chicot n'était pas mort, à la façon dont il gémissait.

Comme il ne bougeait pas et ne s'apprêtait en rien à se défendre, le plus zélé des deux eut l'imprudence de s'approcher à portée de la main gauche; aussitôt la dague poussée comme par un ressort, entra dans sa gorge où la coquille s'imprima comme sur de la cire molle. En même temps la moitié de l'épée que tenait la main droite de Chicot disparut dans les reins du second cavalier qui voulait fuir.

— Tudieu! cria le chef, il y a trahison : chargez les arquebuses; le drôle est bien vivant encore.

— Certes oui, je suis encore vivant, dit Chicot dont les yeux lancèrent des éclairs; et, prompt comme la pensée, il se jeta sur le cavalier chef, lui portant la pointe au masque.

Mais déjà deux soldats le tenaient enveloppé: il se retourna, ouvrit une cuisse d'un large coup d'épée et fut dégagé.

— Enfants! enfants! cria le chef, les arquebuses, mordieu !

— Avant que les arquebuses soient prêtes, dit Chicot, je t'aurai ouvert les entrailles, brigand, et j'aurai coupé les cordons de ton masque, afin que je sache qui tu es.

— Tenez ferme, monsieur, tenez ferme et je vous garderai, dit une voix qui fit à Chicot l'effet de descendre du ciel.

C'était la voix d'un beau jeune homme, monté sur un bon cheval noir. Il avait deux pistolets à la main, et criait à Chicot :

— Baissez-vous, baissez-vous morbleu! mais baissez-vous donc.

Chicot obéit.

Un coup de pistolet partit, et un homme roula aux pieds de Chicot, en laissant échapper son épée.

Cependant les chevaux se battaient; les trois cavaliers survivants voulaient reprendre les étriers, et n'y parvenaient pas; le jeune homme tira, au milieu de cette mêlée, un second coup de pistolet qui abattit encore un homme.

— Deux à deux, dit Chicot; généreux sauveur, prenez le vôtre, voici le mien.

Et il fondit sur le cavalier masqué, qui, frémissant de rage ou de peur, lui tint tête cependant comme un homme exercé au maniement des armes.

De son côté le jeune homme avait saisi à bras le corps son ennemi, l'avait terrassé sans même mettre l'épée à la main, et le garrottait avec son ceinturon, comme une brebis à l'abattoir.

Chicot, en se voyant en face d'un seul adversaire, reprenait son sang-froid et par conséquent sa supériorité.

Il poussa rudement son ennemi, qui était doué d'une corpulence assez ample, l'accula au fossé de la route, et, sur une feinte de seconde, lui porta un coup de pointe au milieu des côtes.

L'homme tomba.

Chicot mit le pied sur l'épée du vaincu pour qu'il ne pût la ressaisir, et de son poignard coupant les cordons du masque :

— Monsieur de Mayenne !... dit-il; ventre de biche ! je m'en doutais.

Le duc ne répondit pas; il était évanoui, moitié de la perte de son sang, moitié du poids de la chute.

Chicot se gratta le nez, selon son habitude lorsqu'il avait à faire quelque acte de haute gravité; puis, après la réflexion d'une demi-minute, il retroussa sa manche, prit sa large dague, et s'approcha du duc pour lui trancher purement et simplement la tête.

Mais alors il sentit un bras de fer qui étreignait le sien, et entendit une voix qui lui disait :

— Tout beau, monsieur ! on ne tue pas un ennemi à terre.

— Jeune homme, répondit Chicot, vous m'avez sauvé la vie, c'est vrai : je vous en remercie de tout mon cœur; mais acceptez une petite leçon fort utile en ces temps de dégradation morale où nous vivons. Quand un homme a subi en trois jours trois attaques, lorsqu'il a couru trois fois risque de la vie, lorsqu'il est tout chaud encore du sang d'ennemis qui lui ont tiré de loin, sans provocation aucune de sa part, quatre coups d'arquebuse, comme ils eussent fait à un loup enragé, alors, jeune homme, ce vaillant, permettez-moi de le dire, peut hardiment faire ce que je vais faire.

Et Chicot reprit le cou de son ennemi pour achever son opération.

Mais cette fois encore le jeune homme l'arrêta.

— Vous ne le ferez pas, monsieur, dit-il, tant que je serai là du moins. On ne verse pas ainsi tout entier un sang comme celui qui sort de la blessure que vous avez déjà faite.

— Bah! dit Chicot avec surprise, vous con naissez ce misérable?

— Ce misérable est M. le duc de Mayenne, prince égal en grandeur à bien des rois.

— Raison de plus, dit Chicot d'une voix sombre... Mais vous, qui êtes-vous ?

— Je suis celui qui vous a sauvé la vie, monsieur, répondit froidement le jeune homme.

— Et qui, vers Charenton, m'a, si je ne me trompe, remis une lettre du roi, voici tantôt trois jours.

— Précisément.

— Alors vous êtes au service du roi, monsieur?

— J'ai cet honneur, répondit le jeune homme en s'inclinant.

— Et, étant au service du roi, vous ménagez M. de Mayenne : mordieu ! monsieur, permettez-moi de vous le dire, ce n'est pas d'un bon serviteur.

— Je crois, au contraire, que c'est moi qui suis le bon serviteur du roi en ce moment.

— Peut-être, fit tristement Chicot, peut-être; mais ce n'est pas le moment de philosopher. Comment vous nomme-t-on?

— Ernauton de Carmainges, monsieur.

— Eh bien ! monsieur Ernauton, qu'allons-nous faire de cette charogne égale en grandeur à tous les rois de la terre ? car, moi, je tire au large, je vous en avertis.

— Je veillerai sur M. de Mayenne, monsieur.

— Et le compagnon qui écoute là-bas, qu'en faites-vous?

— Le pauvre diable n'entend rien; je l'ai serré trop fort, à ce que je pense, et il s'est évanoui.

— Allons, monsieur de Carmainges, vous avez sauvé ma vie aujourd'hui, mais vous la compromettez furieusement pour plus tard.

— Je fais mon devoir aujourd'hui, Dieu pourvoira au futur.

— Qu'il soit donc fait ainsi que vous le désirez. D'ailleurs, je répugne à tuer cet homme sans défense, quoique cet homme soit mon plus cruel ennemi. Ainsi donc, adieu, monsieur.

Et Chicot serra la main d'Ernauton.

— Il a peut-être raison, se dit-il en s'éloignant pour reprendre son cheval ; puis revenant sur ses pas :

— Au fait, dit-il, vous avez là sept bons chevaux : je crois en avoir gagné quatre pour ma part; aidez-moi donc à en choisir... Vous y connaissez-vous?

— Prenez le mien, répondit Ernauton, je sais ce qu'il peut faire.

— Oh ! c'est trop de générosité, gardez-le pour vous.

— Non, je n'ai pas autant besoin que vous de marcher vite.

Chicot ne se fit pas prier; il enfourcha le cheval d'Ernauton et disparut.

XXXVIII

ERNAUTON DE CARMAINGES

Ernauton resta sur le champ de bataille, assez embarrassé de ce qu'il allait faire des deux ennemis qui allaient rouvrir les yeux entre ses bras.

En attendant, comme il n'y avait aucun danger qu'ils s'éloignassent, et qu'il était probable que maître Robert Briquet, c'est sous ce nom, on se le rappelle, qu'Ernauton connaissait Chicot, et comme il était probable, disons-nous, que maître Robert Briquet ne reviendrait point sur ses pas pour les achever, le jeune homme se mit à la découverte de quelque auxiliaire, et ne tarda point à trouver sur la route même ce qu'il cherchait.

Un chariot qu'avait dû croiser Chicot dans sa

course apparaissait au haut de la montagne, se détachant en vigueur sur un ciel rougi par les feux du soleil couchant.

Ce chariot était traîné par deux bœufs et conduit par un paysan.

Ernauton aborda le conducteur, qui avait bonne envie en l'apercevant de laisser sa charrette et de s'enfuir sous le taillis, et lui raconta qu'un combat venait d'avoir lieu entre huguenots et catholiques; que ce combat avait été fatal à quatre d'entre eux, mais que deux avaient survécu.

Le paysan, assez effrayé de la responsabilité d'une bonne œuvre, mais plus effrayé encore, comme nous l'avons dit, de la mine guerrière d'Ernauton, aida le jeune homme à transporter M. de Mayenne dans son chariot, puis le soldat qui, évanoui ou non, continuait de demeurer les yeux fermés.

Restaient les quatre morts.

— Monsieur, demanda le paysan, ces quatre hommes étaient-ils catholiques ou huguenots ?

Ernauton avait vu le paysan, au moment de sa terreur, faire le signe de la croix.

— Huguenots, dit-il.

— En ce cas, reprit le paysan, il n'y a aucun inconvénient que je fouille ces parpaillots, n'est-ce pas?

— Aucun, répondit Ernauton, qui aimait autant que le paysan auquel il avait affaire héritât que le premier passant venu.

Le paysan ne se le fit pas dire deux fois, et retourna les poches des morts.

Les morts avaient eu bonne solde de leur vivant, à ce qu'il paraît, car, l'opération terminée, le front du paysan se dérida.

Il résulta du bien-être qui se répandait dans son corps et dans son âme à la fois qu'il piqua plus rudement ses bœufs, afin d'arriver plus vite à sa chaumière.

Ce fut dans l'étable de cet excellent catholique, sur un bon lit de paille, que M. de Mayenne reprit ses sens. La douleur causée par la secousse du transport n'avait pas réussi à le ranimer; mais quand l'eau fraîche versée sur la blessure en fit couler quelques gouttes de sang vermeil, le duc rouvrit les yeux et regarda les hommes et les choses environnantes avec une surprise facile à concevoir.

Dès que M. de Mayenne eut rouvert les yeux, Ernauton congédia le paysan.

— Qui êtes-vous, monsieur ? demanda Mayenne.

Ernauton sourit.

— Ne me reconnaissez-vous pas, monsieur ? lui dit-il.

— Si fait, reprit le duc en fronçant le sourcil, vous êtes celui qui êtes venu au secours de mon ennemi.

— Oui, répondit Ernauton ; mais je suis aussi celui qui ai empêché votre ennemi de vous tuer.

— Il faut bien que cela soit, dit Mayenne, puisque je vis, à moins toutefois qu'il ne m'ait cru mort.

— Il s'est éloigné vous sachant vivant, monsieur.

— Au moins croyait-il ma blessure mortelle.

— Je ne sais ; mais en tout cas, si je ne m'y fusse opposé, il allait vous en faire une qui l'eût été.

— Mais alors, monsieur, pourquoi avez-vous aidé à tuer mes gens, pour empêcher ensuite cet homme de me tuer ?

— Rien de plus simple, monsieur, et je m'étonne qu'un gentilhomme, vous me semblez en être un, ne comprenne pas ma conduite. Le hasard m'a conduit sur la route que vous suiviez, j'ai vu plusieurs hommes en attaquer un seul, j'ai défendu l'homme seul ; puis quand ce brave, au secours de qui j'étais venu, car, quel qu'il soit, monsieur, cet homme est brave ; puis quand ce brave, demeuré seul à seul avec vous, eut décidé la victoire par le coup qui vous abattit, alors, voyant qu'il allait abuser de la victoire en vous tuant, j'ai interposé mon épée.

— Vous me connaissez donc ? demanda Mayenne avec un regard scrutateur.

— Je n'ai pas besoin de vous connaître, monsieur ; je sais que vous êtes un homme blessé, et cela me suffit.

— Soyez franc, monsieur, reprit Mayenne, vous me connaissez.

— Il est étrange, monsieur, que vous ne consentiez point à me comprendre. Je ne trouve point, quant à moi, qu'il soit plus noble de tuer un homme sans défense que d'assaillir à six un homme qui passe.

— Vous admettez cependant qu'à toute chose il puisse y avoir des raisons.

Ernauton s'inclina, mais ne répondit point.

— N'avez-vous pas vu, continua Mayenne,

que j'ai croisé l'épée seul à seul avec cet homme ?

— Je l'ai vu, c'est vrai.

— D'ailleurs cet homme est mon plus mortel ennemi.

— Je le crois, car il m'a dit la même chose de vous.

— Et si je survis à ma blessure ?

— Cela ne me regardera plus, et vous ferez ce qu'il vous plaira, monsieur.

— Me croyez-vous bien dangereusement blessé ?

— J'ai examiné votre blessure, monsieur, et je crois que, quoique grave, elle n'entraîne point danger de mort. Le fer a glissé le long des côtes, à ce que je crois, et ne pénètre pas dans la poitrine. Respirez, et, je l'espère, vous n'éprouverez aucune douleur du côté du poumon.

Mayenne respira péniblement, mais sans souffrance intérieure.

— C'est vrai, dit-il ; mais les hommes qui étaient avec moi ?

— Sont morts, à l'exception d'un seul.

— Les a-t-on laissés sur le chemin, demanda Mayenne.

— Oui.

— Les a-t-on fouillés ?

— Le paysan que vous avez dû voir en rouvrant les yeux, et qui est votre hôte, s'est acquitté de ce soin.

— Qu'a-t-il trouvé sur eux ?

— Quelque argent.

— Et des papiers ?

— Je ne sache point.

— Ah ! fit Mayenne avec une satisfaction évidente.

— Au reste, vous pourriez prendre des informations près de celui qui vit.

— Mais celui qui vit, où est-il ?

— Dans la grange, à deux pas d'ici.

— Transportez-moi près de lui, ou plutôt transportez-le près de moi, et si vous êtes homme d'honneur, comme je le crois, jurez-moi de ne lui faire aucune question.

— Je ne suis point curieux, monsieur, et de cette affaire je sais tout ce qu'il m'importe de savoir.

Le duc regarda Ernauton avec un reste d'inquiétude.

— Monsieur, dit celui-ci, je serais heureux que vous chargeassiez tout autre de la commission que vous voulez bien me donner.

— J'ai tort, monsieur, et je le reconnais, dit Mayenne ; ayez cette extrême obligeance de me rendre le service que je vous demande.

Cinq minutes après, le soldat entrait dans l'étable.

Il poussa un cri en apercevant le duc de Mayenne ; mais celui-ci eut la force de mettre le doigt sur ses lèvres. Le soldat se tut aussitôt.

— Monsieur, dit Mayenne à Ernauton, ma reconnaissance sera éternelle, et sans doute un jour nous nous retrouverons en circonstances meilleures : puis-je vous demander à qui j'ai l'honneur de parler ?

— Je suis le vicomte Ernauton de Carmainges, monsieur.

Mayenne attendait un plus long détail, mais ce fut au tour du jeune homme d'être réservé.

— Vous suiviez le chemin de Beaugency, monsieur, continua Mayenne.

— Oui, monsieur.

— Alors, je vous ai dérangé, et vous ne pouvez plus marcher cette nuit, peut-être ?

— Au contraire, monsieur, et je compte me remettre en route tout à l'heure.

— Pour Beaugency ?

Ernauton regarda Mayenne en homme que cette insistance désoblige fort.

— Pour Paris, dit-il.

Le duc parut étonné.

— Pardon, continua Mayenne, mais il est étrange qu'allant à Beaugency, et arrêté par une circonstance aussi imprévue, vous manquiez le but de votre voyage sans une cause bien sérieuse.

— Rien de plus simple, monsieur, répondit Ernauton, j'allais à un rendez-vous. Notre événement, en me forçant de m'arrêter ici, m'a fait manquer ce rendez-vous ; je m'en retourne.

Mayenne essaya en vain de lire sur le visage impassible d'Ernauton une autre pensée que celle qu'exprimaient ses paroles.

— Oh ! monsieur, dit-il enfin, que ne demeurez-vous avec moi quelques jours ! j'enverrais à Paris mon soldat que voici pour me chercher un chirurgien, car vous comprenez, n'est-ce pas, que je ne puis rester seul ici avec ces paysans qui me sont inconnus ?

— Et pourquoi, monsieur, répliqua Ernauton, ne serait-ce point votre soldat qui resterait près de vous, et moi qui vous enverrais un chirurgien?

Mayenne hésita.

— Savez-vous le nom de mon ennemi? demanda-t-il.

— Non, monsieur.

— Quoi! vous lui avez sauvé la vie, et il ne vous a pas dit son nom?

— Je ne le lui ai pas demandé.

— Vous ne le lui avez pas demandé?

— Je vous ai sauvé la vie aussi, à vous, monsieur : vous ai-je, pour cela, demandé le vôtre? mais, en échange, vous savez tous deux le mien. Qu'importe que le sauveur sache le nom de son obligé? c'est l'obligé qui doit savoir celui de son sauveur.

— Je vois, monsieur, dit Mayenne, qu'il n'y a rien à apprendre de vous, et que vous êtes discret autant que vaillant.

— Et moi, monsieur, je vois que vous prononcez ces paroles avec une intention de reproche, et je le regrette; car, en vérité, ce qui vous alarme devrait au contraire vous rassurer. On n'est pas discret beaucoup avec celui-ci sans l'être un peu avec celui-là.

— Vous avez raison : votre main, monsieur de Carmainges.

Ernauton lui donna la main, mais sans que rien dans son geste indiquât qu'il savait donner la main à un prince.

— Vous avez inculpé ma conduite, monsieur, continua Mayenne; je ne puis me justifier sans révéler de grands secrets; mieux vaut, je crois, que nous ne poussions pas plus loin nos confidences.

— Remarquez, monsieur, répondit Ernauton, que vous vous défendez quand je n'accuse pas. Vous êtes parfaitement libre, croyez-le bien, de parler et de vous taire.

— Merci, monsieur, je me tais. Sachez seulement que je suis un gentilhomme de bonne maison, en position de vous faire tous les plaisirs que je voudrai.

— Brisons là-dessus, monsieur, répondit Ernauton, et croyez que je serai aussi discret à l'égard de votre crédit que je l'ai été à l'égard de votre nom. Grâce au maître que je sers, je n'ai besoin de personne.

— Votre maître? demanda Mayenne avec inquiétude, quel maître, s'il vous plaît?

— Oh! plus de confidences, vous l'avez dit vous-même, monsieur, répliqua Ernauton.

— C'est juste.

— Et puis votre blessure commence à s'enflammer; causez moins, monsieur, croyez-moi.

— Vous avez raison. Oh! il me faudra mon chirurgien.

— Je retourne à Paris, comme j'ai eu l'honneur de vous le dire; donnez-moi son adresse.

Mayenne fit un signe au soldat qui s'approcha de lui : puis tous deux causèrent à voix basse.

Avec sa discrétion habituelle, Ernauton s'éloigna.

Enfin, après quelques minutes de consultation, le duc se retourna vers Ernauton.

— Monsieur de Carmainges, dit-il, votre parole d'honneur que, si je vous donnais une lettre pour quelqu'un, cette lettre serait fidèlement remise à cette personne?

— Je vous la donne, monsieur.

— Et j'y crois; vous êtes trop galant homme, pour que je ne me fie pas aveuglément à vous.

— Ernauton s'inclina.

— Je vais vous confier une partie de mon secret, dit Mayenne; je suis des gardes de madame la duchesse de Montpensier.

— Ah! fit naïvement Ernauton, madame la duchesse de Montpensier à des gardes, je l'ignorais.

— Dans ces temps de troubles, monsieur, reprit Mayenne, tout le monde s'entoure de son mieux, et la maison de Guise étant maison souveraine...

— Je ne demande pas d'explication, monsieur; vous êtes des gardes de madame la duchesse de Montpensier, cela me suffit.

— Je reprends donc : j'avais mission de faire un voyage à Amboise, quand, en chemin, j'ai rencontré mon ennemi. Vous savez le reste.

— Oui, dit Ernauton.

— Arrêté par cette blessure avant d'avoir accompli ma mission, je dois compte à madame la duchesse des causes de mon retard.

— C'est juste.

— Vous voudrez bien lui remettre en mains propres, la lettre que je vais avoir l'honneur de lui écrire?

— S'il y a toutefois de l'encre et du papier ici, répliqua Ernauton se levant pour se mettre en quête de ces objets.

— Inutile, dit Mayenne; mon soldat doit avoir sur lui mes tablettes.

Effectivement le soldat tira de sa poche des tablettes fermées. Mayenne se retourna du côté du mur pour faire jouer un ressort ; les tablettes s'ouvrirent: il écrivit quelques lignes au crayon, et referma les tablettes avec le même mystère.

Une fois fermées, il était impossible, si l'on ignorait le secret, de les ouvrir, à moins de les briser.

— Monsieur, dit le jeune homme, dans trois jours ces tablettes seront remises.

— En mains propres !

— A madame la duchesse de Montpensier elle-même.

Le duc serra les mains de son bienveillant compagnon, et, fatigué à la fois de la conversation qu'il venait de faire et de la lettre qu'il venait d'écrire, il retomba, la sueur au front, sur la paille fraîche.

— Monsieur, dit le soldat dans un langage qui parut à Ernauton assez peu en harmonie avec le costume, monsieur, vous m'avez lié comme un veau, c'est vrai ; mais, que vous le vouliez ou non, je regarde ce lien comme une chaîne d'amitié, et vous le prouverai en temps et lieu.

Et il lui tendit une main dont le jeune homme avait déjà remarqué la blancheur.

— Soit, dit en souriant Carmainges ; me voilà donc avec deux amis de plus ?

— Ne raillez pas, monsieur, dit le soldat, on n'en a jamais de trop.

— C'est vrai, camarade, répondit Ernauton.

Et il partit.

XXXIX

LA COUR AUX CHEVAUX

Ernauton partit à l'instant même, et comme il avait pris le cheval du duc en remplacement du sien, qu'il avait donné à Robert Briquet, il marcha rapidement, de sorte que vers la moitié du troisième jour il arriva à Paris.

A trois heures de l'après-midi il entrait au Louvre, au logis des quarante-cinq.

Aucun événement d'importance, d'ailleurs, n'avait signalé son retour.

Les Gascons, en le voyant, poussèrent des cris de surprise.

M. de Loignac, à ces cris, entra, et, en apercevant Ernauton, prit sa figure la plus renfrognée, ce qui n'empêcha point Ernauton de marcher droit à lui.

M. de Loignac fit signe au jeune homme de passer dans le petit cabinet situé au bout du dortoir, espèce de salle d'audience où ce juge sans appel rendait ses arrêts.

— Est-ce donc ainsi qu'on se conduit, monsieur ? lui dit-il tout d'abord ; voilà, si je compte bien, cinq jours et cinq nuits d'absence, et c'est vous, vous, monsieur, que je croyais un des plus raisonnables, qui donnez l'exemple d'une pareille infraction?

— Monsieur, répondit Ernauton en s'inclinant, j'ai fait ce qu'on m'a dit de faire.

— Et que vous a-t-on dit de faire?

— On m'a dit de suivre M. de Mayenne, et je l'ai suivi.

— Pendant cinq jours et cinq nuits?

— Pendant cinq jours et cinq nuits, monsieur.

— Le duc a donc quitté Paris?

— Le soir même, et cela m'a paru suspect.

— Vous aviez raison, monsieur. Après?

Ernauton se mit alors à raconter succinctement, mais avec la chaleur et l'énergie d'un homme de cœur, l'aventure du chemin et les suites que cette aventure avait eues. A mesure qu'il avançait dans son récit, le visage si mobile de Loignac s'éclairait de toutes les impressions que le narrateur soulevait dans son âme.

Mais lorsque Ernauton en vint à la lettre confiée à ses soins par M. de Mayenne :

— Vous l'avez, cette lettre? s'écria M. de Loignac.

— Oui, monsieur.

— Diable! voilà qui mérite qu'on y prenne quelque attention, répliqua le capitaine; attendez-moi, monsieur, ou plutôt venez avec moi, je vous prie.

Ernauton se laissa conduire, et arriva derrière Loignac dans la cour aux chevaux du Louvre.

Tout se préparait pour une sortie du roi : les équipages étaient en train de s'organiser; M. d'Épernon regardait essayer deux chevaux nouvellement venus d'Angleterre, présent d'Élisabeth à Henri : ces deux chevaux, d'une harmonie de proportions remarquable, devaient ce jour-là même être attelés en première main au carrosse du roi.

M. de Loignac, tandis qu'Ernauton demeurait à l'entrée de la cour, s'approcha de M. d'Épernon et le toucha au bas de son manteau.

— Nouvelles, monsieur le duc, dit-il; grandes nouvelles!

Le duc quitta le groupe dans lequel il se trouvait, et se rapprocha de l'escalier par lequel le roi devait descendre.

— Dites, monsieur de Loignac, dites.

— M. de Carmainges arrive de par-delà Orléans : M. de Mayenne est dans un village, blessé dangereusement.

Le duc poussa une exclamation.

— Blessé! répéta-t-il.

— Et de plus, continua Loignac, il a écrit à madame de Montpensier une lettre que M. de Carmainges a dans sa poche.

— Oh! oh! fit d'Épernon. Parfandious! faites venir M. de Carmainges, que je lui parle à lui-même.

Loignac alla prendre par la main Ernauton, qui, ainsi que nous l'avons dit, s'était tenu à l'écart, par respect, pendant le colloque de ses chefs.

— Monsieur le duc, dit-il, voici notre voyageur.

— Bien, monsieur. Vous avez, à ce qu'il paraît, une lettre de M. le duc de Mayenne? fit d'Épernon.

— Oui, monseigneur.

— Écrite d'un petit village près d'Orléans?

— Oui, monseigneur.

— Et adressée à madame de Montpensier?

— Oui, monseigneur.

— Veuillez me remettre cette lettre, s'il vous plaît.

Et le duc étendit la main avec la tranquille négligence d'un homme qui croit n'avoir qu'à exprimer ses volontés, quelles qu'elles soient, pour que ses volontés soient exécutées.

— Pardon, monseigneur, dit Carmainges, mais ne m'avez-vous point dit de vous remettre la lettre de M. le duc de Mayenne à sa sœur?

— Sans doute.

— Monsieur le duc ignore que cette lettre m'est confiée.

— Qu'importe!

— Il importe beaucoup, monseigneur; j'ai donné à M. le duc ma parole que cette lettre serait remise à la duchesse elle-même.

— Etes-vous au roi ou à M. le duc de Mayenne?

— Je suis au roi, monseigneur.

— Eh bien! le roi veut voir cette lettre.

— Monseigneur, ce n'est pas vous qui êtes le roi.

— Je crois, en vérité, que vous oubliez à qui vous parlez, monsieur de Carmainges! dit d'Épernon en pâlissant de colère.

— Je me le rappelle parfaitement, monseigneur, au contraire; et c'est pour cela que je refuse.

— Vous refusez, vous avez dit que vous refusiez, je crois, monsieur de Carmainges?

— Je l'ai dit.

— Monsieur de Carmainges, vous oubliez votre serment de fidélité.

— Monseigneur, je n'ai juré jusqu'à présent, que je sache, fidélité qu'à une seule personne, et cette personne, c'est Sa Majesté. Si le roi me demande cette lettre, il l'aura; car le roi est mon maître, mais le roi n'est point là.

— Monsieur de Carmainges, dit le duc qui commençait à s'emporter visiblement, tandis qu'Ernauton, au contraire, semblait devenir plus froid à mesure qu'il résistait; monsieur de Carmainges, vous êtes comme tous ceux de votre pays, aveugle dans la prospérité; votre fortune vous éblouit, mon petit gentilhomme; la possession d'un secret d'État vous étourdit comme un coup de massue.

— Ce qui m'étourdit, monsieur le duc, c'est la disgrâce dans laquelle je suis prêt à tomber vis-à-vis de Votre Seigneurie, mais non ma fortune, que mon refus de vous obéir rend, je ne le cache point, très aventurée; mais il n'importe, je fais ce que je dois et ne ferai que cela, et nul, excepté le roi, n'aura la lettre que vous me demandez, si ce n'est la personne à qui elle est adressée.

M. d'Épernon fit un mouvement terrible.

— Loignac, dit-il, vous allez à l'instant même faire conduire au cachot M. de Carmainges.

— Il est certain que, de cette façon, dit Carmainges, en souriant, je ne pourrai remettre à madame de Montpensier la lettre dont je suis porteur, tant que je resterai dans ce cachot, du moins; mais une fois sorti...

— Si vous en sortez, toutefois, dit d'Épernon.

— J'en sortirai, monsieur, à moins que vous ne m'y fassiez assassiner, dit Ernauton avec une résolution qui, à mesure qu'il parlait, devenait plus froide et plus terrible; oui, j'en sortirai, les murs sont moins fermes que ma volonté; eh bien! monseigneur, une fois sorti...

— Eh bien! une fois sorti?

— Eh bien! je parlerai au roi, et le roi me répondra.

— Au cachot, au cachot! hurla d'Epernon perdant toute retenue; au cachot, et qu'on lui prenne sa lettre.

— Nul n'y touchera! s'écria Ernauton en faisant un bond en arrière et en tirant de sa poitrine les tablettes de Mayenne; et je mettrai cette lettre en morceaux, puisque je ne puis sauver cette lettre qu'à ce prix; et, ce faisant, M. le duc de Mayenne m'approuvera et Sa Majesté me pardonnera.

Et en effet, le jeune homme, dans sa résistance loyale, allait séparer en deux morceaux la précieuse enveloppe, quand une main arrêta mollement son bras.

Si la pression eût été violente, nul doute que le jeune homme n'eût redoublé d'efforts pour anéantir la lettre; mais, voyant qu'on usait de ménagement, il s'arrêta en tournant la tête sur son épaule.

— Le roi! dit-il.

En effet, le roi, sortant du Louvre, venait de descendre son escalier, et arrêté un instant sur la dernière marche, il avait entendu la fin de la discussion, et son bras royal avait arrêté le bras de Carmainges.

— Qu'y a-t-il donc, messieurs? demanda-t-il de cette voix à laquelle il savait donner, lorsqu'il le voulait, une puissance toute souveraine.

— Il y a, sire, s'écria d'Epernon sans se donner la peine de cacher sa colère, il y a que cet homme, un de vos quarante-cinq, du reste il va cesser d'en faire partie; il y a, dis-je, qu'envoyé par moi en votre nom pour surveiller M. de Mayenne pendant son séjour à Paris, il l'a suivi jusqu'au-delà d'Orléans, et là a reçu de lui une lettre adressée à madame de Montpensier.

— Vous avez reçu de M. de Mayenne une lettre pour madame de Montpensier? demanda le roi.

— Oui, sire, répondit Ernauton; mais M. le duc d'Epernon ne vous dit point dans quelles circonstances.

— Eh bien! cette lettre, demanda le roi, où est-elle?

— Voilà justement la cause du conflit, sire; M. de Carmainges refuse absolument de me la donner, et veut la porter à son adresse: refus qui est d'un mauvais serviteur, à ce que je pense.

Le roi regarda Carmainges.

Le jeune homme mit un genou en terre.

— Sire, dit-il, je suis un pauvre gentilhomme, homme d'honneur, voilà tout. J'ai sauvé la vie à votre messager, qu'allaient assassiner M. de Mayenne et cinq de ses acolytes, car, en arrivant à temps, j'ai fait tourner la chance du combat en sa faveur.

— Et pendant ce combat, il n'est rien arrivé à M. de Mayenne? demanda le roi.

— Si fait, sire, il a été blessé, et même grièvement.

— Bon! dit le roi; après?

— Après, sire?

— Oui.

— Votre messager, qui paraît avoir des motifs particuliers de haine contre M. de Mayenne...

Le roi sourit.

— Votre messager, sire, voulait achever son ennemi, peut-être en avait-il le droit; mais j'ai pensé qu'en ma présence à moi, c'est-à-dire en présence d'un homme dont l'épée appartient à Votre Majesté, cette vengeance devenait un assassinat politique, et...

Ernauton hésita.

— Achevez, dit le roi.

— Et j'ai sauvé M. de Mayenne de votre messager, comme j'avais sauvé votre messager de M. de Mayenne.

D'Epernon haussa les épaules, Loignac mordit sa longue moustache, le roi demeura froid.

— Continuez, dit-il.

M. de Mayenne, réduit à un seul compagnon, les quatre autres ont été tués, M. de Mayenne, réduit, dis-je, à un seul compagnon, ne voulant pas se séparer de lui, ignorant que j'étais à Votre Majesté, s'est fié à moi et m'a recommandé de porter une lettre à sa sœur. J'ai cettre lettre, la voici : je l'offre à Votre Majesté, sire, pour qu'elle en dispose comme elle disposerait de moi. Mon honneur m'est cher, sire; mais du moment où j'ai, pour répondre à ma conscience, la garantie de la volonté royale, je fais abnégation de mon honneur, il est entre bonnes mains.

Ernauton, toujours à genoux, tendit les tablettes au roi.

Le roi les repoussa doucement de la main.

— Que disiez-vous donc, d'Epernon? M. de Carmainges est un honnête homme et un fidèle serviteur.

— Moi, sire, fit d'Epernon, Votre Majesté demande ce que je disais?

— Oui; n'ai-je donc pas entendu le mot de cachot? Mordieu! tout au contraire, quand on rencontre par hasard un homme comme M. de Carmainges, il faudrait parler, comme chez les anciens Romains, de couronnes et de récompenses. La lettre est toujours à celui qui la porte, duc, ou à celui à qui on la porte.

D'Epernon s'inclina en grommelant.

— Vous porterez votre lettre, monsieur de Carmainges.

— Mais sire, songez à ce qu'elle peut renfermer, dit d'Epernon. Ne jouons pas à la délicatesse, lorsqu'il s'agit de la vie de Votre Majesté.

— Vous porterez votre lettre, monsieur de Carmainges, reprit le roi, sans répondre à son favori.

— Merci, sire, dit Carmainges en se retirant.

— Où la portez-vous?

— A madame la duchesse de Montpensier; je croyais avoir eu l'honneur de le dire à Votre Majesté.

— Je m'explique mal. A quelle adresse, voulais-je dire? est-ce à l'hôtel de Guise, à l'hôtel Saint-Denis ou à Bel...

Un regard de d'Epernon arrêta le roi.

— Je n'ai aucune instruction particulière de M. de Mayenne à ce sujet, sire; je porterai la lettre à l'hôtel de Guise, et là je saurai où est madame de Montpensier.

— Alors vous vous mettrez en quête de la duchesse?

— Oui, sire.

— Et l'ayant trouvée?

— Je lui rendrai mon message.

— C'est cela. Maintenant, monsieur de Carmainges... Et le roi regarda fixement le jeune homme.

— Sire?

— Avez-vous juré ou promis autre chose à M. de Mayenne que de remettre cette lettre aux mains de sa sœur.

— Non, sire.

— Vous n'avez point promis, par exemple, insista le roi, quelque chose comme le secret sur l'endroit où vous pourriez rencontrer la duchesse?

— Non, sire, je n'ai rien promis de pareil.

— Je vous imposerai donc une seule condition, monsieur.

— Sire, je suis l'esclave de Votre Majesté.

— Vous rendrez cette lettre à madame de Montpensier, et aussitôt cette lettre rendue, vous viendrez me rejoindre à Vincennes où je serai ce soir.

— Oui, sire.

— Et où vous me rendrez un compte fidèle où vous aurez trouvé la duchesse.

— Sire, Votre Majesté peut y compter.

— Sans autre explication ni confidence, entendez-vous?

— Sire, je le promets.

— Quelle imprudence! fit le duc d'Epernon; oh! sire!

— Vous ne vous connaissez pas en hommes, duc, ou du moins en certains hommes. Celui-ci est loyal envers Mayenne, donc il sera loyal envers moi.

— Envers vous, sire! s'écria Ernauton, je serai plus que loyal, je serai dévoué.

— Maintenant, d'Epernon, dit le roi, pas de querelles ici, et vous allez à l'instant même pardonner à ce brave serviteur ce que vous regardiez comme un manque de dévoûment, et ce que je regarde, moi, comme une preuve de loyauté.

— Sire, dit Carmainges, M. le duc d'Epernon est un homme trop supérieur pour ne pas avoir vu au milieu de ma désobéissance à ses ordres, désobéissance dont je lui exprime tous mes regrets, combien je le respecte et l'aime; seulement, j'ai fait, avant toute chose, ce que je regardais comme mon devoir.

— Parfandious! dit le duc en changeant de physionomie avec la même mobilité qu'un homme qui eût ôté ou mis un masque, voilà une épreuve qui vous fait honneur, mon cher Carmainges, et vous êtes en vérité un joli garçon: n'est-ce pas, Loignac? Mais, en attendant, nous lui avons fait une belle peur.

Et le duc éclata de rire.

Loignac tourna ses talons pour ne pas répondre: il ne se sentait pas, tout Gascon qu'il était, la force de mentir avec la même effronterie que son illustre chef.

— C'était une épreuve? dit le roi avec doute; tant mieux, d'Epernon, si c'était une épreuve; mais je ne vous conseille pas ces épreuves-là avec tout le monde, trop de gens y succomberaient.

— Tant mieux! répéta à son tour Carmainges, tant mieux, monsieur le duc, si c'est une épreuve; je suis sûr alors des bonnes grâces de monseigneur.

Mais, tout en disant ces paroles, le jeune homme paraissait aussi peu disposé à croire que le roi.

— Eh bien, maintenant que tout est fini, messieurs, dit Henri, partons.

D'Epernon s'inclina.

— Vous venez avec moi, duc?

— C'est-à-dire que j'accompagne Votre Majesté à cheval; c'est l'ordre qu'elle a donné, je crois?

— Oui. Qui tiendra l'autre portière? demanda Henri.

— Un serviteur dévoué de Votre Majesté, dit d'Epernon: M. de Sainte-Maline. Et il regarda l'effet que ce nom produisait sur Ernauton.

Ernauton demeura impassible.

— Loignac, ajouta-t-il, appelez M. de Sainte-Maline.

— Monsieur de Carmainges, dit le roi, qui comprit l'intention du duc d'Epernon, vous allez faire votre commission, n'est-ce pas, et revenir immédiatement à Vincennes?

— Oui, sire.

Et, Ernauton, malgré toute sa philosophie, partit assez heureux de ne point assister au triomphe qui allait si fort réjouir le cœur ambitieux de Sainte-Maline.

XL

LES SEPT PÉCHÉS DE MADELEINE

Le roi avait jeté un coup d'œil sur ses chevaux, et les voyant si vigoureux et si piaffants, il n'avait pas voulu courir seul le risque de la voiture; en conséquence, après avoir, comme nous l'avons vu, donné toute raison à Ernauton, il avait fait signe au duc de prendre place dans son carrosse.

Loignac et Sainte-Maline prirent place à la portière : un seul piqueur courait en avant.

Le duc était placé seul sur le devant de la massive machine, et le roi, avec tous ses chiens, s'installa sur le coussin du fond.

Parmi tous ces chiens, il y avait un préféré : c'était celui que nous lui avons vu à la main dans sa loge de l'Hôtel-de-Ville, et qui avait un coussin particulier sur lequel il sommeillait doucement.

A la droite du roi était une table dont les pieds étaient pris dans le plancher du carrosse : cette table était couverte de dessins enluminés que Sa Majesté découpait avec une adresse merveilleuse, malgré les cahots de la voiture.

C'étaient, pour la plupart, des sujets de sainteté. Toutefois, comme à cette époque il se faisait, à l'endroit de la religion, un mélange assez tolérant des idées païennes, la mythologie n'était pas mal représentée dans les dessins religieux du roi.

Pour le moment, Henri, toujours méthodique, avait fait un choix parmi tous ces dessins, et s'occupait à découper la vie de Madeleine la pécheresse.

Le sujet prêtait par lui-même au pittoresque, et l'imagination du peintre avait encore ajouté aux dispositions naturelles du sujet : on y voyait Madeleine, belle, jeune et fêtée; les bains somptueux, les bals et les plaisirs de tous genres figuraient dans la collection.

L'artiste avait eu l'ingénieuse idée, comme Callot devait le faire plus tard à propos de sa Tentation de saint Antoine, l'artiste, disons-nous, avait eu l'ingénieuse idée de couvrir les caprices de son burin du manteau légitime de l'autorité ecclésiastique : ainsi chaque dessin, avec le titre courant des sept péchés capitaux, était expliqué par une légende particulière :

« Madeleine succombe au péché de la colère.

« Madeleine succombe au péché de la gourmandise.

« Madeleine succombe au péché de l'orgueil.

« Madeleine succombe au péché de la luxure. »

Et ainsi de suite jusqu'au septième et dernier péché capital.

L'image que le roi était occupé de découper, quand on passa la porte Saint-Antoine, représentait Madeleine succombant au péché de la colère.

La belle pécheresse, à moitié couchée sur des coussins, et sans autre voile que ces magnifiques cheveux dorés avec lesquels elle devait plus tard essuyer les pieds parfumés du Christ; la belle pécheresse, disons-nous, faisait jeter à droite, dans un vivier rempli de lamproies dont on voyait les têtes avides sortir de l'eau comme autant de museaux de serpents, un esclave qui avait brisé un vase précieux, tandis qu'à gauche elle faisait fouetter une femme encore moins vêtue qu'elle, attendu qu'elle portait son chignon retroussé, laquelle avait, en coiffant sa maîtresse, arraché quelques-uns de ces magnifiques cheveux dont la profusion eût dû rendre Madeleine plus indulgente pour une faute de cette espèce.

Le fond du tableau représentait des chiens battus pour avoir laissé passer impunément de pauvres mendiants cherchant une aumône, et des coqs égorgés pour avoir chanté trop clair et trop matin.

En arrivant à la Croix-Faubin, le roi avait découpé toutes les figures de cette image, et se disposait à passer à celle intitulée :

« Madeleine succombant au péché de la gourmandise. »

Celle-ci représentait la belle pécheresse couchée sur un de ces lits de pourpre et d'or où les anciens prenaient leurs repas : tout ce que les gastronomes romains connaissaient de plus recherché en viandes, en poissons et en fruits, depuis les loirs au miel et les surmulets au falerne, jusqu'aux langoustes de Stromboli et aux grenades de Sicile, ornait cette table. A terre, des chiens se disputaient un faisan, tandis que l'air était obscurci d'oiseaux aux mille couleurs qui emportaient de cette table bénie des figues, des fraises et des cerises, qu'ils laissaient tomber parfois sur une population de souris qui, le nez en l'air, attendaient cette manne qui leur tombait du ciel.

Madeleine tenait à la main, tout rempli d'une liqueur blonde comme la topaze, un de ces verres à forme singulière comme Pétrone en a décrit dans le festin de Trimalcion.

Tout préoccupé de cette œuvre importante, le roi s'était contenté de lever les yeux en passant devant le prieuré des Jacobins, dont la cloche sonnait vêpres à toute volée.

Aussi toutes les portes et toutes les fenêtres du susdit prieuré étaient-elles fermées si bien, qu'on eût pu le croire inhabité, si l'on n'eût entendu retentir dans l'intérieur du monument les vibrations de la cloche.

Ce coup d'œil donné, le roi se remit activement à ses découpures.

Mais, cent pas plus loin, un observateur attentif lui eût vu jeter un coup d'œil plus curieux que le premier sur une maison de belle apparence qui bordait la route à gauche, et qui, bâtie au milieu d'un charmant jardin, ouvrait sa grille de fer aux lances dorées sur la grande route.

Cette maison de campagne se nommait Bel-Esbat.

Tout au contraire du couvent des Jacobins, Bel-Esbat avait toutes ses fenêtres ouvertes, à l'exception d'une seule devant laquelle retombait une jalousie.

Au moment où le roi passa, cette jalousie éprouva un imperceptible frémissement.

Le roi échangea un coup d'œil et un sourire avec d'Epernon, puis se remit à attaquer un autre péché capital.

Celui-là, c'était le péché de la luxure.

L'artiste l'avait représenté avec de si effrayantes couleurs, il avait stigmatisé le péché avec tant de courage et de ténacité, que nous n'en pourrons citer qu'un trait; encore ce trait est-il tout épisodique.

L'ange gardien de Madeleine s'envolait tout effrayé au ciel, en cachant ses yeux de ses deux mains.

Cette image, pleine de minutieux détails, absorbait tellement l'attention du roi, qu'il continuait d'aller sans remarquer certaine vanité qui se prélassait à la portière gauche de son carrosse.

C'était grand dommage, car Sainte-Maline était bien heureux et bien fier sur son cheval.

Lui, si près du roi, lui, cadet de Gascogne, à portée d'entendre Sa Majesté le roi très chrétien, lorsqu'il disait à son chien :

— Tout beau ! master Love, vous m'obsédez.

Ou à M. le duc d'Épernon, colonel général de l'infanterie du royaume :

— Duc, voilà, ce me semble, des chevaux qui me vont rompre le cou.

De temps en temps cependant, comme pour faire tomber son orgueil, Sainte-Maline regardait à l'autre portière Loignac, que l'habitude des honneurs rendait indifférent à ces honneurs mêmes, et alors trouvant que ce gentilhomme était plus beau avec sa mine calme et son maintien militairement modeste, qu'il ne pouvait l'être, lui, avec tous ses airs de capitan, Sainte-Maline essayait de se modérer; mais bientôt certaines pensées rendaient à sa vanité son féroce épanouissement.

— On me voit, on me regarde, disait-il, et l'on se demande : Quel est cet heureux gentilhomme qui accompagne le roi?

Au train dont on allait et qui ne justifiait guère les appréhensions du roi, le bonheur de Sainte-Maline devait durer longtemps, car les chevaux d'Élisabeth, chargés de pesants harnais tout ouvrés d'argent et de passementerie, emprisonnés dans des traits pareils à ceux de l'arche de David, n'avançaient pas rapidement dans la direction de Vincennes.

Mais comme il s'enorgueillissait trop, quelque chose comme un avertissement d'en haut vint tempérer sa joie, quelque chose de triste pardessus tout pour lui : il entendit le roi prononcer le nom d'Ernauton.

Deux ou trois fois, en deux ou trois minutes, le roi prononça ce nom.

Il eût fallu à chaque fois voir Sainte-Maline se pencher pour saisir au vol cette intéressante énigme.

Mais, comme toutes les choses véritablement intéressantes, l'énigme demeurait interrompue par un incident ou par un bruit.

Le roi poussait quelque exclamation qui lui était arrachée par le chagrin d'avoir donné à certain endroit de son image un coup de ciseau hasardeux, ou bien par une injonction de se taire, adressée avec toute la tendresse possible à master Love, lequel jappait avec la prétention exagérée, mais visible, de faire autant de bruit qu'un dogue.

Le fait est que de Paris à Vincennes le nom d'Ernauton fut prononcé au moins six fois par le roi, et au moins quatre fois par le duc, sans que Sainte-Maline pût comprendre à quel propos avaient eu lieu ces dix répétitions.

Il se figura, on aime toujours à se leurrer, qu'il ne s'agissait de la part du roi que de demander la cause de la disparition du jeune homme, et de la part de d'Epernon que de raconter cette cause présumée ou réelle.

Enfin l'on arriva à Vincennes.

Il restait encore au roi trois péchés à découper. Aussi, sous le prétexte spécieux de se livrer à cette grave occupation, Sa Majesté, à peine descendue de voiture, s'enferma-t-elle dans sa chambre.

Il faisait la bise la plus froide du monde : aussi, Sainte-Maline commençait-il à s'accommoder dans une grande cheminée où il comptait se réchauffer, et dormir en se réchauffant, lorsque Loignac lui posa la main sur l'épaule.

— Vous êtes de corvée aujourd'hui, lui dit-il de cette voix brève qui n'appartient qu'à l'homme qui, ayant beaucoup obéi, sait à son tour se faire obéir; vous dormirez donc un autre soir : ainsi debout, monsieur de Sainte-Maline.

— Je veillerai quinze jours de suite, s'il le faut, monsieur, répondit celui-ci.

— Je suis fâché de n'avoir personne sous la main, dit Loignac en faisant semblant de chercher autour de lui.

— Monsieur, interrompit Sainte-Maline, il est inutile que vous vous adressiez à un autre; s'il le faut, je ne dormirai pas d'un mois.

— Oh! nous ne serons pas si exigeants que cela; tranquillisez-vous.

— Que faut-il faire, monsieur?

— Remonter à cheval et retourner à Paris.

— Je suis prêt; j'ai mis mon cheval tout sellé au râtelier.

— C'est bien. Vous irez droit au logis des quarante-cinq.

— Oui, monsieur.

— Là, vous réveillerez tout le monde, mais de telle façon, qu'excepté les trois chefs que je vais vous désigner, nul ne sache où l'on va ni ce que l'on va faire.

— J'obéirai ponctuellement à ces premières instructions.

— Voici les autres :

Vous laisserez quatorze de ces messieurs à la porte Saint-Antoine;

Quinze autres à moitié chemin;

Et vous ramènerez ici les quatorze autres.

— Regardez cela comme fait, monsieur de Loignac; mais à quelle heure faudra-t-il sortir de Paris?

— A la nuit tombante.

— A cheval ou à pied?

— A cheval.

— Quelles armes?

— Toutes : dague, épée et pistolets.

— Cuirassés?

— Cuirassés.

— Le reste de la consigne, monsieur?

— Voici trois lettres : une pour M. de Chalabre, une pour M. de Biran, une pour vous. M. de Chalabre commandera la première escouade, M. de Biran la seconde, vous la troisième.

— Bien, monsieur.

— On n'ouvrira ces lettres que sur le terrain, quand sonneront six heures. M. de Chalabre ouvrira la sienne porte Saint-Antoine, M. de Biran à la Croix-Faubin, vous à la porte du donjon.

— Faudra-t-il venir vite?

— De toute la vitesse de vos chevaux, sans donner de soupçons cependant, ni se faire remarquer. Pour sortir de Paris, chacun prendra une porte différente : M. de Chalabre, la porte Bourdelle; M. de Biran, la porte du Temple; vous, qui avez le plus de chemin à faire, vous prendrez la route directe, c'est-à-dire la porte Saint-Antoine.

— Bien. monsieur.

— Le surplus des instructions est dans ces trois lettres. Allez donc.

Sainte-Maline salua et fit un mouvement pour sortir.

— A propos, reprit Loignac, d'ici à la Croix-Faubin, allez aussi vite que vous voudrez; mais de la Croix-Faubin à la barrière, allez au pas. Vous avez encore deux heures avant qu'il ne fasse nuit; c'est plus de temps qu'il ne vous en faut.

— A merveille, monsieur.

— Avez-vous bien compris, et voulez-vous que je vous répète l'ordre?

— C'est inutile, monsieur.

— Bon voyage, monsieur de Sainte-Maline.

Et Loignac, traînant ses éperons, rentra dans les appartements.

— Quatorze dans la première troupe, quinze dans la seconde et quinze dans la troisième, il est évident qu'on ne compte pas sur Ernauton, et qu'il ne fait plus partie des quarante-cinq.

Sainte-Maline, tout gonflé d'orgueil, fit sa commission en homme important, mais exact.

Une demi-heure après son départ de Vincennes, et toutes les instructions de Loignac suivies à la lettre, il franchissait la barrière.

Un quart d'heure après, il était au logis des quarante-cinq.

La plupart de ces messieurs savouraient déjà dans leurs chambres la vapeur du souper qui fumait aux cuisines respectives de leurs ménagères.

Ainsi, la noble Lardille de Chavantrade avait préparé un plat de mouton aux carottes, avec force épices, c'est-à-dire à la mode de Gascogne, plat succulent auquel, de son côté, Militor donnait quelques soins, c'est-à-dire quelques coups d'une fourchette de fer à l'aide de laquelle il expérimentait le degré de cuisson des viandes et des légumes.

Ainsi, Pertinax de Montcrabeau, avec l'aide de ce singulier domestique qu'il ne tutoyait pas et qui le tutoyait, Pertinax de Montcrabeau, disons-nous, exerçait, pour une escouade à frais communs, ses propres talents culinaires. La gamelle fondée par cet habile administrateur réunissait huit associés qui mettaient chacun six sous par repas.

M. de Chalabre ne mangeait jamais ostensiblement : on eût cru à un être mythologique placé par sa nature en dehors de tous les besoins.

Ce qui faisait douter de sa nature divine, c'était sa maigreur.

Il regardait déjeuner, dîner et souper ses compagnons, comme un chat orgueilleux qui ne veut pas mendier, mais qui a faim cependant, et qui, pour apaiser sa faim, se lèche les moustaches. Il est cependant juste de dire que lorsqu'on lui offrait, et on lui offrait rarement, il refusait, ayant, disait-il, les derniers morceaux à la bouche, et les morceaux n'étaient jamais moins que perdreaux, faisans, bartavelles, mauviettes, pâtés de coqs de bruyère et de poissons fins.

Le tout avait été habilement arrosé à profusion de vins d'Espagne et de l'Archipel des meilleurs crûs, tels que Malaga, Chypre et Syracuse.

Toute cette société, comme on voit, disposait à sa guise de l'argent de Sa Majesté Henri III.

Au reste, on pouvait juger le caractère de chacun d'après l'aspect de son petit logement. Les uns aimaient les fleurs, et cultivaient dans un grès ébréché, sur sa fenêtre, quelque maigre rosier ou quelque scabieuse jaunissante; d'autres avaient, comme le roi, le goût des images sans avoir son habileté à les découper; d'autres enfin, en véritables chanoines, avaient introduit dans le logis la gouvernante ou la nièce.

M. d'Épernon avait dit tout bas à Loignac que les quarante-cinq n'habitant pas l'intérieur du Louvre, il pouvait fermer les yeux là-dessus, et Loignac fermait les yeux.

Néanmoins, lorsque la trompette avait sonné,

Loignac.

tout ce monde devenait soldat et esclave d'une discipline rigoureuse, sautait à cheval et se tenait prêt à tout.

A huit heures on se couchait l'hiver, à dix heures l'été; mais quinze seulement dormaient, quinze autres ne dormaient que d'un œil, et les autres ne dormaient pas du tout.

Comme il n'était que cinq heures et demie du soir, Sainte-Maline trouva son monde debout, et dans les dispositions les plus gastronomiques de la terre.

Mais d'un seul mot il renversa toutes les écuelles.

— A cheval, messieurs! dit-il.

Et laissant tout le commun des martyrs à la confusion de cette manœuvre, il expliqua l'ordre à messieurs de Biran et de Chalabre.

Les uns, tout en bouclant leurs ceinturons et en agrafant leurs cuirasses, entassèrent quelques larges bouchées humectées par un grand coup de vin; les autres, dont le souper était moins avancé, s'armèrent avec résignation.

M. de Chalabre seul, en serrant le ceinturon de son épée d'un ardillon, prétendit avoir soupé depuis plus d'une heure.

On fit l'appel.

Quarante-quatre seulement, y compris Sainte-Maline, répondirent.

— M. Ernauton de Carmainges manque, dit M. de Chalabre, dont c'était le tour d'exercer les fonctions de fourrier.

Une joie profonde emplit le cœur de Sainte-Maline et reflua jusqu'à ses lèvres qui grimacèrent un sourire, chose rare chez cet homme au tempérament sombre et envieux.

En effet, aux yeux de Sainte-Maline, Ernauton se perdait immanquablement par cette absence, sans raison, au moment d'une expédition de cette importance.

Les quarante-cinq, ou plutôt les quarante-quatre partirent donc, chaque peloton par la route qui lui était indiquée, c'est-à-dire M. de Chalabre, avec treize hommes, par la porte Bourdelle;

M. de Biran, avec quatorze, par la porte du Temple;

Et enfin, Sainte-Maline, avec quatorze autres, par la porte Saint-Antoine.

XLI

BEL-ESBAT

Il est inutile de dire qu'Ernauton, que Sainte-Maline croyait si bien perdu, poursuivait au contraire le cours inattendu de sa fortune ascendante.

Il avait d'abord calculé tout naturellement que la duchesse de Montpensier, qu'il était chargé de retrouver, devait être à l'hôtel de Guise, du moment où elle était à Paris.

Ernauton se dirigea donc d'abord vers l'hôtel de Guise.

Lorsque, après avoir frappé à la grande porte qui lui fut ouverte avec une extrême circonspection, il demanda l'honneur d'une entrevue avec madame la duchesse de Montpensier, il lui fut d'abord cruellement ri au nez.

Puis, comme il insista, il lui fut dit qu'il devait savoir que Son Altesse habitait Soissons et non Paris.

Ernauton s'attendait à cette réception : elle ne le troubla donc point.

— Je suis désespéré de cette absence, dit-il, j'avais une communication de la plus haute importance à faire à Son Altesse de la part de M. le duc de Mayenne.

— De la part de M. le duc de Mayenne? fit le portier, et qui donc vous a chargé de cette communication?

— M. le duc de Mayenne lui-même.

— Chargé! lui, le duc! s'écria le portier avec un étonnement admirablement joué; et où cela vous a-t-il chargé de cette communication? M. le duc n'est pas plus à Paris que madame la duchesse.

— Je le sais bien, répondit Ernauton; mais moi aussi je pouvais n'être pas à Paris; moi aussi, je puis avoir rencontré M. le duc ailleurs qu'à Paris; sur la route de Blois, par exemple.

— Sur la route de Blois? reprit le portier un peu plus attentif.

— Oui, sur cette route il peut m'avoir rencontré et m'avoir chargé d'un message pour madame de Montpensier.

Une légère inquiétude apparut sur le visage de l'interlocuteur, lequel, comme s'il eût craint qu'on ne forçât sa consigne, tenait toujours la porte entrebâillée.

— Alors, demanda-t-il, ce message?...

— Je l'ai.

— Sur vous?

— Là, dit Ernauton en frappant sur son pourpoint.

Le fidèle serviteur attacha sur Ernauton un regard investigateur.

— Vous dites que vous avez ce message sur vous? demanda-t-il.

— Oui, monsieur.

— Et que ce message est important?

— De la plus haute importance.

— Voulez-vous me le faire apercevoir seulement?

— Volontiers.

Et Ernauton tira de sa poitrine la lettre de M. de Mayenne.

— Oh! oh! quelle encre singulière! fit le portier.

— C'est du sang, répliqua flegmatiquement Ernauton.

Le serviteur pâlit à ces mots, et plus encore sans doute à cette idée que ce sang pouvait être celui de M. de Mayenne.

En ce temps, il y avait disette d'encre, mais grande abondance de sang versé; il en résultait que souvent les amants écrivaient à leurs maîtresses, et les parents à leurs familles, avec le liquide le plus communément répandu.

— Monsieur, dit le serviteur avec grande hâte, j'ignore si vous trouverez à Paris ou dans les environs de Paris madame la duchesse de Montpensier; mais, en tout cas, veuillez vous rendre sans retard à une maison du faubourg Saint-Antoine qu'on appelle Bel-Esbat et qui appartient à madame la duchesse; vous la reconnaîtrez, vu qu'elle est la première à main gauche en allant à Vincennes, après le couvent des Jacobins; très certainement vous trouverez là quelque personne au service de madame la duchesse et assez avancée dans son intimité pour qu'elle puisse vous dire où madame la duchesse se trouve en ce moment.

— Fort bien, dit Ernauton, qui comprit que le serviteur n'en pouvait ou n'en voulait pas dire davantage, merci.

— Au faubourg Saint-Antoine, insista le serviteur : tout le monde connaît et vous indiquera Bel-Esbat, quoiqu'on ignore peut-être qu'il appartient à madame de Montpensier; madame de Montpensier ayant acheté cette maison depuis peu de temps, et pour se mettre en retraite.

Ernauton fit un signe de tête et tourna vers le faubourg Saint-Antoine.

Il n'eut aucune peine à trouver, sans demander même aucun renseignement, cette maison de Bel-Esbat, contiguë au prieuré des Jacobins.

Il agita la clochette, la porte s'ouvrit.

— Entrez, lui dit-on.

Il entra et la porte se referma derrière lui.

Une fois introduit, on parut attendre qu'il prononçât quelque mot d'ordre; mais, comme il se contentait de regarder autour de lui, on lui demanda ce qu'il désirait.

— Je désire parler à madame la duchesse, dit le jeune homme.

— Et pourquoi venez-vous chercher madame la duchesse à Bel-Esbat? demanda le valet.

— Parce que, répliqua Ernauton, le portier de l'hôtel de Guise m'a renvoyé ici.

— Madame la duchesse n'est pas plus à Bel-Esbat qu'à Paris, répliqua le valet.

— Alors, dit Ernauton, je remettrai à un moment plus propice à m'acquitter envers elle de la commission dont m'a chargé M. le duc de Mayenne.

— Pour elle, pour madame la duchesse?

— Pour madame la duchesse.

— Une commission de M. le duc de Mayenne?

— Oui.

Le valet réfléchit un instant.

— Monsieur, dit-il, je ne puis prendre sur moi de vous répondre; mais j'ai ici un supérieur qu'il convient que je consulte. Veuillez attendre.

— Que voilà des gens bien servis, mordieu! dit Ernauton. Quel ordre, quelle consigne, quelle exactitude! Certes, ce sont des gens dangereux que les gens qui peuvent avoir besoin de se garder ainsi. On n'entre pas chez messieurs de Guise comme au Louvre, il s'en faut; aussi commencé-je à croire que ce n'est pas le vrai roi de France que je sers.

Et il regarda autour de lui : la cour était déserte; mais toutes les portes des écuries ouvertes, comme si l'on attendait quelque troupe qui n'eût qu'à entrer et à prendre ses quartiers.

Ernauton fut interrompu dans son examen par le valet qui rentra : il était suivi d'un autre valet.

— Confiez-moi votre cheval, monsieur, et suivez mon camarade, dit-il; vous allez trouver quelqu'un qui pourra vous répondre beaucoup mieux que je ne puis le faire, moi.

Ernauton suivit le valet, attendit un instant dans une espèce d'antichambre, et bientôt après, sur l'ordre qu'avait été prendre le serviteur, fut introduit dans une petite salle voisine, où travaillait à une broderie une femme vêtue sans prétention, quoique avec une sorte d'élégance.

Elle tournait le dos à Ernauton.

— Voici le cavalier qui se présente de la part de M. de Mayenne, madame, dit le laquais.

Elle fit un mouvement.

Ernauton poussa un cri de surprise.

— Vous, madame! s'écria-t-il en reconnaissant à la fois et son page et son inconnue de la litière, sous cette troisième transformation.

— Vous! s'écria à son tour la dame, en laissant tomber son ouvrage et en regardant Ernauton.

Puis faisant un signe au laquais :

— Sortez, dit-elle.

— Vous êtes de la maison de madame la duchesse de Montpensier, madame? demanda Ernauton avec surprise.

— Oui, fit l'inconnue; mais vous, vous, monsieur, comment apportez-vous ici un message de M. de Mayenne?

— Par une suite de circonstances que je ne pouvais prévoir et qu'il serait trop long de vous raconter, dit Ernauton avec une circonspection extrême.

— Oh! vous êtes discret, monsieur, continua la dame en souriant.

— Toutes les fois qu'il le faut, oui, madame.

— C'est que je ne vois point ici occasion à discrétion si grande, fit l'inconnue; car, en effet, si vous apportez réellement un message de la personne que vous dites...

Ernauton fit un mouvement.

— Oh! ne nous fâchons pas; si vous apportez en effet un message de la personne que vous dites, la chose est assez intéressante pour qu'en souvenir de notre liaison, tout éphémère qu'elle soit, vous nous disiez quel est ce message.

La dame mit dans ces derniers mots toute la grâce enjouée, caressante et séductrice que peut mettre une jolie femme dans sa requête.

— Madame, répondit Ernauton, vous ne me ferez pas dire ce que je ne sais pas.

— Et encore moins ce que vous ne voulez pas dire.

— Je ne me prononce point, madame, reprit Ernauton en s'inclinant.

— Faites comme il vous plaira à l'égard des communications verbales, monsieur.

— Je n'ai aucune communication verbale à faire, madame; toute ma mission consiste à remettre une lettre à Son Altesse.

— Eh bien! alors cette lettre, dit la dame inconnue en tendant la main.

— Cette lettre? reprit Ernauton.

— Veuillez nous la remettre.

— Madame, dit Ernauton, je croyais avoir eu l'honneur de vous faire connaître que cette lettre était adressée à madame la duchesse de Montpensier.

— Mais, la duchesse absente, reprit impatiemment la dame, c'est moi qui la représente ici; vous pouvez donc...

— Je ne puis.

— Vous défiez-vous de moi, monsieur?

— Je le devrais, madame, dit le jeune homme avec un regard à l'expression duquel il n'y avait point à se tromper; mais malgré le mystère de votre conduite, vous m'avez inspiré, je l'avoue, d'autres sentiments que ceux dont vous parlez.

— En vérité! s'écria la dame en rougissant quelque peu sous le regard enflammé d'Ernauton.

Ernauton s'inclina.

— Faites-y attention, monsieur le messager, dit-elle en riant, vous me faites une déclaration d'amour.

— Mais, oui, madame, dit Ernauton, je ne sais si je vous reverrai jamais, et, en vérité, l'occasion m'est trop précieuse pour que je la laisse échapper.

Mayneville.

— Alors, monsieur, je comprends.

— Vous comprenez que je vous aime, madame, c'est chose fort facile à comprendre, en effet.

— Non, je comprends comment vous êtes venu ici.

— Ah! pardon, madame, dit Ernauton, à mon tour, c'est moi qui ne comprends plus.

— Oui, je comprends qu'ayant le désir de me revoir vous avez pris un prétexte pour vous inroduire ici.

— Moi, madame, un prétexte! Ah! vous me jugez mal; j'ignorais que je dusse jamais vous revoir, et j'attendais tout du hasard, qui déjà deux fois m'avait jeté sur votre chemin; mais prendre un prétexte, moi, jamais! Je suis un étrange esprit, allez, et je ne pense pas en toute chose comme tout le monde.

— Oh! oh! vous êtes amoureux, dites-vous, et vous auriez des scrupules sur la façon de revoir la personne que vous aimez? Voilà qui est très beau, monsieur, fit la dame avec un certain orgueil railleur; eh bien! je m'en étais doutée que vous aviez des scrupules.

— Et à quoi, madame, s'il vous plaît? demanda Ernauton.

— L'autre jour vous m'avez rencontrée; j'étais en litière; vous m'avez reconnue, et cependant vous ne m'avez pas suivie.

— Prenez garde, madame, dit Ernauton, vous avouez que vous avez fait attention à moi.

— Ah! le bel aveu vraiment! Ne nous sommes-nous pas vus dans des circonstances qui me permettent, à moi surtout, de mettre la tête hors de ma portière quand vous passez? Mais non, monsieur s'est éloigné au grand galop, après avoir poussé un ah! qui m'a fait tressaillir au fond de ma litière.

— J'étais forcé de m'éloigner, madame.

— Par vos scrupules?

— Non, madame, par mon devoir.

— Allons, allons, dit en riant la dame, je vois que vous êtes un amoureux raisonnable, circonspect, et qui craignez surtout de vous compromettre.

— Quand vous m'auriez inspiré certaines craintes, madame, répliqua Ernauton, y aurait-il rien d'étonnant à cela? Est-ce l'habitude, dites-moi, qu'une femme s'habille en homme, force les barrières et vienne voir écarteler en Grève un malheureux, et cela avec force gesticulations plus qu'incompréhensibles, dites?

La dame pâlit légèrement, puis cacha pour ainsi dire sa pâleur sous un sourire.

Ernauton poursuivit.

— Est-il naturel, enfin, que cette dame, aussitôt qu'elle a pris cet étrange plaisir, ait peur d'être arrêtée, et fuie comme une voleuse, elle qui est au service de madame de Montpensier, princesse puissante, quoique assez mal en cour?

Cette fois, la dame sourit encore, mais avec une ironie plus marquée.

— Vous avez peu de perspicacité, monsieur, malgré votre prétention à être observateur, dit-elle, car, avec un peu de sens, en vérité, tout ce qui vous paraît obscur vous eût été expliqué à l'instant même. N'était-il pas bien naturel d'abord que madame la duchesse de Montpensier s'intéressât au sort de M. de Salcède, à ce qu'il dirait, à ses révélations fausses ou vraies, fort propres à compromettre toute la maison de Lorraine? et si cela était naturel, monsieur, l'était-il moins que cette princesse envoyât une personne, sûre, intime, dans laquelle elle pouvait avoir toute confiance, pour assister à l'exécution, et constater *de visu*, comme on dit au palais, les moindres détails de l'affaire? Eh bien! cette personne, monsieur, c'était moi, moi, la confidente intime de Son Altesse. Maintenant, voyons, croyez-vous que je pusse aller en Grève avec des habits de femme? Croyez-vous enfin que je pusse rester indifférente, maintenant que vous connaissez ma position près de la duchesse, aux souffrances du patient et à ses velléités de révélations?

— Vous avez parfaitement raison, madame, dit Ernauton en s'inclinant, et maintenant, je vous le jure, j'admire autant votre esprit et votre logique que, tout à l'heure, j'admirais votre beauté.

— Grand merci, monsieur. Or, à présent que nous nous connaissons l'un et l'autre, et que voilà les choses bien expliquées entre nous, donnez-moi la lettre, puisque la lettre existe et n'est point un simple prétexte.

— Impossible, madame.

L'inconnue fit un effort pour ne pas s'irriter.

— Impossible? répéta-t-elle.

— Oui, impossible, car j'ai juré à M. le duc de Mayenne de ne remettre cette lettre qu'à madame la duchesse de Montpensier elle-même.

— Dites plutôt, s'écria la dame, commençant à s'abandonner à son irritation, dites plutôt que cette lettre n'existe pas; dites que, malgré vos prétendus scrupules, cette lettre n'a été que le prétexte de votre entrée ici; dites que vous vouliez me revoir, et voilà tout. Eh bien! monsieur, vous êtes satisfait : non-seulement vous êtes entré ici, non-seulement vous m'avez revue, mais encore vous m'avez dit que vous m'adoriez.

— En cela comme dans tout le reste, madame, je vous ai dit la vérité.

— Eh bien! soit, vous m'adorez, vous m'avez voulu voir, vous m'avez vue, je vous ai procuré un plaisir en échange d'un service. Nous sommes quittes, adieu.

— Je vous obéirai, madame, dit Ernauton, et puisque vous me congédiez, je me retire.

Cette fois, la dame s'irrita tout de bon.

— Oui-dà, dit-elle, mais si vous me connaissez, moi, je ne vous connais pas, vous. Ne vous semble-t-il pas dès lors que vous avez sur moi trop d'avantages? Ah! vous croyez qu'il suffit d'entrer, sous un prétexte quelconque, chez une princesse quelconque, car vous êtes ici chez madame de Montpensier, monsieur, et de dire: J'ai réussi dans ma perfidie, je me retire. Monsieur, ce trait-là n'est pas d'un galant homme.

— Il me semble, madame, dit Ernauton, que vous qualifiez bien durement ce qui serait tout au plus une supercherie d'amour, si ce n'était, comme j'ai eu l'honneur de vous le dire, une affaire de la plus haute importance et de la plus pure vérité. Je néglige de relever vos dures expressions, madame, et j'oublie absolument tout ce que j'ai pu vous dire d'affectueux et de tendre, puisque vous êtes si mal disposée à mon égard. Mais je ne sortirai pas d'ici sous le poids des fâcheuses imputations que vous me faites subir. J'ai en effet une lettre de M. de Mayenne à remettre à madame de Montpensier, et cette lettre la voici, elle est écrite de sa main, comme vous pouvez le voir à l'adresse.

Ernauton tendit la lettre à la dame, mais sans la quitter.

L'inconnue y jeta les yeux et s'écria:

— Son écriture! du sang!

Sans rien répondre, Ernauton remit la lettre dans sa poche, salua une dernière fois avec sa courtoisie habituelle, et pâle, la mort dans le cœur, il retourna vers l'entrée de la salle.

Cette fois on courut après lui, et, comme Joseph, on le saisit par son manteau.

— Plaît-il, madame? dit-il.

— Par pitié, monsieur, pardonnez, s'écria la dame, pardonnez; serait-il arrivé quelque accident au duc?

— Que je pardonne ou non, madame, dit Ernauton, c'est tout un; quant à cette lettre, puisque vous ne me demandez votre pardon que pour la lire, et que madame de Montpensier seule la lira...

— Eh! malheureux insensé que tu es, s'écria la duchesse avec une fureur pleine de majesté, ne me reconnais-tu pas, ou plutôt ne me devines-tu pas pour la maîtresse suprême, et vois-tu ici briller les yeux d'une servante? Je suis la duchesse de Montpensier; cette lettre, remets-la-moi.

— Vous êtes la duchesse! s'écria Ernauton en reculant épouvanté.

— Eh! sans doute. Allons, allons, donne; ne vois-tu pas que j'ai hâte de savoir ce qui est arrivé à mon frère?

Mais, au lieu d'obéir, comme s'y attendait la duchesse, le jeune homme, revenu de sa première surprise, se croisa les bras.

— Comment voulez-vous que je croie à vos paroles, dit-il, vous dont la bouche m'a déjà menti deux fois?

Ces yeux, que la duchesse avait déjà invoqués à l'appui de ses paroles, lancèrent deux éclairs mortels; mais Ernauton en soutint bravement la flamme.

— Vous doutez encore! Il vous faut des preuves quand j'affirme! s'écria la femme impérieuse en déchirant à beaux ongles ses manchettes de dentelles.

— Oui, madame, répondit froidement Ernauton.

L'inconnue se précipita vers un timbre qu'elle pensa briser, tant fut violent le coup dont elle le frappa.

La vibration retentit stridente par tous les appartements, et avant que cette vibration fût éteinte un valet parut.

— Que veut madame? demanda le valet.

L'inconnue frappa du pied avec rage.

— Mayneville, dit-elle, je veux Mayneville. N'est-il donc pas ici?

— Si fait, madame.

— Eh bien! qu'il vienne donc alors!

Le valet s'élança hors de la chambre; une minute après Mayneville entrait précipitamment.

— A vos ordres, madame, dit Mayneville.

— Madame! et depuis quand m'appelle-t-on simplement madame, monsieur de Mayneville? fit la duchesse exaspérée.

— Aux ordres de Votre Altesse, reprit Mayneville incliné et surpris jusqu'à l'ébahissement.

— C'est bien! dit Ernauton, car j'ai là en face un gentilhomme, et s'il me fait un mensonge, par le ciel! au moins, je saurai à qui m'en prendre.

— Vous croyez donc enfin? dit la duchesse.

— Oui, madame, je crois, et comme preuve, voici la lettre.

Et le jeune homme, en s'inclinant, remit à madame de Montpensier cette lettre si longtemps disputée.

Par pitié, Monsieur, pardonnez. — Page 47.

XLII

LA LETTRE DE M. DE MAYENNE

La duchesse s'empara de la lettre, l'ouvrit et lut avidement, sans même chercher à dissimuler les impressions qui se succédaient sur sa physionomie, comme des nuages sur le fond d'un ciel d'ouragan.

Lorsqu'elle eut fini, elle tendit à Mayneville, aussi inquiet qu'elle-même, la lettre apportée par Ernauton; cette lettre était ainsi conçue :

« Ma sœur, j'ai voulu moi-même faire les affaires d'un capitaine ou d'un maître d'armes : j'ai été puni.

« J'ai reçu un bon coup d'épée du drôle que vous savez, et avec lequel je suis depuis longtemps en compte. Le pis de tout cela, c'est qu'il m'a tué cinq hommes, desquels Boularon et Desnoises, c'est-à-dire deux de mes meilleurs; après quoi il s'est enfui.

« Il faut dire qu'il a été fort aidé dans cette victoire par le porteur de cette présente, jeune homme charmant, comme vous pouvez voir; je vous le recommande : c'est la discrétion même.

« Un mérite qu'il aura auprès de vous, je présume, ma très chère sœur, c'est d'avoir empêché que mon vainqueur ne me coupât la tête, lequel vainqueur en avait grande envie, m'ayant arraché mon masque pendant que j'étais évanoui et m'ayant reconnu.

« Ce cavalier si discret, ma sœur, je vous recommande de découvrir son nom et sa profession; il m'est suspect, tout en m'intéressant. A toutes mes offres de service, il s'est contenté de répondre que le maître qu'il sert ne le laisse manquer de rien.

« Je ne puis vous en dire davantage sur son compte, car je vous dis tout ce que j'en sais; il prétend ne pas me connaître. Observez ceci.

« Je souffre beaucoup, mais sans danger de la vie, je crois. Envoyez-moi vite mon chirurgien; je suis, comme un cheval, sur la paille. Le porteur vous dira l'endroit.

« Votre affectionné frère,

« MAYENNE. »

Cette lettre achevée, la duchesse et Mayneville se regardèrent, aussi étonnés l'un que l'autre.

La duchesse rompit la première ce silence, qui eût fini par être interprété d'Ernauton.

— A qui, demanda la duchesse, devons-nous le signalé service que vous nous avez rendu, monsieur?

— A un homme qui, chaque fois qu'il le peut, madame, vient au secours du plus faible contre le plus fort.

— Voulez-vous me donner quelques détails, monsieur? insista madame de Montpensier.

Ernauton raconta tout ce qu'il savait et indiqua la retraite du duc. Madame de Montpensier et Mayneville l'écoutèrent avec un intérêt facile à comprendre.

Puis lorsqu'il eut fini :

— Dois-je espérer, monsieur, demanda la duchesse, que vous continuerez la besogne si bien commencée et que vous vous attacherez à notre maison?

Ces mots, prononcés de ce ton gracieux que la duchesse savait si bien prendre dans l'occasion, renfermaient un sens bien flatteur après l'aveu qu'Ernauton avait fait à la dame d'honneur de la duchesse; mais le jeune homme, laissant de côté tout amour-propre, réduisit ces mots à leur signification de pure curiosité.

Il voyait bien que décliner son nom et ses qualités, c'était ouvrir les yeux de la duchesse sur les suites de cet événement; il devinait bien aussi que le roi, en lui faisant sa petite condition d'une révélation du séjour de la duchesse, avait autre chose en vue qu'un simple renseignement.

Deux intérêts se combattaient donc en lui : homme amoureux, il pouvait sacrifier l'un; homme d'honneur, il ne pouvait abandonner l'autre.

La tentation devait être d'autant plus forte qu'en avouant sa position près du roi, il gagnait une énorme importance dans l'esprit de la duchesse, et que ce n'était pas une mince considération pour un jeune homme venant droit de Gascogne, que d'être important pour une duchesse de Montpensier.

Sainte-Maline n'y eût pas résisté une seconde.

Toutes ces réflexions affluèrent à l'esprit de Carmainges, et n'eurent d'autre influence que de le rendre un peu plus orgueilleux, c'est-à-dire un peu plus fort.

C'était beaucoup que d'être en ce moment-là quelque chose, beaucoup pour lui, alors que certainement on l'avait bien un peu pris pour jouet.

La duchesse attendait donc sa réponse à cette question qu'elle lui avait faite : Etes-vous disposé à vous attacher à notre maison?

— Madame, dit Ernauton, j'ai déjà eu l'honneur de dire à M. de Mayenne que mon maître est un bon maître, et me dispense, par la façon dont il me traite, d'en chercher un meilleur.

— Mon frère me dit dans sa lettre, monsieur, que vous avez semblé ne point le reconnaître. Comment, ne l'ayant point reconnu là-bas, vous êtes-vous servi de son nom pour pénétrer jusqu'à moi?

— M. de Mayenne paraissait désirer garder son incognito, madame; je n'ai pas cru devoir le reconnaître, et il y avait, en effet, un inconvénient à ce que là-bas les paysans chez lesquels il est logé, sachent à quel illustre blessé ils ont donné l'hospitalité. Ici, cet inconvénient n'existait plus; au contraire, le nom de M. de Mayenne pouvant m'ouvrir une voie jusqu'à vous, je l'ai invoqué: dans ce cas, comme dans l'autre, je crois avoir agi en galant homme.

Mayneville regarda la duchesse comme pour lui dire :

— Voilà un esprit délié, madame.

La duchesse comprit à merveille.

Elle regarda Ernauton en souriant.

— Nul ne se tirerait mieux d'une mauvaise question, dit-elle, et vous êtes, je dois l'avouer, homme de beaucoup d'esprit.

— Je ne vois pas d'esprit dans ce que j'ai l'honneur de vous dire, madame, répondit Ernauton.

— Enfin, monsieur, dit la duchesse avec une sorte d'impatience, ce que je vois de plus clair dans tout cela, c'est que vous ne voulez rien dire.

Peut-être ne réfléchissez-vous point assez que la reconnaissance est un lourd fardeau pour qui porte mon nom; que je suis femme, et que vous m'avez deux fois rendu service, et que si je voulais bien savoir votre nom ou plutôt qui vous êtes...

— A merveille, madame, je sais que vous apprendrez facilement tout cela; mais vous l'apprendrez d'un autre que de moi, et moi je n'aurai rien dit.

— Il a raison toujours, dit la duchesse en arrêtant sur Ernauton un regard qui dut, s'il fut saisi dans toute son expression, faire plus de plaisir au jeune homme que jamais regard ne lui en avait fait.

Aussi n'en demanda-t-il pas davantage, et pareil au gourmet qui se lève de table quand il croit avoir bu le meilleur vin du repas, Ernauton salua et demanda son congé à la duchesse sur cette bonne manifestation.

— Ainsi, monsieur, voilà tout ce que vous avez à me dire? demanda la duchesse.

— J'ai fait ma commission, répliqua le jeune homme; il ne me reste donc plus qu'à présenter mes très humbles hommages à Votre Altesse.

La duchesse le suivit des yeux sans lui rendre son salut; puis, lorsque la porte se fut refermée derrière lui :

— Mayneville, dit-elle en frappant du pied, faites suivre ce garçon.

— Impossible, madame, répondit celui-ci, tout notre monde est sur pied; moi-même, j'attends l'événement; c'est un mauvais jour pour faire autre chose que ce que nous avons décidé de faire.

— Vous avez raison, Mayneville; en vérité, je suis folle; mais plus tard...

— Oh! plus tard, c'est autre chose; à votre aise, madame.

— Oui, car il m'est suspect comme à mon frère.

— Suspect ou non, reprit Mayneville, c'est un brave garçon, et les braves gens sont rares. Il faut avouer que nous avons du bonheur; un étranger, un inconnu qui nous tombe du ciel pour nous rendre un service pareil.

— N'importe, n'importe, Mayneville; si nous sommes obligés de l'abandonner en ce moment, surveillez-le plus tard au moins.

— Eh! madame, plus tard, dit Mayneville, nous n'aurons plus besoin, je l'espère, de surveiller personne.

— Allons, décidément, je ne sais ce que je dis ce soir; vous avez raison, Mayneville, je perds la tête.

— Il est permis à un général comme vous, madame, d'être préoccupé à la veille d'une action décisive.

— C'est vrai. Voici la nuit, Mayneville, et le Valois revient de Vincennes à la nuit.

— Oh! nous avons du temps devant nous; il n'est pas huit heures, madame, et nos hommes ne sont point encore arrivés d'ailleurs.

— Tous ont bien le mot, n'est-ce pas?

— Tous.

— Ce sont des gens sûrs?

— Éprouvés, madame.

— Comment viennent-ils?

— Isolés, en promeneurs.

— Combien en attendez-vous?

— Cinquante; c'est plus qu'il n'en faut; comprenez donc, outre ces cinquante hommes, nous avons deux cents moines qui valent autant de soldats, si toutefois ils ne valent pas mieux.

— Aussitôt que nos hommes seront arrivés, faites ranger vos moines sur la route.

— Ils sont déjà prévenus, madame, ils intercepteront le chemin, les nôtres pousseront la voiture sur eux, la porte du couvent sera ouverte et n'aura qu'à se refermer sur la voiture.

— Allons souper alors, Mayneville, cela nous fera passer le temps. Je suis d'une telle impatience, que je voudrais pousser l'aiguille de la pendule.

— L'heure viendra, soyez tranquille.

— Mais nos hommes, nos hommes?

— Ils seront ici à l'heure; huit heures viennent de sonner à peine, il n'y a point de temps perdu.

— Mayneville, Mayneville, mon pauvre frère me demande son chirurgien; le meilleur chirurgien, le meilleur topique pour la blessure de Mayenne, ce serait une mèche des cheveux du Valois tonsuré, et l'homme qui lui porterait ce présent, Mayneville, cet homme-là serait sûr d'être le bien-venu.

— Dans deux heures, madame, cet homme partira pour aller trouver notre cher duc dans sa retraite; sorti de Paris en fuyard, il y rentrera en triomphateur.

— Encore un mot, Mayneville, fit la duchesse en s'arrêtant sur le seuil de la porte.

— Lequel, madame?

— Nos amis de Paris sont-ils prévenus?

— Quels amis?

— Nos ligueurs.

— Dieu m'en préserve, madame. Prévenir un bourgeois, c'est sonner le bourdon de Notre-Dame. Le coup fait, songez donc qu'avant que personne en sache rien, nous avons cinquante courriers à expédier, et alors, le prisonnier sera en sûreté dans le cloître; alors, nous pourrons nous défendre contre une armée.

S'il le faut alors, nous ne risquerons plus rien et nous pourrons crier sur les toits du couvent : Le Valois est à nous!

— Allons, allons, vous êtes un homme habile et prudent, Mayneville, et le Béarnais a bien raison de vous appeler Mèneligue. Je comptais bien faire un peu ce que vous venez de dire; mais c'était confus. Savez-vous que ma responsabilité est grande, Mayneville, et que jamais, dans aucun temps, femme n'aura entrepris et achevé œuvre pareille à celle que je rêve?

— Je le sais bien, madame, aussi je ne vous conseille qu'en tremblant.

— Donc, je me résume, reprit la duchesse avec autorité : les moines armés sous leurs robes?

— Ils le sont.

— Les gens d'épée sur la route?

— Ils doivent y être à cette heure.

—Les bourgeois prévenus après l'événement?

— C'est l'affaire de trois courriers; en dix minutes, Lachapelle-Marteau, Brigard et Bussy-Leclerc sont prévenus; ceux-là de leur côté préviendront les autres.

— Faites d'abord tuer ces deux grands nigauds que nous avons vus passer aux portières; cela fait qu'ensuite nous raconterons l'événement selon qu'il sera plus avantageux à nos intérêts de le raconter.

— Tuer ces pauvres diables, fit Mayneville; vous croyez qu'il est nécessaire qu'on les tue, madame?

— Loignac? voilà-t-il pas une belle perte!

— C'est un brave soldat.

— Un méchant garçon de fortune; c'est comme cet autre escogriffe qui chevauchait à gauche de la voiture avec ses yeux de braise et sa peau noire.

— Ah! celui-là j'y répugnerai moins, je ne le connais pas; d'ailleurs je suis de votre avis, madame, et il possède une assez méchante mine.

— Vous me l'abandonnez alors? dit la duchesse en riant.

— Oh! de bon cœur, madame.

— Grand merci, en vérité.

— Mon Dieu, madame, je ne discute pas; ce que j'en dis, c'est toujours pour votre renommée à vous et pour la moralité du parti que nous représentons.

— C'est bien, c'est bien, Mayneville, on sait que vous êtes un homme vertueux, et l'on vous en signera le certificat, si la chose est nécessaire. Vous ne serez pour rien dans toute cette affaire, ils auront défendu le Valois et auront été tués en le défendant. Vous, ce que je vous recommande, c'est ce jeune homme.

— Quel jeune homme?

— Celui qui sort d'ici; voyez s'il est bien parti, et si ce n'est pas quelque espion qui nous est dépêché par nos ennemis.

— Madame, dit Mayneville, je suis à vos ordres.

Il alla au balcon, entr'ouvrit les volets, passa sa tête et essaya de voir au dehors.

— Oh! la sombre nuit! dit-il.

— Bonne, excellente nuit, reprit la duchesse; d'autant meilleure qu'elle est plus sombre : aussi, bon courage, mon capitaine.

— Oui; mais nous ne verrons rien, madame, et pour vous cependant il est important de voir.

— Dieu, dont nous défendons les intérêts, voit pour nous, Mayneville.

Mayneville qui, on peut le croire du moins, n'était pas aussi confiant que madame de Montpensier en l'intervention de Dieu dans les affaires de ce genre, Mayneville se remit à la fenêtre, et, regardant autant qu'il était possible de le faire dans l'obscurité, demeura immobile.

— Voyez-vous passer du monde? demanda la duchesse en éteignant les lumières par précaution.

— Non, mais j'entends marcher des chevaux.

— Allons, allons, ce sont eux, Mayneville. Tout va bien.

Et la duchesse regarda si elle avait toujours à sa ceinture la fameuse paire de ciseaux d'or qui devait jouer un si grand rôle dans l'histoire.

XLIII

COMMENT DOM MODESTE GORENFLOT BÉNIT LE ROI A SON PASSAGE DEVANT LE PRIEURÉ DES JACOBINS

Ernauton sortit le cœur assez gros, mais la conscience assez tranquille; il avait eu ce singulier bonheur de déclarer son amour à une princesse, et de faire, par la conversation importante qui lui avait immédiatement succédé, oublier sa déclaration, juste assez pour qu'elle ne fît pas de tort au présent et qu'elle portât fruit pour l'avenir.

Ce n'est pas le tout, il avait encore eu la chance de ne pas trahir le roi, de ne pas trahir M. de Mayenne et de ne point se trahir lui-même.

Donc il était content, mais il désirait encore beaucoup de choses, et, parmi ces choses, un prompt retour à Vincennes pour informer le roi.

Puis, le roi informé, pour se coucher et songer.

Songer, c'est le bonheur suprême des gens d'action, c'est le seul repos qu'ils se permettent.

Aussi à peine hors la porte de Bel-Esbat, Ernauton mit-il son cheval au galop; puis à peine eut-il encore fait cent pas au galop de ce compagnon si bien éprouvé depuis quelques jours, qu'il se vit tout à coup arrêté par un obstacle que ses yeux, éblouis par la lumière de Bel-Esbat et encore mal habitués à l'obscurité, n'avaient pu apercevoir et ne pouvaient mesurer.

C'était tout simplement un gros de cavaliers qui, des deux côtés de la route, se refermant sur le milieu, l'entouraient et lui mettaient sur la poitrine une demi-douzaine d'épées et autant de pistolets et de dagues.

C'était beaucoup pour un homme seul.

— Oh! oh! dit Ernauton, on vole sur le chemin à une lieue de Paris; peste soit du pays! Le roi a un mauvais prévôt; je lui donnerai le conseil de le changer.

— Silence, s'il vous plaît, dit une voix qu'Ernauton crut reconnaître; votre épée, vos armes, et faisons vite.

Un homme prit la bride du cheval, deux autres dépouillèrent Ernauton de ses armes.

— Peste! quels habiles gens! murmura Ernauton.

Puis se retournant vers ceux qui l'arrêtaient:

— Messieurs, dit-il, vous me ferez au moins la grâce de m'apprendre...

— Eh! mais, c'est M. de Carmainges, dit le détrousseur principal, celui-là même qui venait de saisir l'épée du jeune homme et qui la tenait encore.

— M. de Pincorney! s'écria Ernauton. Oh! fi! le vilain métier que vous faites là!

— J'ai dit silence, répéta la voix du chef retentissante à quelques pas; qu'on mène cet homme au dépôt.

— Mais monsieur de Sainte-Maline, dit Perducas de Pincorney, cet homme que nous venons d'arrêter...

— Eh bien?

— C'est notre compagnon, M. Ernauton de Carmainges.

— Ernauton ici! s'écria Sainte-Maline pâlissant de colère; lui, que fait-il là?

— Bonsoir, messieurs, dit tranquillement Carmainges: je ne croyais pas, je l'avoue, me trouver en si bonne compagnie.

Sainte-Maline resta muet.

— Il paraît qu'on m'arrête, continua Ernauton; car je ne présume point que vous me dévalisiez.

— Diable! diable! grommela Sainte-Maline, l'événement n'était pas prévu.

— De mon côté non plus, je vous jure, dit en riant Carmainges.

— C'est embarrassant; voyons, que faites-vous sur la route?

— Si je vous faisais cette question, monsieur de Sainte-Maline, me répondriez-vous?

— Non.

— Trouvez bon alors que j'agisse comme vous agiriez.

— Alors vous ne voulez pas dire ce que vous faisiez sur la route?

Ernauton sourit, mais ne répondit pas.

— Ni où vous alliez?

Même silence.

— Alors, monsieur, dit Sainte-Maline, puisque vous ne vous expliquez point, je suis forcé de vous traiter en homme ordinaire.

— Faites, monsieur; seulement je vous préviens que vous répondrez de ce que vous aurez fait.

— A M. de Loignac?

— A plus haut que cela.

— A M. d'Épernon?

— A plus haut encore.

— Eh bien! soit, j'ai ma consigne, et je vais vous envoyer à Vincennes.

— A Vincennes! à merveille! c'est là que j'allais, monsieur.

— Je suis heureux, monsieur, dit Sainte-Maline, que ce petit voyage cadre si bien avec vos intentions.

Deux hommes, le pistolet au poing, s'emparèrent aussitôt du prisonnier, qu'ils conduisirent à deux autres hommes placés à cinq cents pas des premiers. Ces deux autres en firent autant, et de cette sorte Ernauton eut, jusque dans la cour même du donjon, la société de ses camarades.

Dans cette cour, Carmainges aperçut cinquante cavaliers désarmés, qui, l'oreille basse et la pâleur au front, entourés de cent cinquante chevau-légers venus de Nogent et de Brie, déploraient leur mauvaise fortune et s'attendaient à un vilain dénoûment d'une entreprise si bien commencée.

C'étaient nos quarante-cinq qui, pour leur entrée en fonctions, avaient pris tous ces hommes, les uns par ruse, les autres de vive force; tantôt en s'unissant dix contre deux ou trois, tantôt en accostant gracieusement les cavaliers qu'ils devinaient être redoutables, et en leur présentant à brûle-pourpoint le pistolet, quand les autres croyaient tout simplement rencontrer des camarades et recevoir une politesse.

Il en résultait que pas un combat n'avait été livré, pas un cri proféré, et qu'en une rencontre de huit contre vingt, un chef de ligueurs qui avait porté la main à son poignard pour se défendre et ouvert la bouche pour crier, avait été bâillonné, presque étouffé et escamoté par les quarante-cinq avec l'agilité que met un équipage de navire à faire filer un câble entre les doigts d'une chaîne d'hommes.

Or, pareille chose eût bien réjoui Ernauton s'il l'eût connue; mais le jeune homme voyait, mais ne comprenait pas, ce qui rembrunit un peu son existence pendant dix minutes.

Cependant lorsqu'il eut reconnu tous les prisonniers auxquels on l'agrégeait :

- Monsieur, dit-il à Sainte-Maline, je vois que vous étiez prévenu de l'importance de ma mission, et, qu'en galant compagnon, vous avez eu peur pour moi d'une mauvaise rencontre, ce qui vous a déterminé à prendre la peine de me faire escorter ; maintenant, je puis vous le dire, vous aviez grande raison ; le roi m'attend et j'ai d'importantes choses à lui dire. J'ajouterai même que comme, sans vous, je ne fusse probablement point arrivé, j'aurai l'honneur de dire au roi ce que vous avez fait pour le bien de son service.

Sainte-Maline rougit comme il avait pâli; mais il comprit, en homme d'esprit qu'il était quand quelque passion ne l'aveuglait point, qu'Ernauton disait vrai et qu'il était attendu. On ne plaisantait pas avec MM. de Loignac et d'Épernon ; il se contenta donc de répondre :

— Vous êtes libre, monsieur Ernauton ; enchanté d'avoir pu vous être agréable.

Ernauton s'élança hors des rangs et monta les degrés qui conduisaient à la chambre du roi.

Sainte-Maline l'avait suivi des yeux, et, à moitié de l'escalier, il put voir Loignac qui accueillait M. de Carmainges et lui faisait signe de continuer sa route.

Loignac de son côté descendit; il venait procéder au dépouillement de la prise.

Il se trouva, et ce fut Loignac qui constata ce fait, que la route, devenue libre, grâce à l'arrestation des cinquante hommes, serait libre jusqu'au lendemain, puisque l'heure où ces cinquante hommes devaient se trouver réunis à Bel-Esbat était passée.

Il n'y avait donc plus péril pour le roi à revenir à Paris.

Loignac comptait sans le couvent des Jacobins et sans l'artillerie et la mousqueterie des bons pères.

Ce dont d'Épernon était parfaitement informé, lui, par Nicolas Poulain.

Aussi, quand Loignac vint dire à son chef :— Monsieur, les chemins sont libres, d'Épernon lui répliqua-t-il :

— C'est bien. L'ordre du roi est que les quarante-cinq fassent trois pelotons ; un devant et un de chaque côté des portières ; peloton assez serré pour que le feu, s'il y a feu par hasard, n'atteigne pas le carrosse.

— Très bien, répondit Loignac avec l'impassibilité du soldat; mais, quant à dire feu, comme je ne vois pas de mousquets, je ne prévois pas de mousquetades.

— Aux Jacobins, monsieur, vous ferez serrer les rangs, dit d'Épernon.

Ce dialogue fut interrompu par le mouvement qui s'opérait sur l'escalier.

C'était le roi qui descendait, prêt à partir : il était suivi de quelques gentilshommes parmi lesquels, avec un serrement de cœur facile à comprendre, Sainte-Maline reconnut Ernauton.

— Messieurs, demanda le roi, mes braves quarante-cinq sont-ils réunis?

— Oui, sire, dit d'Épernon en lui montrant un groupe de cavaliers qui se dessinait sous les voûtes.

— Les ordres ont été donnés?

— Et seront suivis, sire.

— Alors partons, dit Sa Majesté.

Loignac fit sonner le boute-selle.

L'appel fait à voix basse, il se trouva que les quarante-cinq étaient réunis, pas un ne manquait.

On confia aux chevau-légers le soin d'emprisonner les gens de Mayneville et de la duchesse, avec défense, sous peine de mort, de leur adresser une seule parole.

Le roi monta dans son carrosse et plaça son épée nue à côté de lui.

M. d'Épernon jura parfandious! et essaya galamment si la sienne jouait bien au fourreau.

Neuf heures sonnaient au donjon : l'on partit.

Une heure après le départ d'Ernauton, M. de Mayneville était encore à la fenêtre, d'où nous l'avons vu essayer, mais vainement, de suivre la route du jeune homme dans la nuit; seulement, cette heure écoulée, il était beaucoup moins tranquille, et surtout un peu plus enclin à espérer le secours de Dieu, car il commençait à croire que le secours des hommes lui manquait.

Pas un de ses soldats n'avait paru : la route,

silencieuse et noire, ne retentissait, à des intervalles éloignés, que du bruit de quelques chevaux dirigés à toute bride sur Vincennes.

A ce bruit, M. Mayneville et la duchesse essayaient de plonger leurs regards dans les ténèbres pour reconnaître leurs gens, pour deviner une partie de ce qui se passait, ou savoir la cause de leur retard.

Mais, ces bruits éteints, tout rentrait dans le silence.

Ce va-et-vient perpétuel, sans aucun résultat, avait fini par inspirer à Mayneville une telle inquiétude, qu'il avait fait monter à cheval un des gens de la duchesse, avec ordre d'aller s'informer auprès du premier peloton de cavaliers qu'il rencontrerait.

Le messager n'était point revenu.

Ce que voyant l'impatiente duchesse, elle en avait envoyé un second, qui n'était pas plus revenu que le premier.

— Notre officier, dit alors la duchesse, toujours disposée à voir les choses en beau, notre officier aura craint de n'avoir pas assez de monde, et il garde comme renfort les gens que nous lui envoyons ; c'est prudent, mais inquiétant.

— Inquiétant, oui, fort inquiétant, répondit Mayneville, dont les yeux ne quittaient pas l'horizon profond et sombre.

— Mayneville, que peut-il donc être arrivé?

— Je vais monter à cheval moi-même, et nous le saurons, madame. Et Mayneville fit un mouvement pour sortir.

— Je vous le défends, s'écria la duchesse en le retenant, Mayneville; qui donc resterait près de moi? qui donc connaîtrait tous nos officiers, tous nos amis, quand le moment sera venu? Non, non, demeurez, Mayneville; on se forge des appréhensions bien naturelles, quand il s'agit d'un secret de cette importance ; mais, en vérité, le plan était trop bien combiné, et surtout tenu trop secret pour ne pas réussir.

— Neuf heures, dit Mayneville répondant à sa propre impatience, plutôt qu'aux paroles de la duchesse ; eh! voilà les jacobins qui sortent de leur couvent et qui se rangent le long des murs de la cour ; peut-être ont-ils quelque avis particulier, eux.

— Silence ! s'écria la duchesse en étendant la main vers l'horizon.

— Quoi?

— Silence, écoutez!

On commençait d'entendre au loin un roulement pareil à celui du tonnerre.

— C'est la cavalerie, s'écria la duchesse, ils nous l'amènent, ils nous l'amènent!

Et passant, selon son caractère emporté, de l'appréhension la plus cruelle à la joie la plus folle, elle battit des mains en criant : Je le tiens! je le tiens!

Mayneville écouta encore.

— Oui, dit-il, oui, c'est un carrosse qui roule et des chevaux qui galopent.

Et il commanda à pleine voix :

— Hors les murs, mes pères, hors les murs!

Aussitôt la grande grille du prieuré s'ouvrit précipitamment, et, dans un bel ordre, sortirent les cent moines armés, à la tête desquels marchait Borromée.

Ils prirent position en travers de la route.

On entendit alors la voix de Gorenflot qui criait :

— Attendez-moi! attendez-moi donc! il est important que je sois à la tête du chapitre pour recevoir dignement Sa Majesté.

— Au balcon, sire prieur! au balcon! s'écria Borromée; vous savez bien que vous devez nous dominer tous. L'Ecriture a dit : Tu les domineras comme le cèdre domine l'hysope!

— C'est vrai, dit Gorenflot, c'est vrai; j'avais oublié que j'eusse choisi ce poste; heureusement que vous êtes là pour me faire souvenir, frère Borromée, heureusement!

Borromée donna un ordre tout bas, et quatre frère, sous prétexte d'honneur et de cérémonie, vinrent flanquer le digne prieur à son balcon.

Bientôt la route, qui faisait un coude à quelque distance du prieuré, se trouva illuminée d'une quantité de flambeaux, grâce auxquels la duchesse et Mayneville purent voir reluire des cuirasses et briller des épées.

Incapable de se modérer, elle cria :

— Descendez, Mayneville, et vous me l'amènerez tout lié, tout escorté de gardes!

— Oui, oui, madame, dit le gentilhomme avec distraction; mais une chose m'inquiète.

— Laquelle?

— Je n'entends pas le signal convenu.

— A quoi bon le signal, puisqu'on le tient?

— Mais on ne devait l'arrêter qu'ici, en face du prieuré, ce me semble, insista Mayneville.

— Ils auront trouvé plus loin l'occasion meilleure.

— Je ne vois pas notre officier.

— Je le vois, moi.

— Où ?

— Cette plume rouge !

— Eh bien?

— C'est M. d'Epernon ! M. d'Epernon, l'épée à la main !

— On lui a laissé son épée ?

— Par la mort ! il commande.

— A nos gens ? Il y a donc trahison ?

— Eh ! madame, ce ne sont pas nos gens.

— Vous êtes fou, Mayneville.

En ce moment Loignac, à la tête du premier peloton des quarante-cinq, brandissant une large épée, cria : Vive le roi !

— Vive le roi ! répondirent avec leur formidable accent gascon les quarante-cinq dans l'enthousiasme.

La duchesse pâlit et tomba sur le rebord de la croisée, comme si elle allait s'évanouir.

Mayneville, sombre et résolu, mit l'épée à la main. Il ignorait si, en passant, ces hommes n'allaient pas envahir la maison.

Le cortége avançait toujours comme une trombe de bruit et de lumière. Il avait atteint Bel-Esbat, il allait atteindre le prieuré.

Borromée fit trois pas en avant. Loignac poussa son cheval droit à ce moine, qui semblait soussa robe de laine lui offrir le combat.

Mais Borromée, en homme de tête, vit que tout était perdu, et prit à l'instant même son parti.

— Place ! place ! cria rudement Loignac, place au roi !

Borromée, qui avait tiré son épée sous sa robe, remit sous sa robe son épée au fourreau.

Gorenflot, électrisé par les cris, par le bruit des armes, ébloui par le flamboiement des torches, étendit sa dextre puissante, et l'index et le médium étendus, bénit le roi du haut de son balcon.

Henri, qui se penchait à la portière, le vit et le salua en souriant.

Ce sourire, preuve authentique de la faveur dont le digne prieur des jacobins jouissait en cour, électrisa Gorenflot, qui entonna à son tour un : Vive le roi ! avec des poumons capables de soulever les arceaux d'une cathédrale.

Mais le reste du couvent resta muet. En effet, il attendait une tout autre solution à ces deux mois de manœuvres et à cette prise d'armes qui en avait été la suite.

Mais Borromée, en véritable reître qu'il était, avait d'un coup d'œil calculé le nombre des défenseurs du roi, reconnu leur maintien guerrier. L'absence des partisans de la duchesse lui révélait le sort fatal de l'entreprise : hésiter à se soumettre, c'était tout perdre.

Il n'hésita plus, et au moment où le poitrail du cheval de Loignac allait le heurter, il cria : Vive le roi ! d'une voix presque aussi sonore que venait de le faire Gorenflot.

Alors le couvent tout entier hurla : Vive le roi ! en agitant ses armes.

— Merci, mes révérends pères, merci ! cria la voix stridente de Henri III.

Puis il passa devant le couvent, qui devait être le terme de sa course, comme un tourbillon de feu, de bruit et de gloire, laissant derrière lui Bel-Esbat dans l'obscurité.

Du haut de son balcon, cachée par l'écusson de fer doré, derrière lequel elle était tombée à genoux, la duchesse voyait, interrogeait, dévorait chaque visage, sur lequel les torches jetaient leur flamboyante lumière.

— Ah ! fit-elle avec un cri, en désignant un des cavaliers de l'escorte. Voyez ! voyez, Mayneville !

— Le jeune homme, le messager de M. le duc de Mayenne au service du roi ! s'écria celui-ci.

— Nous sommes perdus ! murmura la duchesse.

— Il faut fuir, et promptement, madame, dit Mayneville ; vainqueur aujourd'hui, le Valois abusera demain de sa victoire.

— Nous avons été trahis ! s'écria la duchesse. Ce jeune homme nous a trahis ! Il savait tout !

Le roi était déjà loin : il avait disparu, avec toute son escorte, sous la porte Saint-Antoine, qui s'était ouverte devant lui et refermée derrière lui.

Henri de Navarre.

XLIV

COMMENT CHICOT BÉNIT LE ROI LOUIS XI D'AVOIR INVENTÉ LA POSTE, ET RÉSOLUT DE PROFITER DE CETTE INVENTION.

Chicot, auquel nos lecteurs nous permettront de revenir, Chicot, après la découverte importante qu'il venait de faire en dénouant les cordons du masque de M. de Mayenne, Chicot n'avait pas un instant à perdre pour se jeter le plus vite possible hors du retentissement de l'aventure.

Entre le duc et lui, c'était désormais, on le comprend bien, un combat à mort. Blessé dans sa chair, moins douloureusement que dans son amour-propre, Mayenne, qui maintenant, aux anciens coups de fourreau, joignait le récent coup de lame, Mayenne ne pardonnerait jamais.

— Allons ! allons ! s'écria le brave Gascon, en

précipitant sa course du côté de Beaugency, c'est ici l'occasion ou jamais de faire courir sur des chevaux de poste l'argent réuni de ces trois illustres personnages, qu'on appelle Henri de Valois, dom Modeste Gorenflot et Sébastien Chicot.

Habile comme il l'était à mimer, non-seulement tous les sentiments, mais encore toutes les conditions, Chicot prit à l'instant même l'air d'un grand seigneur, comme il avait pris, dans des conditions moins précaires, l'air d'un bon bourgeois. Aussi, jamais prince ne fut servi avec plus de zèle que maître Chicot, lorsqu'il eut vendu le cheval d'Ernauton, et causé un quart d'heure avec le maître de poste.

Chicot, une fois en selle, était résolu de ne point s'arrêter qu'il ne se jugeât lui-même en lieu de sûreté : il galopa donc aussi vite que voulurent bien le lui permettre les chevaux de trente relais. Quant à lui, il semblait fait d'acier, ne paraissant pas, au bout de soixante lieues dévorées en vingt heures, éprouver la moindre fatigue.

Lorsque, grâce à cette rapidité, il eut en trois jours atteint Bordeaux, Chicot jugea qu'il lui était parfaitement permis de reprendre quelque peu haleine.

On peut penser, quand on galope; on ne peut même guère faire que cela.

Chicot pensa donc beaucoup.

Son ambassade, qui prenait de la gravité au fur et à mesure qu'il s'avançait vers le terme de son voyage, son ambassade lui apparut sous un jour bien différent, sans que nous puissions dire précisément sous quel jour elle lui apparut.

Quel prince allait-il trouver dans cet étrange Henri, que les uns croyaient un niais, les autres un lâche, tous un renégat sans conséquence?

Mais son opinion à lui, Chicot, n'était pas celle de tout le monde. Depuis son séjour en Navarre, le caractère de Henri, comme la peau du caméléon, qui subit le reflet de l'objet sur lequel il se trouve, le caractère de Henri, touchant le sol natal, avait éprouvé quelques nuances.

C'est que Henri avait su mettre assez d'espace entre la griffe royale et cette précieuse peau, qu'il avait si habilement sauvée de tout accroc pour ne plus redouter les atteintes.

Cependant sa politique extérieure était toujours la même; il s'éteignait dans le bruit général, éteignant avec lui et autour de lui quelques noms illustres, que, dans le monde français, on s'étonnait de voir refléter leur clarté sur une pâle couronne de Navarre. Comme à Paris, il faisait cour assidue à sa femme, dont l'influence, à deux cents lieues de Paris, semblait cependant être devenue inutile. Bref, il végétait, heureux de vivre.

Pour le vulgaire, c'était sujet d'hyperboliques railleries.

Pour Chicot, c'était matière à profondes réflexions.

Lui Chicot, si peu ce qu'il paraissait être, savait naturellement deviner chez les autres le fond sous l'enveloppe. Henri de Navarre, pour Chicot, n'était donc pas encore une énigme devinée, mais c'était une énigme.

Savoir que Henri de Navarre était une énigme et non pas un fait pur et simple, c'était déjà beaucoup savoir. Chicot en savait donc plus que tout le monde, en sachant, comme ce vieux sage de la Grèce, qu'il ne savait rien.

Là où tout le monde se fût avancé le front haut, la parole libre, le cœur sur les lèvres, Chicot sentait donc qu'il fallait aller le cœur serré, la parole composée, le front grimé comme celui d'un acteur.

Cette nécessité de dissimulation lui fut inspirée, d'abord par sa pénétration naturelle, ensuite par l'aspect des lieux qu'il parcourait.

Une fois dans la limite de cette petite principauté de Navarre, pays dont la pauvreté était proverbiale en France, Chicot, à son grand étonnement, cessa de voir imprimée sur chaque visage, sur chaque maison, sur chaque pierre, la dent de cette misère hideuse qui rongeait les plus belles provinces de cette superbe France qu'il venait de quitter.

Le bûcheron qui passait le bras appuyé au joug de son bœuf favori; la fille au jupon court et à la démarche alerte, qui portait l'eau sur sa tête à la façon des choéphores antiques; le vieillard qui chantonnait une chanson de sa jeunesse en branlant sa tête blanchie; l'oiseau familier qui jacassait dans sa cage en picotant la mangeoire pleine; l'enfant bruni, aux membres maigres, mais nerveux, qui jouait sur les tas de feuilles de maïs; tout parlait à Chicot une langue vivante, claire, intelligible; tout lui criait, à chaque pas qu'il faisait en avant :

— Vois ! on est heureux ici !

Parfois, au bruit des roues criant dans les chemins creux, Chicot éprouvait des terreurs subites. Il se rappelait les lourdes artilleries qui défonçaient les chemins de la France. Mais au détour du chemin, le chariot du vendangeur lui apparaissait chargé de tonnes pleines et d'enfants à la face rougie. Lorsque de loin un canon d'arquebuse lui faisait ouvrir l'œil, derrière une haie de figuiers ou de pampres, Chicot songeait aux trois embuscades qu'il avait si heureusement franchies. Ce n'était pourtant qu'un chasseur suivi de ses grands chiens, traversant la plaine giboyeuse en bartavelles et en coqs de bruyère.

Quoiqu'on fût avancé dans la saison et que Chicot eût laissé Paris plein de brume et de frimas, il faisait beau, il faisait chaud. Les grands arbres qui n'avaient point encore perdu leurs feuilles, que, dans le Midi, ils ne perdent jamais entièrement, les grands arbres versaient du haut de leurs dômes rougissants une ombre bleue sur la terre crayeuse. Les horizons fins, purs et dégradés de nuances, miroitaient dans les rayons du soleil, tout diaprés de villages aux blanches maisons.

Le paysan béarnais, au béret incliné sur l'oreille, piquait dans les prairies ces petits chevaux de trois écus qui bondissent infatigables sur leurs jarrets d'acier, font vingt lieues d'une traite et, jamais étrillés, jamais couverts, se secouent en arrivant au but, et vont brouter dans la première touffe de bruyère venue, leur unique, leur suffisant repas.

— Ventre de biche ! disait Chicot, je n'ai jamais vu la Gascogne si riche. Le Béarnais vit comme un coq en pâte.

Puisqu'il est si heureux, il y a toute raison de croire, comme le dit son frère le roi de France, qu'il est... bon ; mais il ne l'avouera peut-être pas, lui. En vérité, quoique traduite en latin, la lettre me gêne encore ; j'ai presque envie de la retraduire en grec.

Mais, bah ! je n'ai jamais entendu dire que Henriot, comme l'appelait son frère Charles IX, sût le latin. Je lui ferai de ma traduction latine une traduction française *expurgata*, comme on dit à la Sorbonne.

Et Chicot, tout en faisant ces réflexions tout bas, s'informait tout haut où était le roi.

Le roi était à Nérac. D'abord on l'avait cru à Pau, ce qui avait engagé notre messager à pousser jusqu'à Mont-de-Marsan ; mais, arrivé là, la topographie de la cour avait été rectifiée, et Chicot avait pris à gauche pour rejoindre la route de Nérac, qu'il trouva pleine de gens revenant du marché de Condom.

On lui apprit, — Chicot, on se le rappelle, fort circonspect quand il s'agissait de répondre aux questions des autres, Chicot était fort questionneur, — on lui apprit, disons-nous, que le roi de Navarre menait fort joyeuse vie, et qu'il ne se reposait point dans ses perpétuelles transitions d'un amour à l'autre.

Chicot avait fait, par les chemins, l'heureuse rencontre d'un jeune prêtre catholique, d'un marchand de moutons et d'un officier, qui se tenaient fort bonne compagnie depuis Mont-de-Marsan, et devisaient avec force bombances, partout où l'on s'arrêtait.

Ces gens lui parurent, par cette association toute de hasard, représenter merveilleusement la Navarre, éclairée, commerçante et militante. Le clerc lui récita les sonnets que l'on faisait sur les amours du roi et de la belle Fosseuse, fille de René de Montmorency, baron de Fosseux.

— Voyons, voyons, dit Chicot, il faudrait pourtant nous entendre : on croit à Paris que Sa Majesté le roi de Navarre est folle de mademoiselle Le Rebours.

— Oh ! dit l'officier, c'était à Pau, cela.

— Oui, oui, reprit le clerc, c'était à Pau.

— Ah ! c'était à Pau ? reprit le marchand qui, en sa qualité de simple bourgeois, paraissait le moins bien informé des trois.

— Comment ! demanda Chicot, le roi a donc une maîtresse par ville ?

— Mais cela se pourrait bien, reprit l'officier, car, à ma connaissance, il était l'amant de mademoiselle Dayelle, tandis que j'étais en garnison à Castelnaudary.

— Attendez donc, attendez donc, fit Chicot : mademoiselle Dayelle, une Grecque ?

— C'est cela, dit le clerc, une Cypriote.

— Pardon, pardon, dit le marchand enchanté de placer son mot, c'est que je suis d'Agen, moi !

— Eh bien ?

— Eh bien ! je puis répondre que le roi a connu mademoiselle de Tignonville à Agen.

— Ventre de biche! fit Chicot, quel vert galant! Mais, pour en revenir à mademoiselle Dayelle, j'ai connu la famille...

— Mademoiselle Dayelle était jalouse et menaçait sans cesse; elle avait un joli petit poignard recourbé qu'elle posait sur sa table à ouvrage, et, un jour, le roi est parti, emportant le poignard, et disant qu'il ne voulait point qu'il arrivât malheur à celui qui lui succéderait.

— De sorte qu'à cette heure Sa Majesté est tout entière à mademoiselle Le Rebours? demanda Chicot.

— Au contraire, au contraire, fit le prêtre, ils sont brouillés; mademoiselle Le Rebours était fille de président et, comme telle, un peu trop forte en procédure. Elle a tant plaidé contre la reine, grâce aux insinuations de la reine-mère, que la pauvre fille en est tombée malade. Alors la reine Margot, qui n'est pas sotte, a pris ses avantages et elle a décidé le roi à quitter Pau pour Nérac, de sorte que voilà un amour coupé.

— Alors, demanda Chicot, la nouvelle passion du roi est pour la Fosseuse?

— Oh! mon Dieu, oui; d'autant plus qu'elle est enceinte: c'est une frénésie.

— Mais que dit la reine? demanda Chicot.

— La reine? fit l'officier.

— Oui, la reine.

— La reine met ses douleurs au pied du crucifix, dit le prêtre.

— D'ailleurs, ajouta l'officier, la reine ignore toutes ces choses.

— Bon! fit Chicot, la chose n'est point possible.

— Pourquoi cela? demanda l'officier.

— Parce que Nérac n'est pas une ville tellement grande, que l'on ne s'y voie d'une façon transparente.

— Ah! quant à cela, monsieur, dit le clerc, il y a un parc, et dans ce parc des allées de plus de trois mille pas, toutes plantées de cyprès, de platanes et de sycomores magnifiques; c'est une ombre à ne pas s'y voir à dix pas en plein jour. Songez un peu quand on y va la nuit.

— Et puis la reine est fort occupée, monsieur, dit le clerc.

— Bah! occupée?

— Oui.

— Et de qui, s'il vous plaît?

— De Dieu, monsieur, répliqua le prêtre avec morgue.

— De Dieu! s'écria Chicot.

— Pourquoi pas?

— Ah! la reine est dévote?

— Très dévote.

— Cependant, il n'y a pas de messe au palais, à ce que j'imagine? fit Chicot.

— Et vous imaginez fort mal, monsieur. Pas de messe! nous prenez-vous pour des païens? Apprenez, monsieur, que si le roi va au prêche avec ses gentilshommes, la reine se fait dire la messe dans une chapelle particulière.

— La reine?

— Oui, oui.

— La reine Marguerite?

— La reine Marguerite; à telles enseignes que moi, prêtre indigne, j'ai touché deux écus pour avoir deux fois officié dans cette chapelle; j'y ai même fait un fort beau sermon sur le texte :

« Dieu a séparé le bon grain de l'ivraie. »

Il y a dans l'Evangile : « Dieu séparera; » mais j'ai supposé, moi, comme il y a fort longtemps que l'Evangile est écrit, j'ai supposé que la chose était faite.

— Et le roi a eu connaissance de ce sermon? demanda Chicot.

— Il l'a entendu.

— Sans se fâcher :

— Tout au contraire, il a fort applaudi.

— Vous me stupéfiez, répondit Chicot.

— Il faut ajouter, dit l'officier, qu'on ne fait pas que courir le prêche ou la messe; il y a de bons repas au château, sans compter les promenades, et je ne pense pas que nulle part en France les moustaches soient plus promenées que dans les allées de Nérac.

Chicot venait d'obtenir plus de renseignements qu'il ne lui en fallait pour bâtir tout un plan.

Il connaissait Marguerite pour l'avoir vue à Paris tenir sa cour, et il savait du reste que si elle était peu clairvoyante en affaires d'amour, c'était lorsqu'elle avait un motif quelconque de s'attacher un bandeau sur les yeux.

— Ventre de biche! dit-il, voilà par ma foi des allées de cyprès et trois mille pas d'ombre qui me trottent désagréablement par la tête. Je m'en vais dire la vérité à Nérac, moi qui viens de Paris, à des gens qui ont des allées de trois mille pas et des ombres telles, que les femmes n'y voient point leurs maris se promener avec leurs maîtresses. Corbiou! on me déchiquetera

Place ! place au roi ! — PAGE 56.

ici pour m'apprendre à troubler tant de promenades charmantes.

Heureusement, je connais la philosophie du roi, et j'espère en elle. D'ailleurs, je suis ambassadeur ; tête sacrée. Allons !

Et Chicot continua sa course.

Il entra vers le soir à Nérac, justement à l'heure de ces promenades qui préoccupaient si fort le roi de France et son ambassadeur.

Au reste, Chicot put se convaincre de la facilité des mœurs royales à la façon dont il fut admis à une audience.

Un simple valet de pied lui ouvrit les portes d'un salon rustique dont les abords étaient tout émaillés de fleurs ; au-dessus de ce salon étaient l'antichambre du roi et la chambre qu'il aimait à habiter le jour, pour donner ces audiences sans conséquence dont il était si prodigue.

Un officier, voire même un page, allait le prévenir quand se présentait un visiteur. Cet officier ou ce page courait après le roi jusqu'à ce qu'il le trouvât, en quelque endroit qu'il fût. Le roi venait sur cette seule invitation, et recevait le requérant.

Chicot fut profondément touché de cette facilité toute gracieuse. Il jugea le roi bon, candide et tout amoureux.

Ce fut bien plus encore son opinion, lorsqu'au bout d'une allée sinueuse et bordée de lauriers-roses en fleurs, il vit arriver avec un mauvais feutre sur la tête, un pourpoint feuille-morte et des bottes grises, le roi de Navarre tout épanoui, un bilboquet à la main.

Henri avait le front uni, comme si aucun souci n'osait l'effleurer de l'aile, la bouche rieuse, l'œil brillant d'insouciance et de santé.

Tout en s'approchant, il arrachait de la main gauche les fleurs de la bordure.

— Qui me veut parler? demanda-t-il à son page.

— Sire, répondit celui-ci, un homme qui m'a l'air moitié seigneur, moitié homme de guerre.

Chicot entendit ces derniers mots et s'avança gracieusement.

— C'est moi, sire, dit-il.

— Bon! s'écria le roi en levant ses deux bras au ciel, monsieur Chicot en Navarre, monsieur Chicot chez nous, ventre saint-gris! soyez le bienvenu, cher monsieur Chicot.

— Mille grâces, sire.

— Bien vivant, grâce à Dieu.

— Je l'espère du moins, cher sire, dit Chicot, transporté d'aise.

— Ah! parbleu, dit Henri, nous allons boire ensemble d'un petit vin de Limoux dont vous me donnerez des nouvelles. Vous me faites en vérité bien joyeux, monsieur Chicot; asseyez-vous là.

Et il montrait un banc de gazon.

— Jamais, sire, dit Chicot en se défendant.

— Avez-vous donc fait deux cents lieues pour me venir voir, afin que je vous laisse debout? Non pas, monsieur Chicot, assis, assis; on ne cause bien qu'assis.

— Mais, sire, le respect.

— Du respect chez nous, en Navarre! tu es fou, mon pauvre Chicot, et qui donc pense à cela?

— Non, sire, je ne suis pas fou, répondit Chicot; je suis ambassadeur.

Un léger pli se forma sur le front pur du roi; mais il disparut si rapidement que Chicot, tout observateur qu'il était, n'en reconnut même pas la trace.

— Ambassadeur, dit Henri avec une surprise qu'il essaya de rendre naïve, ambassadeur de qui?

— Ambassadeur du roi Henri III. Je viens de Paris et du Louvre, sire.

— Ah! c'est différent alors, dit le roi en se levant de son banc de gazon avec un soupir. Allez, page; laissez-nous. Montez du vin au premier, dans ma chambre; non, dans mon cabinet. Venez avec moi, Chicot, que je vous conduise.

Chicot suivit le roi de Navarre. Henri marchait plus vite alors qu'en revenant par son allée de lauriers.

— Quelle misère! pensa Chicot, de venir troubler cet honnête homme dans sa paix et dans son ignorance. Bast! il sera philosophe!

XLIV

COMMENT LE ROI DE NAVARRE DEVINA QUE *Turennius* VOULAIT DIRE TURENNE ET *Margota* MARGOT.

Le cabinet du roi de Navarre n'était pas bien somptueux, comme on le présume. Sa Majesté Béarnaise n'était point riche, et du peu qu'elle avait, ne faisait point de folies. Ce cabinet occupait, avec la chambre à coucher de parade, toute l'aile droite du château; un corridor était pris sur l'antichambre ou chambre des gardes et sur la chambre à coucher; ce corridor conduisait au cabinet.

De cette pièce spacieuse et assez convenablement meublée, quoiqu'on n'y trouvât aucune trace du luxe royal, la vue s'étendait sur des prés magnifiques situés au bord de la rivière.

De grands arbres, saules et platanes, cachaient le cours de l'eau sans empêcher les yeux de s'éblouir de temps en temps, lorsque le fleuve sortant, comme un dieu mythologique, de son feuillage, faisait resplendir au soleil de midi ses écailles d'or, ou à la lune de minuit, ses draperies d'argent.

Les fenêtres donnaient donc d'un côté sur ce panorama magique, terminé au loin par une chaîne de collines, un peu brûlée du soleil le jour, mais qui, le soir, terminait l'horizon par des teintes violâtres d'une admirable limpidité, et de l'autre côté sur la cour du château. Éclairée ainsi, à l'orient et à l'occident, par ce double rang de fenêtres correspondantes les unes avec les autres, rouge ici, bleue là, la salle avait des aspects magnifiques, quand elle reflétait avec complaisance les premiers rayons du soleil, ou l'azur nacré de la lune naissante.

Ces beautés naturelles préoccupaient moins Chicot, il faut le dire, que la distribution de ce cabinet, demeure habituelle de Henri. Dans chaque meuble, l'intelligent ambassadeur semblait en effet chercher une lettre, et cela avec d'autant plus d'attention, que l'assemblage de ces lettres devait lui donner le mot de l'énigme qu'il cherchait depuis longtemps, et qu'il avait, plus particulièrement encore, cherché tout le long de la route.

Le roi s'assit, avec sa bonhomie ordinaire et son sourire éternel, dans un grand fauteuil de daim à clous dorés, mais à franges de laine; Chicot, pour lui obéir, fit rouler en face de lui un pliant ou plutôt un tabouret recouvert de même et enrichi de pareils ornements.

Henri regardait Chicot de tous ses yeux, avec des sourires, nous l'avons déjà dit, mais en même temps avec une attention qu'un courtisan eût trouvée fatigante.

—Vous allez trouver que je suis bien curieux, cher monsieur Chicot, commença par dire le roi; mais c'est plus fort que moi : je vous ai regardé si longtemps comme mort, que, malgré toute la joie que me cause votre résurrection, je ne puis me faire à l'idée que vous soyez vivant. Pourquoi donc avez-vous tout à coup disparu de ce monde?

— Eh! sire, fit Chicot, avec sa liberté habituelle, vous avez bien disparu de Vincennes, vous. Chacun s'éclipse selon ses moyens, et surtout ses besoins.

— Vous avez toujours plus d'esprit que tout

Que Votre Majesté m'excuse, mais la lettre était écrite en latin. — Page 69.

le monde, cher monsieur Chicot, dit Henri, et c'est à cela surtout que je reconnais ne point parler à votre ombre.

Puis prenant un air sérieux :

— Mais, voyons, ajouta-t-il, voulez-vous que nous mettions l'esprit de côté et que nous parlions affaires?

— Si cela ne fatigue pas trop Votre Majesté, je me mets à ses ordres.

L'œil du roi étincela.

— Me fatiguer! reprit-il; puis, d'un autre ton : Il est vrai que je me rouille ici, continua-t-il avec calme. Mais je ne suis pas fatigué tant que je n'ai rien fait. Or, aujourd'hui Henri de Navarre a, deçà et delà, fort traîné son corps, mais le roi n'a pas encore fait agir son esprit.

— Sire, j'en suis bien aise, répondit Chicot; ambassadeur d'un roi, votre parent et votre ami, j'ai des commissions fort délicates à faire près de Votre Majesté.

— Parlez vite alors, car vous piquez ma curiosité.

— Sire...

— Vos lettres de créance d'abord, c'est une formalité inutile, je le sais, puisqu'il s'agit de vous; mais enfin je veux vous montrer que tout paysan béarnais que nous sommes, nous savons notre devoir de roi.

— Sire, j'en demande pardon à Votre Majesté, répondit Chicot, mais tout ce que j'avais de lettres de créance, je l'ai noyé dans les rivières, jeté dans le feu, éparpillé dans l'air.

— Et pourquoi cela, cher monsieur Chicot?

— Parce qu'on ne voyage pas, quand on se rend en Navarre, chargé d'une ambassade, comme on voyage pour aller acheter du drap à Lyon, et que si l'on a le dangereux honneur de porter des lettres royales, on risque de ne les porter que chez les morts.

— C'est vrai, dit Henri avec une parfaite bonhomie, les routes ne sont pas sûres, et en Navarre nous en sommes réduits, faute d'argent, à nous confier à la probité des manants; ils ne sont pas très voleurs, du reste.

— Comment donc! s'écria Chicot, mais ce sont des agneaux, ce sont de petits anges, sire, mais en Navarre seulement.

— Ah! ah! fit Henri.

— Oui, mais hors de la Navarre on rencontre des loups et des vautours autour de chaque proie; j'étais une proie, sire, de sorte que j'ai eu mes vautours et mes loups.

— Qui ne vous ont pas mangé tout à fait, au reste, je le vois avec plaisir.

— Ventre de biche! sire, ce n'est pas leur faute! ils ont bien fait tout ce qu'ils ont pu pour cela. Mais ils m'ont trouvé trop coriace, et n'ont pu entamer ma peau. Mais, sire, laissons là, s'il vous plaît, les détails de mon voyage, qui sont choses oiseuses, et revenons-en à notre lettre de créance.

— Mais puisque vous n'en avez pas, cher monsieur Chicot, dit Henri, il me paraît fort inutile d'y revenir.

— C'est-à-dire que je n'en ai pas maintenant, mais que jen avais une.

— Ah! à la bonne heure! donnez, monsieur Chicot.

Et Henri étendit la main.

— Voilà le malheur, sire, reprit Chicot; j'avais une lettre comme je viens d'avoir l'honneur de le dire à Votre Majesté, et peu de gens l'eussent eue meilleure.

— Vous l'avez perdue?

— Je me suis hâté de l'anéantir, sire, car M. de Mayenne courait après moi pour me la voler.

— Le cousin Mayenne?

— En personne.

— Heureusement il ne court pas bien fort. Engraisse-t-il toujours?

— Ventre de biche! pas en ce moment, je suppose.

— Et pourquoi cela?

— Parce qu'en courant, comprenez-vous, sire, il a eu le malheur de me rejoindre, et dans la rencontre, ma foi, il a attrapé un bon coup d'épée.

— Et de la lettre?

— Pas l'ombre, grâce à la précaution que j'avais prise.

— Bravo! vous aviez tort de ne pas vouloir me raconter votre voyage, monsieur Chicot, dites-moi cela en détail, cela m'intéresse vivement.

— Votre Majesté est bien bonne.

— Seulement une chose m'inquiète.

— Laquelle?

— Si la lettre est anéantie pour mons de Mayenne, elle est de même anéantie pour moi; comment donc saurai-je alors quelle chose m'écrivait mon bon frère Henri, puisque sa lettre n'existe plus?

— Pardon, sire! elle existe dans ma mémoire.

— Comment cela?

— Avant de la déchirer, je l'ai apprise par cœur.

— Excellente idée, monsieur Chicot, excellente, et je reconnais bien là l'esprit d'un compatriote. Vous allez me la réciter, n'est-ce pas?

— Volontiers, sire.

— Telle qu'elle était, sans y rien changer?

— Sans y faire un seul contre-sens.

— Comment dites-vous?

— Je dis que je vais vous la dire fidèlement; quoique j'ignore la langue, j'ai bonne mémoire.

— Quelle langue?

— La langue latine donc.

— Je ne vous comprends pas, dit Henri avec son clair regard à l'adresse de Chicot. Vous parlez de langue latine, de lettre...

— Sans doute.

— Expliquez-vous; la lettre de mon frère était-elle donc écrite en latin

— Eh! oui, sire.

— Pourquoi en latin ?

— Ah! sire, sans doute parce que le latin est une langue audacieuse, la langue qui sait tout dire, la langue avec laquelle Perse et Juvénal ont éternisé la démence et les erreurs des rois.

— Des rois?

— Et des reines, sire.

Le sourcil du roi se plissa sur sa profonde orbite.

— Je veux dire des empereurs et des impé ratrices, reprit Chicot.

— Vous savez donc le latin, vous, monsieur Chicot? reprit froidement Henri.

— Oui et non, sire.

— Vous êtes bienheureux si c'est oui, car vous avez un avantage immense sur moi, qui ne le sais pas; aussi je n'ai jamais pu me mettre sérieusement à la messe à cause de ce diable de latin; donc vous le savez, vous?

— On m'a appris à le lire, sire, comme aussi le grec et l'hébreu.

— C'est très commode, monsieur Chicot, vous êtes un livre vivant.

— Votre Majesté vient de trouver le mot, un livre vivant. On imprime quelques pages dans ma mémoire, on m'expédie où l'on veut, j'arrive, on me lit et l'on me comprend.

— Ou l'on ne vous comprend pas.

— Comment cela, sire?

— Dame! si l'on ne sait pas la langue dans laquelle vous êtes imprimé.

— Oh! sire, les rois savent tout.

— C'est ce que l'on dit au peuple, monsieur Chicot, et ce que les flatteurs disent aux rois.

— Alors, sire, il est inutile que je récite à Votre Majesté cette lettre que j'avais apprise par cœur, puisque ni l'un ni l'autre de nous n'y comprendra rien.

— Est-ce que le latin n'a pas beaucoup d'analogie avec l'italien?

— On assure cela, sire.

— Et avec l'espagnol?

— Beaucoup, à ce qu'on dit.

— Alors, essayons; je sais un peu l'italien, mon patois gascon ressemble fort à l'espagnol, peut-être comprendrai-je le latin sans jamais l'avoir appris.

Chicot s'inclina.

— Votre Majesté ordonne donc?

— C'est-à-dire que je vous prie, cher monsieur Chicot.

Chicot débuta par la phrase suivante, qu'il enveloppa de toutes sortes de préambules :

« *Frater carissime,*

« *Sincerus amor quo te prosequebatur germanus*
« *noster Carolus nonus, functus nuper, colet usque*
« *regiam nostram et pectori meo pertinaciter*
« *adhæret.* »

Henri ne sourcilla point, mais au dernier mot il arrêta Chicot du geste.

— Ou je me trompe fort, dit-il, ou l'on parle dans cette phrase d'amour, d'obstination et de mon frère Charles IX.

— Je ne dirais pas non, dit Chicot, c'est une si belle langue que le latin, que tout cela tiendrait dans une seule phrase.

— Poursuivez, dit le roi.

Chicot continua.

Le Béarnais écouta avec le même flegme tous les passages où il était question de sa femme et du vicomte de Turenne; mais au dernier nom:

— *Turennius* ne veut-il pas dire Turenne? demanda-t-il.

— Je pense que oui, sire.

— Et *Margota*, ne serait-ce pas le petit nom d'amitié que mes frères Charles IX et Henri III donnaient à leur sœur, ma bien-aimée épouse Marguerite?

— Je n'y vois rien d'impossible, répliqua Chicot. Et il poursuivit son récit jusqu'au bout de la dernière phrase, sans qu'une seule fois le visage du roi eût changé d'expression.

Enfin il s'arrêta sur la péroraison, dont il avait caressé le style avec des ronflements si sonores, qu'on eût dit un paragraphe des Verrines ou du discours pour le poète Archias.

— C'est fini? demanda Henri.

— Oui, sire.

— Eh bien! ce doit être superbe.

— N'est-ce pas, sire?

— Quel malheur que je n'en aie compris que deux mots : *Turennius* et *Margota*, et encore!

— Malheur irréparable, sire, à moins que Votre Majesté ne se décide à faire traduire la lettre par quelque clerc.

— Oh! non, dit vivement Henri, et vous-

M. de Monsoreau reçut les félicitations du roi et du duc d'Anjou.

— Monseigneur, dit-il, je me trouve trop heureux d'avoir pu mériter vos compliments, puisque c'est à vous que je dois la place.

— Mais vous savez, monsieur, dit le duc, que pour continuer à les mériter il faut que vous partiez ce soir pour Fontainebleau; le roi veut y chasser après-demain et les jours suivants, et ce n'est pas trop d'un jour pour prendre connaissance de la forêt.

— Je le sais, monseigneur, répondit Monsoreau, et mon équipage est déjà préparé. Je partirai cette nuit.

— Ah! voilà! monsieur de Monsoreau, dit Bussy; désormais plus de repos pour vous. Vous avez voulu être grand veneur, vous l'êtes; il y a, dans la charge que vous occupez, cinquante bonnes nuits de moins que pour les autres hommes; heureusement encore que vous n'êtes point marié, mon cher monsieur.

Bussy riait en disant cela : le duc laissa errer un regard perçant sur le grand veneur; puis, tournant la tête d'un autre côté, il alla faire ses compliments au roi sur l'amélioration qui depuis la veille paraissait s'être faite en sa santé.

Quant à Monsoreau, il avait, à la plaisanterie de Bussy, encore une fois pâli de cette pâleur hideuse qui lui donnait un si sinistre aspect.

CHAPITRE XII

COMMENT BUSSY RETROUVA A LA FOIS LE PORTRAIT ET L'ORIGINAL.

La chasse fut terminée vers les quatre heures du soir; et à cinq heures, comme si le roi avait prévu les désirs du duc d'Anjou, toute la cour rentrait à Paris par le faubourg Saint-Antoine.

M. de Monsoreau, sous le prétexte de partir à l'instant même, avait pris congé des princes, et se dirigeait avec ses équipages vers Fromenteau.

En passant devant la Bastille, le roi fit remarquer à ses amis la fière et sombre apparence de la forteresse : c'était un moyen de leur rappeler ce qui les attendait, si par hasard, après avoir été ses amis, ils devenaient ses ennemis.

Beaucoup comprirent et redoublèrent de déférence envers Sa Majesté.

Pendant ce temps, le duc d'Anjou disait tout bas à Bussy, qui marchait à ses côtés :

— Regarde bien, Bussy, regarde bien, à droite, cette maison de bois qui abrite sous son pignon une petite statue de la Vierge; suis de l'œil la même ligne et compte, la maison à la Vierge comprise, quatre autres maisons.

— Bien, dit Bussy.

— C'est la cinquième, dit le duc, celle qui est juste en face de la rue Sainte-Catherine.

— Je la vois, monseigneur; tenez, voici, au bruit de nos trompettes qui annoncent le roi, toutes les maisons qui se garnissent de curieux.

— Excepté celle que je t'indique, cependant, dit le duc, dont les fenêtres demeurent fermées.

— Mais dont un coin du rideau s'entr'ouvre, dit Bussy avec un effroyable battement de cœur.

— Sans que toutefois on puisse rien apercevoir. Oh! la dame est bien gardée, ou se garde bien. En tout cas, voici la maison; à l'hôtel, je t'en donnerai la clef.

Bussy darda son regard par cette étroite ouverture; mais, quoique ses yeux restassent constamment fixés sur elle, il ne vit rien.

En revenant à l'hôtel d'Anjou, le duc donna effectivement à Bussy la clef de la maison désignée, en lui recommandant de nouveau de faire placer garnison dans son esprit, en chasser tous les tristes souvenirs. »

Née au pied du trône, fille, sœur et femme de roi, Marguerite avait en effet profondément souffert. Sa philosophie, plus fanfaronne que celle du roi de Navarre, était moins solide, parce qu'elle n'était que factice et due à l'étude, tandis que celle du roi naissait de son propre fonds.

Aussi Marguerite, toute philosophe qu'elle était, ou plutôt qu'elle voulait être, avait-elle déjà laissé le temps et les chagrins imprimer leurs sillons expressifs sur son visage.

Elle était néanmoins encore d'une remarquable beauté, beauté de physionomie surtout, celle qui frappe le moins chez les personnes d'un rang vulgaire, mais qui plaît le plus chez les illustres, à qui l'on est toujours prêt à accorder la suprématie de la beauté physique. Marguerite avait le sourire joyeux et bon, l'œil humide et brillant, le geste souple et caressant; Marguerite, nous l'avons dit, était toujours une adorable créature.

Femme, elle marchait comme une princesse; reine, elle avait la démarche d'une charmante femme.

Aussi elle était idolâtrée à Nérac, où elle importait l'élégance, la joie, la vie. Elle, une princesse parisienne, avait pris en patience le séjour de la province, c'était déjà une vertu dont les provinciaux lui savaient le plus grand gré.

Sa cour n'était pas seulement une cour de gentilshommes et de dames, tout le monde l'aimait à la fois, comme reine et comme femme; et, de fait, l'harmonie de ses flûtes et de ses violons, comme la fumée et les reliefs de ses festins, étaient pour tout le monde.

Elle savait faire du temps un emploi tel, que chacune de ses journées lui rapportait quelque chose, et qu'aucune d'elles n'était perdue pour ceux qui l'entouraient.

Pleine de fiel pour ses ennemis, mais patiente afin de se mieux venger; sentant instinctivement sous l'enveloppe d'insouciance et de longanimité d'Henri de Navarre, un mauvais vouloir pour elle et la conscience permanente de chacun de ses déportements, sans parents, sans amis, Marguerite s'était habituée à vivre avec de l'amour, ou tout au moins avec des semblants d'amour, et à remplacer par la poésie et le bien-être, famille, époux, amis et le reste.

Nul excepté Catherine de Médicis, nul excepté Chicot, nul excepté quelques ombres mélancoliques qui fussent revenues du sombre royaume de la mort, nul n'eût su dire pourquoi les joues de Marguerite étaient déjà si pâles, pourquoi ses yeux se noyaient involontairement de tristesses inconnues, pourquoi enfin ce cœur profond laissait voir son vide, jusque dans son regard autrefois si expressif.

Marguerite n'avait plus de confidents. La pauvre reine n'en voulait plus, depuis que les autres avaient, pour de l'argent, vendu sa confiance et son honneur.

Elle marchait donc seule, et cela doublait peut-être encore aux yeux des Navarrais, sans qu'ils s'en doutassent eux-mêmes, la majesté de cette attitude, mieux dessinée par son isolement.

Du reste, ce mauvais vouloir, qu'elle sentait chez Henri, était tout instinctif, et venait bien plutôt de la propre conscience de ses torts, que des faits du Béarnais. Henri ménageait en elle une fille de France; il ne lui parlait qu'avec une obséquieuse politesse, ou qu'avec un gracieux abandon; il n'avait pour elle, en toute occasion et à propos de toutes choses, que les procédés d'un mari et d'un ami.

Aussi, la cour de Nérac, comme toutes les autres cours vivant sur les relations faciles, débordait-elle d'harmonies au moral et au physique.

Telles étaient les études et les réflexions que faisait, sur des apparences bien faibles encore, Chicot, le plus observateur et le plus méticuleux des hommes.

Il s'était présenté d'abord au palais, renseigné par Henri, mais il n'y avait trouvé personne. Marguerite, lui avait-on dit, était au bout de cette belle allée parallèle au fleuve, et il se rendait dans cette allée, qui était la fameuse allée des trois mille pas, par celle des lauriers roses.

Lorsqu'il fut aux deux tiers de l'allée, il aperçut au bout, sous un bosquet de jasmin d'Espagne, de genêts et de clématites, un groupe chamarré de rubans, de plumes et d'épées de velours; peut-être toute cette belle friperie était-elle d'un goût un peu usé, d'une mode un peu vieillie; mais pour Nérac c'était brillant, éblouissant même. Chicot, qui venait en droite ligne de Paris, fut satisfait du coup d'œil.

Comme un page du roi précédait Chicot, la reine, dont les yeux erraient çà et là avec l'éternelle inquiétude des cœurs mélancoliques, la reine reconnut les couleurs de Navarre et l'appela.

— Que veux-tu, d'Aubiac ? demanda-t-elle.

Le jeune homme, nous aurions pu dire l'enfant, car il n'avait que douze ans à peine, rougit et ploya le genoux devant Marguerite.

— Madame, dit-il en français, car la reine exigeait qu'on proscrivît le patois de toutes les manifestations de service ou de toutes les relations d'affaires, un gentilhomme de Paris, envoyé du Louvre à Sa Majesté le roi de Navarre, et renvoyé par Sa Majesté le roi de Navarre à vous, désire parler à Votre Majesté.

Un feu subit colora le beau visage de Marguerite; elle se tourna vivement et avec cette sensation pénible qui, à toute occasion, pénètre les cœurs longtemps froissés.

Chicot était debout et immobile à vingt pas d'elle.

Ses yeux subtils reconnurent au maintien et à la silhouette, car le Gascon se dessinait sur le fond orangé du ciel, une tournure de connaissance; elle quitta le cercle, au lieu de commander au nouveau venu d'approcher.

En se retournant toutefois pour donner un adieu à la compagnie, elle fit signe du bout des doigts à un des plus richement vêtus et des plus beaux gentilshommes.

L'adieu pour tous était réellement un adieu pour un seul.

Mais comme le cavalier privilégié ne paraissait pas sans inquiétude, malgré ce salut qui avait pour but de le rassurer, et que l'œil d'une femme voit tout:

— Monsieur de Turenne, dit Marguerite, veuillez dire à ces dames que je reviens dans un instant.

Le beau gentilhomme au pourpoint blanc et bleu s'inclina avec plus de légèreté que ne l'eût fait un courtisan indifférent.

La reine vint d'un pas rapide à Chicot, qui avait examiné toute cette scène, si bien en harmonie avec les phrases de la lettre qu'il apportait, sans bouger d'une semelle.

— Monsieur Chicot ! s'écria Marguerite étonnée, en abordant le Gascon.

— Aux pieds de Votre Majesté, fit Chicot, de Votre Majesté, toujours bonne et toujours belle, et toujours reine à Nérac comme au Louvre.

— C'est miracle de vous voir si loin de Paris, monsieur.

— Pardonnez-moi, madame, car ce n'est pas le pauvre Chicot qui a eu l'idée de faire ce miracle.

— Je le crois bien, vous étiez mort, disait-on.

— Je faisais le mort.

— Que voulez-vous de nous, monsieur Chicot? serais-je particulièrement assez heureuse pour qu'on se souvînt de la reine de Navarre en France ?

— Oh ! madame, dit Chicot en souriant, soyez tranquille, on n'oublie pas les reines chez nous, quand elles ont votre âge et surtout votre beauté.

— On est donc toujours galant à Paris ?

— Le roi de France, ajouta Chicot sans répondre à la dernière question, écrit même à ce sujet au roi de Navarre.

Marguerite rougit.

— Il écrit ? demanda-t-elle.

— Oui, madame.

— Et c'est vous qui avez apporté la lettre ?

— Apporté, non pas, par des raisons que le roi de Navarre vous expliquera, mais apprise par cœur et répétée de souvenir.

— Je comprends. Cette lettre était d'importance, et vous avez craint qu'elle ne se perdît ou qu'on ne vous la volât ?

— Voilà le vrai, madame; maintenant que Votre Majesté m'excuse, mais la lettre était écrite en latin.

— Oh ! très bien ! s'écria la reine : vous savez que je sais le latin.

— Et le roi de Navarre, demanda Chicot, le sait-il ?

— Cher monsieur Chicot, répondit Marguerite, il est fort difficile de savoir ce que sait ou ne sait pas le roi de Navarre.

— Ah ! ah ! fit Chicot, heureux de voir qu'il n'était pas le seul à chercher le mot de l'énigme.

— S'il faut en croire les apparences, continua Marguerite, il le sait fort mal, car jamais il ne comprend, ou du moins ne semble comprendre, quand je parle en cette langue avec quelqu'un de la cour.

Chicot se mordit les lèvres.

— Ah diable ! fit-il.

— Lui avez-vous dit cette lettre ? demanda Marguerite.

— C'était à lui qu'elle était adressée.

— Et a-t-il paru la comprendre?

— Deux mots seulement.

— Lesquels?

— *Turennius et Margota.*

— *Turennius et Margota?*

— Oui, ces deux mots se trouvent dans la lettre.

— Alors qu'a-t-il fait?

— Il m'a envoyé vers vous, madame.

— Vers moi?

— Oui, en disant que cette lettre paraissait contenir des choses trop importantes pour la faire traduire par un étranger, et qu'il valait mieux que ce fût vous, qui étiez la plus belle des savantes et la plus savante des belles.

— Je vous écouterai, monsieur Chicot, puisque c'est l'ordre du roi que je vous écoute.

— Merci, madame : où plaît-il à Votre Majesté que je parle?

— Ici; non, non, chez moi plutôt : venez dans mon cabinet, je vous prie.

Marguerite regarda profondément Chicot, qui, par pitié pour elle peut-être, lui avait d'avance laissé entrevoir un coin de la vérité.

La pauvre femme sentit le besoin d'un appui, d'un dernier retour vers l'amour peut-être, avant de subir l'épreuve qui la menaçait.

— Vicomte, dit-elle à M. de Turenne, votre bras jusqu'au château. Précédez-nous, monsieur Chicot, je vous en supplie.

XLVII

LE CABINET DE MARGUERITE

Nous ne voudrions pas être accusés de ne peindre que festons et qu'astragales et de laisser se sauver à peine le lecteur à travers le jardin; mais tel maître, tel logis, et s'il n'a pas été inutile de peindre l'allée des trois mille pas et le cabinet de Henri, il peut être de quelque intérêt aussi de peindre le cabinet de Marguerite.

Parallèle à celui de Henri, percé de portes de dégagement ouvertes sur des chambres et des couloirs, de fenêtres complaisantes et muettes comme les portes, fermées par des jalousies de fer à serrures dont les clefs tournent sans bruit, voilà pour l'extérieur du cabinet de la reine.

A l'intérieur, des meubles modernes, des tapisseries d'un goût à la mode du jour, des tableaux, des émaux, des faïences, des armes de prix, des livres et des manuscrits grecs, latins et français, surchargeant toutes les tables, des oiseaux dans leurs volières, des chiens sur les tapis, un monde tout entier enfin, végétaux et animaux, vivant d'une commune vie avec Marguerite.

Les gens d'un esprit supérieur ou d'une vie surabondante ne peuvent marcher seuls dans l'existence; ils accompagnent chacun de leurs sens, chacun de leurs penchants, de toute chose en harmonie avec eux, et que leur force attractive entraîne dans leur tourbillon, de sorte qu'au lieu d'avo'r vécu et senti comme les gens ordinaires, ils ont décuplé leurs sensations et doublé leur existence.

Certainement Épicure est un héros pour l'humanité; les païens eux-mêmes ne l'ont pas compris : c'était un philosophe sévère, mais qui, à force de vouloir que rien ne fût perdu dans la somme de nos ressorts et de nos ressources, procurait, dans son inflexible économie, des plaisirs à quiconque agissant tout spirituellement ou tout bestialement, n'eût perçu que des privations ou des douleurs.

Or, on a beaucoup déclamé contre Épicure sans le connaître, et l'on a beaucoup loué, sans les connaître aussi, ces pieux solitaires de la Thébaïde qui annihilaient le beau de la nature humaine en neutralisant le laid. Tuer l'homme, c'est tuer aussi avec lui les passions, sans doute, mais enfin c'est tuer, chose que Dieu défend de toutes ses forces et de toutes ses lois.

La reine était femme à comprendre Épicure, en grec, d'abord, ce qui était le moindre de ses mérites ; elle occupait si bien sa vie, qu'avec mille douleurs elle savait composer un plaisir, ce qui, en sa qualité de chrétienne, lui donnait lieu à bénir plus souvent Dieu qu'un autre, qu'il s'appelât Dieu ou Théos, Jéhovah ou Magog.

Toute cette digression prouve clair comme le our la nécessité où nous étions de décrire les appartements de Marguerite.

Chicot fut invité à s'asseoir dans un beau et bon fauteuil de tapisserie représentant un Amour éparpillant un nuage de fleurs ; un page, qui n'était pas d'Aubiac, mais qui était plus beau et plus richement vêtu, offrit de nouveaux rafraîchissements au messager.

Chicot n'accepta point, et se mit en devoir, quand le vicomte de Turenne eut quitté la place, de réciter, avec une imperturbable mémoire, la lettre du roi de France et de Pologne par la grâce de Dieu.

Nous connaissons cette lettre, que nous avons lue en français en même temps que Chicot; nous croyons donc de toute inutilité d'en donner la traduction latine.

Chicot transmettait cette traduction avec l'accent le plus étrange possible, afin que la reine fût le plus longtemps possible à la comprendre; mais si fort habile qu'il fût à travestir son propre ouvrage, Marguerite le saisissait au vol et ne cachait aucunement sa fureur et son indignation.

A mesure qu'il avançait dans la lettre, Chicot s'enfonçait de plus en plus dans l'embarras qu'il s'était créé ; à certains passages scabreux il baissait le nez comme un confesseur embarrassé de ce qu'il entend ; et à ce jeu de physionomie, il avait un grand avantage, car il ne voyait pas étinceler les yeux de la reine et se crisper chacun de ses nerfs aux énonciations si positives de tous ses méfaits conjugaux.

Marguerite n'ignorait pas la méchanceté raffinée de son frère ; assez d'occasions la lui avaient prouvée; elle savait aussi, car elle n'était point femme à se rien dissimuler à elle-même, elle savait à quoi s'en tenir sur les prétextes qu'elle avait fournis et sur ceux qu'elle pouvait fournir encore ; aussi, au fur et à mesure que Chicot lisait, la balance s'établissait-elle dans son esprit entre la colère légitime et la crainte raisonnable.

S'indigner à point, se défier à propos, éviter le danger en repoussant le dommage, prouver l'injustice en profitant de l'avis, c'était le grand travail qui se faisait dans l'esprit de Marguerite, tandis que Chicot continuait sa narration épistolaire.

Il ne faut pas croire que Chicot demeurât le nez éternellement baissé ; Chicot levait tantôt un œil, tantôt l'autre, et alors il se rassurait en voyant que, sous ses sourcils à demi froncés, la reine prenait tout doucement un parti.

Il acheva donc avec assez de tranquillité les salutations de la lettre royale.

— Par la sainte communion ! dit la reine, quand Chicot eut achevé, mon frère écrit joliment en latin ; quelle véhémence, quel style ! Je ne l'eusse jamais cru de cette force.

Chicot fit un mouvement de l'œil, et ouvrit les mains en homme qui a l'air d'approuver par politesse, mais qui ne comprend pas.

— Vous ne comprenez pas ! reprit la reine, à qui tous les langages étaient familiers, même celui de la mimique. Je vous croyais cependant fort latiniste, monsieur.

— Madame, j'ai oublié : tout ce que je sais aujourd'hui, tout ce qui me reste enfin de mon ancienne science, c'est que le latin n'a pas d'article, qu'il a un vocatif, et que la tête est du genre neutre.

— Ah! vraiment! s'écria en entrant un personnage tout hilare et tout bruyant.

Chicot et la reine se retournèrent d'un même mouvement.

C'était le roi de Navarre.

— Quoi! fit Henri en s'approchant, la tête en latin est du genre neutre, monsieur Chicot, et pourquoi donc n'est-elle pas du genre masculin?

— Ah! dame! sire, fit Chicot, je n'en sais rien, puisque cela m'étonne comme Votre Majesté.

— Et moi aussi, dit Margot rêveuse, cela m'étonne.

— Ce doit être, dit le roi, parce que c'est tantôt l'homme et tantôt la femme qui sont les maîtres, et cela selon le tempérament de l'homme ou de la femme.

Chicot salua.

— Voilà certes, dit-il, la meilleure raison que je connaisse, sire.

— Tant mieux, je suis enchanté d'être plus profond philosophe que je ne croyais : maintenant revenons à la lettre; sachez, madame, que je brûle de savoir les nouvelles de la cour de France, et voilà justement que ce brave monsieur Chicot me les apporte dans une langue inconnue; sans quoi...

— Sans quoi? répéta Marguerite.

— Sans quoi, je me délecterais, ventre saint-gris! vous savez combien j'aime les nouvelles, et surtout les nouvelles scandaleuses, comme sait si bien les raconter mon frère Henri de Valois.

Et Henri de Navarre s'assit en se frottant les mains.

— Voyons, monsieur Chicot, continua le roi de l'air d'un homme qui s'apprête à se bien réjouir, vous avez dit cette fameuse lettre à ma femme, n'est-ce pas?

— Oui, sire.

— Eh bien! ma mie, dites-moi un peu ce que contient cette fameuse lettre.

— Ne craignez-vous pas, sire, dit Chicot, mis à l'aise par cette liberté dont les deux époux couronnés lui donnaient l'exemple, que ce latin dans lequel est écrite la missive en question, ne soit d'un mauvais pronostic?

— Pourquoi cela? demanda le roi.

Puis, se retournant vers sa femme :

— Eh bien! madame? demanda-t-il.

Marguerite se recueillit un instant, comme si elle reprenait une à une, pour la commenter, chacune des phrases tombées de la bouche de Chicot.

— Notre messager a raison, sire, dit-elle, quand son examen fut terminé et son parti pris, le latin est un mauvais pronostic.

— Eh quoi! fit Henri, cette chère lettre renfermerait de vilains propos? Prenez garde, ma mie, le roi votre frère est un clerc de première force et de première politesse.

— Même lorsqu'il me fait insulter dans ma litière, comme cela est arrivé à quelques lieues de Sens, quand je suis partie de Paris pour venir vous rejoindre, sire.

— Lorsqu'on a un frère de mœurs sévères lui-même, fit Henri de ce ton indéfinissable qui tenait le milieu entre le sérieux et la plaisanterie, un frère roi, un frère pointilleux...

— Doit l'être pour le véritable honneur de sa sœur et de sa maison, car enfin je ne suppose pas, sire, que si Catherine d'Albret, votre sœur, occasionnait quelque scandale, vous feriez révéler ce scandale par un capitaine des gardes.

— Oh! moi, je suis un bourgeois patriarcal et bénin, dit Henri, je ne suis pas roi, ou, si je le suis, c'est pour rire, et, ma foi! je ris; mais la lettre, la lettre, puisque c'est à moi qu'elle était adressée, je désire savoir ce qu'elle contient.

— C'est une lettre perfide, sire.

— Bah!

— Oh! oui, et qui contient plus de calomnies qu'il n'en faut pour brouiller, non-seulement un mari avec sa femme, mais un ami avec tous ses amis.

— Oh! oh! fit Henri en se redressant et en armant son visage naturellement si franc et si ouvert d'une défiance affectée, brouiller un mari et une femme, vous et moi, donc?

— Vous et moi, sire.

— Et en quoi cela, ma mie?

Chicot se sentait sur les épines, et il eût donné beaucoup, quoiqu'il eût très faim, pour s'aller coucher sans souper.

— Le nuage va crever, murmurait-il en lui-même, le nuage va crever!

— Sire, dit la reine, je regrette fort que Votre Majesté ait oublié le latin, qu'on a dû lui enseigner cependant.

— Madame, je ne me rappelle plus qu'une chose de tout le latin que j'ai appris, c'est cette phrase : *Deus et virtus æterna;* singulier assemblage de masculin, de féminin, et de neutre, que mon professeur n'a jamais pu expliquer que par le grec, que je comprenais encore moins que le latin.

— Sire, continua la reine, si vous compreniez, vous verriez dans la lettre force compliments de toute nature pour moi.

— Oh ! très bien, dit le roi.

— *Optimè*, fit Chicot.

— Mais en quoi, reprit Henri, des compliments pour vous peuvent-ils nous brouiller, madame? car enfin, tant que mon frère Henri vous fera des compliments, je serai de l'avis de mon frère Henri ; si l'on disait du mal de vous dans cette lettre, ah! ce serait autre chose, madame, et je comprendrais la politique de mon frère.

— Ah! si l'on disait du mal de moi, vous comprendriez la politique de Henri?

— Oui, de Henri de Valois : il a pour nous brouiller des motifs que je connais.

— Attendez alors, sire, car ces compliments ne sont qu'un exorde insinuant pour arriver à des insinuations calomnieuses contre vos amis et les miens.

Et après ces mots audacieusement jetés, Marguerite attendit un démenti.

Chicot baissa le nez, Henri haussa les épaules.

— Voyez, ma mie, dit-il, si, après tout, vous n'avez pas trop entendu le latin, et si cette intention mauvaise est bien dans la lettre de mon frère.

Si doucement et si onctueusement que Henri eût prononcé ces mots, la reine de Navarre lui lança un regard plein de défiance.

— Comprenez-moi jusqu'au bout, dit-elle, sire.

— Je ne demande pas mieux, Dieu m'en est témoin, madame, répondit Henri.

— Avez-vous besoin ou non de vos serviteurs, voyons?

— Si j'en ai besoin, ma mie? La belle question ! Que ferais-je sans eux et réduit à mes propres forces, mon Dieu !

— Eh bien! sire, le roi veut détacher de vous vos meilleurs serviteurs.

— Je l'en défie.

— Bravo ! sire, murmura Chicot.

— Eh ! sans doute, fit Henri avec cette étonnante bonhomie qui lui était si particulière, que, jusqu'à la fin de sa vie, chacun s'y laissa prendre, car mes serviteurs me sont attachés par le cœur et non par l'intérêt. Je n'ai rien à leur donner, moi.

— Vous leur donnez tout votre cœur, toute votre foi, sire, c'est le meilleur retour d'un roi à ses amis.

— Oui, ma mie, eh bien !

— Eh bien, sire, n'ayez plus foi en eux.

— Ventre saint-gris ! je n'en manquerai que s'ils m'y forcent, c'est-à-dire s'ils déméritent.

— Bon, alors, fit Marguerite, on vous prouvera qu'ils déméritent, sire ; voilà tout.

— Ah ! ah ! fit le roi ; mais en quoi ?

Chicot baissa de nouveau la tête, comme il faisait dans tous les moments scabreux.

— Je ne puis vous conter cela, sire, répondit Marguerite, sans compromettre...

Et elle regarda autour d'elle.

Chicot comprit qu'il gênait et se recula.

— Cher messager, lui dit le roi, veuillez m'attendre en mon cabinet : la reine a quelque chose de particulier à me dire, quelque chose de très utile pour mon service, à ce que je vois.

Marguerite resta immobile, à l'exception d'un léger signe de tête que Chicot crut avoir saisi seul.

Voyant donc qu'il faisait plaisir aux deux époux en s'en allant, il se leva et quitta la chambre, avec un seul salut à l'adresse de tous deux.

XLVIII

COMPOSITION EN VERSION.

Eloigner ce témoin que Marguerite supposait plus fort en latin qu'il ne voulait l'avouer, était déjà un triomphe, ou du moins un gage de sécurité pour elle ; car, nous l'avons dit, Marguerite ne croyait pas Chicot si peu lettré qu'il le voulait paraître, tandis qu'avec son mari tout seul, elle pouvait donner à chaque mot latin plus d'extension ou de commentaires que tous les scoliastes en *us* n'en donnèrent jamais à Plaute ou à Perse, ces deux énigmes en grands vers du monde latin.

Henri et sa femme eurent donc la satisfaction du tête à tête.

Le roi n'avait sur le visage aucune apparence d'inquiétude, ni aucun soupçon de menace. Décidément le roi ne savait pas le latin.

— Monsieur, dit Marguerite, j'attends que vous m'interrogiez.

— Cette lettre vous préoccupe fort, ma mie, dit-il ; ne vous alarmez donc pas ainsi.

— Sire, c'est que cette lettre est, ou devrait être un événement ; un roi n'envoie pas ainsi un messager à un autre roi, sans des raisons de la plus haute importance.

— Eh bien, alors, dit Henri, laissons là message et messager, ma mie ; n'avez-vous point quelque chose comme un bal ce soir ?

— En projet, oui, sire, dit Marguerite étonnée, mais il n'y a rien là d'extraordinaire, vous savez que presque tous les soirs nous dansons.

— Moi, j'ai une grande chasse pour demain, une grande chasse.

— Ah !

— Oui, une battue aux loups.

— Chacun notre plaisir, sire : vous aimez la chasse, moi le bal, vous chassez, moi je danse

— Oui, ma mie, dit Henri en soupirant, et en vérité, il n'y a pas de mal à cela.

— Certainement, mais Votre Majesté dit cela en soupirant.

Écoutez-moi, madame.

Marguerite devint tout oreilles.

— J'ai des inquiétudes.

— A quel sujet, sire ?

— Au sujet d'un bruit qui court.

— D'un bruit ? Votre Majesté s'inquiète d'un bruit ?

— Quoi de plus simple, ma mie, quand ce bruit peut vous causer de la peine ?

— A moi ?

— Oui, à vous.

— Sire, je ne vous comprends pas.

— N'avez-vous rien ouï dire ? fit Henri du même ton.

Marguerite se mit à trembler sérieusement que ce ne fût une façon d'attaquer de son mari.

— Je suis la femme du monde la moins curieuse, sire, dit-elle, et je n'entends jamais que ce qu'on vient corner à mes oreilles. D'ailleurs, j'estime si pauvrement ce que vous appelez ces bruits, que je les entendrais à peine les écoutant ; à plus forte raison me bouchant les oreilles quand ils passent.

— C'est votre avis, alors, madame, qu'il faut mépriser tous ces bruits ?

— Absolument, sire, et surtout nous autres rois.

— Pourquoi nous surtout, madame ?

— Parce que nous autres rois, étant dans tous les discours, nous aurions vraiment trop à faire, si nous nous préoccupions.

— Eh bien, je crois que vous avez raison, ma mie, et je vais vous fournir une excellente occasion d'appliquer votre philosophie.

Marguerite crut le moment décisif arrivé : elle rappela tout son courage, et d'un ton assez ferme :

— Soit, sire, de grand cœur, dit-elle.

Henri commença du ton d'un pénitent qui a quelque gros péché à avouer :

— Vous connaissez le grand intérêt que je porte à ma fille Fosseuse ?

— Ah ! ah ! s'écria Marguerite, voyant qu'il ne s'agissait pas d'elle, et prenant un air de triomphe. Oui, oui, à la petite Fosseuse, votre amie.

— Oui, madame, répondit Henri, toujours du même ton, oui, à la petite Fosseuse.

— Ma dame d'honneur ?

— Votre dame d'honneur.

— Votre folie, votre amour.

— Ah ! vous parlez là, ma mie, comme un de ces bruits que vous accusiez tout à l'heure.

— C'est vrai, sire, dit en souriant Marguerite, et je vous en demande bien humblement pardon.

— Ma mie, vous avez raison, bruit public ment souvent, et nous avons, nous autres rois surtout, grand besoin d'établir ce théorème en axiome ; ventre saint-gris ! madame, je crois que je parle grec.

Et Henri éclata de rire.

Marguerite lut une ironie dans ce rire si bruyant et surtout dans le regard si fin qui l'accompagnait.

Un peu d'inquiétude la reprit.

— Donc, Fosseuse ? dit-elle.

— Fosseuse est malade, ma mie ; et les médecins ne comprennent rien à sa maladie.

— C'est étrange, sire. Fosseuse, d'après le dire de Votre Majesté, est toujours restée sage. Fosseuse qui, à vous entendre, aurait résisté à un roi, si un roi lui eût parlé d'amour ; Fosseuse, cette fleur de pureté, ce cristal limpide, doit laisser l'œil de la science pénétrer jusqu'au fond de ses joies et de ses douleurs !

— Hélas ! il n'en est point ainsi, dit tristement Henri.

— Quoi ! s'écria la reine avec cette impétueuse méchanceté que la femme la plus supérieure ne manque jamais de lancer comme un dard sur une autre femme ; quoi, Fosseuse n'est pas une fleur de pureté ?

— Je ne dis pas cela, répondit sèchement Henri, Dieu me garde d'accuser personne. Je dis que ma fille Fosseuse est atteinte d'un mal qu'elle s'obstine à dissimuler aux médecins.

— Soit aux médecins, mais envers vous, son confident, son père... cela me paraît bien singulier.

— Je n'en sais pas plus long, ma mie, répondit Henri en reprenant son gracieux sourire, ou si j'en sais plus long, je juge à propos de m'arrêter là.

— Alors, sire, dit Marguerite, qui croyait deviner à la tournure de l'entretien, qu'elle avait l'avantage et que c'était à elle d'accorder un pardon quand elle croyait avoir au contraire à en solliciter un, alors, sire, je ne sais plus ce que désire Votre Majesté et j'attends qu'elle s'explique.

— Eh bien, puisque vous attendez, ma mie, je vais tout vous conter.

Marguerite fit un mouvement indiquant qu'elle était prête à tout entendre.

— Il faudrait... continua Henri, mais c'est beaucoup exiger de vous, ma mie...

— Dites toujours, sire.

— Il faudrait que vous eussiez l'obligeance de vous transporter auprès de ma fille Fosseuse.

— Moi, rendre une visite à cette fille que l'on dit avoir l'honneur d'être votre maîtresse, honneur que vous ne déclinez pas ?

— Allons, allons, doucement, ma mie, dit le roi. Sur ma parole, vous feriez scandale avec ces exclamations, et je ne sais vraiment point si le scandale que vous feriez ne réjouirait point la cour de France, car, dans cette lettre du roi mon beau-frère que Chicot m'a récitée, il y avait : *Quotidiè scandalum*, c'est-à-dire, pour un triste humaniste comme moi, *quotidiennement scandale*.

Marguerite fit un mouvement.

— On n'a pas besoin de savoir le latin pour cela, continua Henri, c'est presque du français.

— Mais sire, à qui s'appliqueraient ces paroles ? demanda Marguerite.

— Ah ! voilà ce que je n'ai pu comprendre. Mais vous qui savez le latin, vous m'aiderez quand nous en serons là, ma mie.

Marguerite rougit jusqu'aux oreilles, tandis que, la tête baissée, la main en l'air, Henr avait l'air de chercher naïvement à quelle personne de sa cour le *quotidiè scandalum* pouvait s'appliquer.

— C'est bien, monsieur, dit la reine, vous voulez, au nom de la concorde, me pousser à une démarche humiliante; au nom de la concorde, j'obéirai.

— Merci, ma mie, dit Henri, merci.

— Mais cette visite, monsieur, quel sera son but?

— Il est tout simple, madame.

— Encore, faut-il qu'on me le dise, puisque je suis assez naïve pour ne point le deviner.

— Eh bien, vous trouverez Fosseuse au milieu des filles d'honneur, couchant dans leur chambre. Ces sortes de femelles, vous le savez, sont si curieuses et si indiscrètes, qu'on ne sait à quelle extrémité Fosseuse va être réduite.

— Mais elle craint donc quelque chose! s'écria Marguerite, avec un redoublement de colère et de haine; elle veut donc se cacher!

— Je ne sais, dit Henri. Ce que je sais, c'est qu'elle a besoin de quitter la chambre des filles d'honneur.

— Si elle veut se cacher, qu'elle ne compte pas sur moi. Je puis fermer les yeux sur certaines choses, mais jamais je n'en serai complice.

Et Marguerite attendit l'effet de son ultimatum.

Mais Henri semblait n'avoir rien entendu; il avait laissé retomber sa tête et avait repris cette attitude pensive qui avait frappé Marguerite un instant auparavant.

— *Margota*, murmura-t-il, *Margota cum Turennio*. Voilà ces deux noms que je cherchais, madame. *Margota cum Turennio.*

Marguerite, cette fois, devint cramoisie.

— Des calomnies! sire, s'écria-t-elle, allez-vous me répéter des calomnies!

— Quelles calomnies? fit Henri le plus naturellement du monde; est-ce que vous comprenez là des calomnies, madame? C'est un passage de la lettre de mon frère qui me revient : *Margota cum Turennio conveniunt in castello nomine Loignac*. Décidément il faudra que je me fasse traduire cette lettre par un clerc.

— Voyons, cessons ce jeu, sire, reprit Marguerite toute frissonnante, et dites-moi nettement ce que vous attendez de moi.

— Eh bien, je désirerais, ma mie, que vous séparassiez Fosseuse d'avec les filles, et que l'ayant mise dans une chambre seule, vous ne lui envoyassiez qu'un seul médecin, un médecin discret, le vôtre par exemple.

— Oh! je vois ce que c'est! s'écria la reine. Fosseuse qui prônait sa vertu, Fosseuse qui étalait une menteuse virginité, Fosseuse est grosse et prête d'accoucher.

— Je ne dis pas cela, ma mie, fit Henri, je ne dis pas cela: c'est vous qui l'affirmez.

— C'est cela, monsieur, c'est cela! s'écria Marguerite; votre ton insinuant, votre fausse humilité me le prouvent. Mais il est de ces sacrifices, fût-on roi, qu'on ne demande point à sa femme. Défaites vous-même les torts de mademoiselle de Fosseuse, sire; vous êtes son complice, cela vous regarde : au coupable la peine, et non à l'innocent.

— Au coupable, bon! voilà que vous me rappelez encore les termes de cette affreuse lettre.

— Et comment cela?

— Oui, coupable se dit *nocens*, n'est-ce pas?

— Oui, monsieur, *nocens*.

— Eh bien! il y a dans la lettre : *Margota cum Turennio, ambo nocentes, conveniunt in castello nomine Loignac*. Mon Dieu! que je regrette de ne pas avoir l'esprit aussi orné que j'ai la mémoire sûre!

— *Ambo nocentes*, répéta tout bas Marguerite, plus pâle que son col de dentelles gauderonnées; il a compris, il a compris.

— *Margota cum Turennio, ambo nocentes.* Que diable a voulu dire mon frère par *ambo?* poursuivit impitoyablement Henri de Navarre. Ventre saint-gris! ma mie, c'est bien étonnant que, sachant le latin comme vous le savez, vous ne m'ayez point encore donné l'explication de cette phrase qui me préoccupe.

— Sire, j'ai eu l'honneur de vous dire déjà...

— Eh! pardieu! interrompit le roi, voici justement *Turennius* qui se promène sous vos fenêtres et qui regarde en l'air, comme s'il vous attendait, le pauvre garçon. Je vais lui faire signe de monter! il est fort savant, lui, il me dira ce que je veux savoir.

— Sire, sire! s'écria Marguerite en se soulevant sur son fauteuil et en joignant les deux mains, sire, soyez plus grand que tous les brouillons et tous les calomniateurs de France.

— Eh! ma mie, on n'est pas plus indulgent en Navarre qu'en France, ce me semble, et tout à l'heure, vous-même... étiez fort sévère à l'égard de cette pauvre Fosseuse.

— Sévère, moi ! s'écria Marguerite.

—Dame ! j'en appelle à vos souvenirs; ici, cependant, nous devrions être indulgents, madame; nous menons si douce vie, vous dans les bals que vous aimez, moi dans les chasses que j'aime.

— Oui, oui, sire, dit Marguerite, vous avez raison, soyons indulgents.

— Oh ! j'étais bien sûr de votre cœur, ma mie.

— C'est que vous me connaissez, sire.

— Oui. Vous allez donc voir Fosseuse, n'est-ce pas ?

— Oui, sire.

— La séparer des autres filles ?

— Oui, sire.

— Lui donner votre médecin à vous ?

— Oui, sire.

— Et pas de garde. Les médecins sont discrets par état, les gardes sont bavardes par habitude.

— C'est vrai, sire.

— Et si par malheur ce qu'on dit était vrai, et que réellement la pauvre fille eût été faible et eût succombé...

Henri leva les yeux au ciel.

— Ce qui est possible, continua-t-il. La femme est chose fragile, *res fragilis mulier*, comme dit l'Évangile.

— Eh bien ! sire, je suis femme, et sais l'indulgence que je dois avoir pour les autres femmes.

— Ah ! vous savez toutes choses, ma mie ; vous êtes, en vérité, un modèle de perfection et...

— Et?

— Et je vous baise les mains.

— Mais croyez bien, sire, reprit Marguerite, que c'est pour l'amour de vous seul que je fais un pareil sacrifice.

— Oh ! oh ! dit Henri, je vous connais bien, madame, et mon frère de France aussi, lui qui dit tant de bien de vous dans cette lettre, et qui ajoute : *Fiat sanum exemplum statim, atque res certior eveniet*. Ce bon exemple, sans doute, ma mie, c'est celui que vous donnez.

Et Henri baisa la main à moitié glacée de Marguerite.

— Puis s'arrêtant sur le seuil de la porte :

— Mille tendresses de ma part à Fosseuse, madame, dit-il ; occupez-vous d'elle comme vous m'avez promis de le faire, moi je pars pour la chasse ; peut-être ne vous reverrai-je qu'au retour, peut-être même jamais... ces loups sont de mauvaises bêtes ; venez, que je vous embrasse, ma mie.

Il embrassa presque affectueusement Marguerite, et sortit, la laissant stupéfaite de tout ce qu'elle venait d'entendre.

XLIX

L'AMBASSADEUR D'ESPAGNE

Le roi rejoignit Chicot dans son cabinet.

Chicot était encore tout agité des craintes de l'explication.

— Eh bien! Chicot, fit Henri.

— Eh bien! sire, répondit Chicot.

— Tu ne sais pas ce que la reine prétend?

— Non.

— Elle prétend que ton maudit latin va troubler tout notre ménage.

— Eh! sire, s'écrie Chicot, pour Dieu, oublions-le, ce latin, et tout sera dit. Il n'en est pas d'un morceau de latin déclamé comme d'un morceau de latin écrit, le vent emporte l'un, le feu ne peut pas quelquefois réussir à dévorer l'autre.

— Moi, dit Henri, je n'y pense plus, ou le diable m'emporte.

— A la bonne heure!

— J'ai bien autre chose à faire, ma foi, que de penser à cela.

— Votre Majesté préfère se divertir, hein?

— Oui, mon fils, dit Henri, assez mécontent du ton avec lequel Chicot avait prononcé ce peu de paroles; oui, Ma Majesté aime mieux se divertir.

— Pardon, mais je gêne peut-être Votre Majesté.

— Eh! mon fils, reprit Henri en haussant les épaules, je t'ai déjà dit que ce n'était pas ici comme au Louvre. Ici l'on fait au grand jour tout amour, toute guerre, toute politique.

Le regard du roi était si doux, son sourire si caressant, que Chicot se sentit tout enhardi.

— Guerre et politique moins qu'amour, n'est-ce pas, sire? dit-il.

— Ma foi, oui, mon cher ami, je l'avoue: ce pays est si beau, ces vins du Languedoc si savoureux, ces femmes de Navarre si belles!

— Eh! sire, reprit Chicot, vous oubliez la reine, ce me semble; les Navarraises sont-elles plus belles et plus accortes qu'elle, par hasard? En ce cas, j'en fais mon compliment aux Navarraises.

— Ventre saint-gris! tu as raison, Chicot, et moi qui oubliais que tu es ambassadeur, que tu représentes le roi Henri III, que le roi Henri III est frère de madame Marguerite, et que par conséquent devant toi, par convenance, je dois mettre madame Marguerite au-dessus de toutes les femmes! Mais il faut excuser mon imprudence, Chicot; je ne suis point habitué aux ambassadeurs, mon fils.

En ce moment, la porte du cabinet s'ouvrit, et d'Aubiac annonça d'une voix haute:

— M. l'ambassadeur d'Espagne.

Chicot fit sur son fauteuil un bond qui arracha un sourire au roi.

— Ma foi, dit Henri, voilà un démenti auquel je ne m'attendais pas. L'ambassadeur d'Espagne! Et que diable vient-il faire ici?

— Oui, répéta Chicot, que diable vient-il faire ici?

— Nous allons le savoir, dit Henri; peut-être notre voisin l'Espagnol a-t-il quelque démêlé de frontière à discuter avec moi.

— Je me retire, fit Chicot humblement. C'est

sans doute un véritable ambassadeur que vous envoie S. M. Philippe II, tandis que moi...

— L'ambassadeur de France céder le terrain à l'Espagnol, et cela en Navarre! Ventre saint-gris! cela ne sera point; ouvre ce cabinet de livres, Chicot, et t'y installe.

— Mais de là j'entendrai tout malgré moi, sire.

— Eh! tu entendras, morbleu! que m'importe? je n'ai rien à cacher, moi. A propos, vous n'avez plus rien à me dire de la part du roi votre maître, monsieur l'ambassadeur?

— Non, sire, plus rien absolument.

— C'est cela, tu n'as plus qu'à voir et à entendre alors, comme font tous les ambassadeurs de la terre; tu seras donc à merveille dans ce cabinet pour faire ta charge. Vois de tous tes yeux et entends de toutes tes oreilles, mon cher Chicot.

Puis il ajouta:

— D'Aubiac, dis à mon capitaine des gardes d'introduire M. l'ambassadeur d'Espagne.

Chicot, en entendant cet ordre, se hâta d'entrer dans le cabinet des livres, dont il ferma soigneusement la tapisserie à personnages.

Un pas lent et compassé retentit sur le parquet sonore: c'était celui de l'ambassadeur de S. M. Philippe II.

Lorsque les préliminaires consacrés aux détails d'étiquette furent achevés et que Chicot eut pu se convaincre, du fond de sa cachette, que le Béarnais s'entendait fort bien à donner audience:

— Puis-je parler librement à Votre Majesté? demanda l'envoyé dans la langue espagnole, que tout Gascon ou Béarnais peut comprendre comme celle de son pays, à cause des analogies éternelles.

— Vous pouvez parler, monsieur, répondit le Béarnais.

Chicot ouvrit deux larges oreilles. L'intérêt était grand pour lui.

— Sire, dit l'ambassadeur, j'apporte la réponse de S. M. catholique.

— Bon! fit Chicot, s'il apporte la réponse, c'est qu'il y a eu demande.

— Touchant quel sujet? demanda Henri.

— Touchant vos ouvertures du mois dernier, sire.

— Ma foi, je suis très oublieux, dit Henri. Veuillez me rappeler quelles étaient ces ouvertures, je vous prie, monsieur l'ambassadeur.

— Mais à propos des envahissements des princes lorrains en France.

— Oui, et particulièrement à propos de ceux de mon compère de Guise. Fort bien! je me souviens maintenant; continuez, monsieur, continuez.

— Sire, reprit l'Espagnol, le roi mon maître, bien que sollicité de signer un traité d'alliance avec la Lorraine, a regardé une alliance avec la Navarre comme plus loyale, et, tranchons le mot, comme plus avantageuse.

— Oui, tranchons le mot, dit Henri.

— Je serai franc avec Votre Majesté, sire, car je connais les intentions du roi mon maître à l'égard de Votre Majesté.

— Et moi, puis-je les connaître?

— Sire, le roi mon maître n'a rien à refuser à la Navarre.

Chicot colla son oreille à la tapisserie, tout en se mordant le bout du doigt pour s'assurer qu'il ne dormait pas.

— Si l'on n'a rien à me refuser, dit Henri, voyons ce que je puis demander.

— Tout ce qu'il plaira à Votre Majesté, sire.

— Diable!

— Qu'elle parle donc ouvertement et franchement.

— Ventre saint-gris, tout, c'est embarrassant!

— Sa Majesté le roi d'Espagne veut mettre son nouvel allié à l'aise; la proposition que je vais faire à Votre Majesté en témoignera.

— J'écoute, dit Henri.

— Le roi de France traite la reine de Navarre en ennemie jurée; il la répudie pour sœur, du moment où il la couvre d'opprobre, cela est constant. Les injures du roi de France, et je demande pardon à Votre Majesté d'aborder ce sujet si délicat...

— Abordez, abordez.

— Les injures du roi de France sont publiques; la notoriété les consacre.

Henri fit un mouvement de dénégation.

— Il y a notoriété, continua l'Espagnol, puisque nous sommes instruits; je me répète donc, sire: le roi de France répudie madame Marguerite pour sa sœur, puisqu'il tend à la déshonorer en la faisant fouiller par un capitaine de ses gardes.

— Eh bien! monsieur l'ambassadeur, où voulez-vous en venir?

— Rien de plus facile, en conséquence, à Votre Majesté, de répudier pour femme celle que son frère répudie pour sœur.

Henri regarda vers la tapisserie derrière laquelle Chicot, l'œil effaré, attendait, tout palpitant, le résultat d'un si pompeux début.

— La reine répudiée, continua l'ambassadeur, l'alliance entre le roi de Navarre et le roi d'Espagne...

Henri salua.

— Cette alliance, continua l'ambassadeur, est toute conclue, et voici comment. Le roi d'Espagne donne l'infante sa fille au roi de Navarre, et Sa Majesté elle-même épouse madame Catherine de Navarre, sœur de Votre Majesté.

Un frisson d'orgueil parcourut tout le corps du Béarnais, un frisson d'épouvante tout le corps de Chicot. L'un voyait surgir à l'horizon sa fortune, radieuse comme le soleil levant, l'autre voyait descendre et mourir le sceptre et la fortune des Valois.

L'Espagnol, impassible et glacé, ne voyait rien, lui, que les instructions de son maître.

Il se fit, pendant un instant, un silence profond; puis, après cet instant, le roi de Navarre reprit :

— La proposition, monsieur, est magnifique, et me comble d'honneur.

— Sa Majesté, se hâta de dire le négociateur orgueilleux qui comptait sur une acceptation d'enthousiasme, Sa Majesté le roi d'Espagne ne se propose de soumettre à Votre Majesté qu'une seule condition.

— Ah! une condition, dit Henri, c'est trop juste; voyons la condition.

— En aidant Votre Majesté contre les princes lorrains, c'est-à-dire en ouvrant le chemin du trône à Votre Majesté, mon maître désirerait se faciliter par votre alliance un moyen de garder les Flandres, auxquelles monseigneur le duc d'Anjou mord, à cette heure, à pleines dents. Votre Majesté comprend bien que c'est toute préférence donnée à elle par mon maître, sur les princes lorrains, puisque MM. de Guise, ses alliés naturels comme princes catholiques, font tout seuls un parti contre M. le duc d'Anjou, en Flandre. Or, voici la condition, la seule; elle est raisonnable et douce : Sa Majesté le roi d'Espagne s'alliera à vous par un double mariage; il vous aidera à... — l'ambassadeur chercha un instant le mot propre, — à succéder au roi de France, et vous lui garantirez les Flandres. Je puis donc maintenant, connaissant la sagesse de Votre Majesté, regarder ma négociation comme heureusement accomplie.

Un silence, plus profond encore que le premier, succéda à ces paroles, afin, sans doute, de laisser arriver dans toute sa puissance la réponse que l'ange exterminateur attendait pour frapper çà ou là, sur la France ou sur l'Espagne.

Henri de Navarre fit trois ou quatre pas dans son cabinet.

— Ainsi donc, monsieur, dit-il enfin, voilà la réponse que vous êtes chargé de m'apporter.

— Oui, sire.

— Rien autre chose avec?

— Rien autre chose.

— Eh bien! dit Henri, je refuse l'offre de Sa Majesté le roi d'Espagne.

— Vous refusez la main de l'infante! s'écria l'Espagnol, avec un saisissement pareil à celui que cause la douleur d'une blessure à laquelle on ne s'attend pas.

— Honneur bien grand, monsieur, répondit Henri en relevant la tête, mais que je ne puis croire au-dessus de l'honneur d'avoir épousé une fille de France.

— Oui, mais cette première alliance vous approchait du tombeau, sire; la seconde vous approche du trône.

— Précieuse, incomparable fortune, monsieur, je le sais, mais que je n'achèterai jamais avec le sang et l'honneur de mes futurs sujets. Quoi! monsieur je tirerais l'épée contre le roi de France, mon beau-frère, pour l'Espagnol étranger; quoi! j'arrêterais l'étendard de France dans son chemin de gloire, pour laisser les tours de Castille et les lions de Léon achever l'œuvre qu'il a commencée; quoi! je ferais tuer des frères par des frères; j'amènerais l'étranger dans ma patrie! Monsieur, écoutez bien ceci : j'ai demandé à mon voisin le roi d'Espagne des secours contre MM. de Guise, qui sont des factieux avides de mon héritage, mais non contre le duc d'Anjou, mon beau-frère, mais non contre le roi Henri III, mon ami; mais non contre ma femme, sœur de mon roi. Vous secourrez les Guises, dites-vous, vous leur prêterez votre appui. Faites; je lancerai sur eux

Vous savez que c'est de l'or, Sire. — Page 86.

et sur vous tous les protestants d'Allemagne et ceux de France. Le roi d'Espagne veut reconquérir les Flandres qui lui échappent; qu'il fasse ce qu'a fait son père Charles-Quint : qu'il demande passage au roi de France pour aller réclamer son titre de premier bourgeois de Gand, et le roi Henri III, j'en suis garant, lui donnera un passage aussi loyal que l'a fait le roi François Ier. Je veux le trône de France, dit Sa Majesté catholique, c'est possible, mais je n'ai point besoin qu'il m'aide à le conquérir ; je le prendrai bien tout seul s'il est vacant, et cela malgré toutes les majestés du monde. Ainsi donc, adieu, monsieur. Dites à mon frère Philippe que je lui suis bien reconnaissant de ses offres. Mais je lui en voudrais mortellement si, lui les faisant, il m'avait cru un seul instant capable de les accepter.

Adieu, monsieur.

L'ambassadeur demeurait stupéfait ; il balbutia :

— Prenez garde, sire, la bonne intelligence

entre deux voisins dépend d'une mauvaise parole.

— Monsieur l'ambassadeur, reprit Henri, sachez bien ceci : Roi de Navarre ou roi de rien, c'est tout un pour moi. Ma couronne est si légère, que je ne la sentirais même pas tomber si elle me glissait du front; d'ailleurs, à ce moment-là, j'aviserais de la retenir, soyez tranquille.

Adieu, encore une fois, monsieur, dites au roi votre maître que j'ai des ambitions plus grandes que celles qu'il m'a fait entrevoir. Adieu.

Et le Béarnais, redevenant, non pas lui-même, mais l'homme que l'on connaissait en lui, après s'être un instant laissé dominer par la chaleur de son héroïsme, le Béarnais, souriant avec courtoisie, reconduisit l'ambassadeur jusqu'au seuil de son cabinet.

L

LES PAUVRES DU ROI DE NAVARRE

Chicot était plongé dans une surprise si profonde, qu'il ne songea point, Henri resté seul, à sortir de son cabinet.

Le Béarnais leva la tapisserie et alla lui frapper sur l'épaule.

— Eh bien, maître Chicot, dit-il, comment trouvez-vous que je m'en sois tiré?

— A merveille, sire, répliqua Chicot encore étourdi. Mais, en vérité, pour un roi qui ne reçoit pas souvent d'ambassadeurs, il paraît que, quand vous les recevez, vous les recevez bons.

— C'est pourtant mon frère Henri qui me vaut ces ambassadeurs-là.

— Comment cela, sire?

— Oui, s'il ne persécutait pas incessamment sa pauvre sœur, les autres ne songeraient pas à la persécuter. Crois-tu que si le roi d'Espagne n'avait pas su l'injure publique faite à la reine de Navarre, quand un capitaine des gardes a fouillé sa litière, crois-tu qu'on viendrait me proposer de la répudier?

— Je vois avec bonheur, sire, répondit Chicot, que tout ce que l'on tentera sera inutile, et que rien ne pourra rompre la bonne harmonie qui existe entre vous et la reine.

— Eh! mon ami, l'intérêt qu'on a à nous brouiller est clair...

— Je vous avoue, sire, que je ne suis pas si pénétrant que vous le croyez.

— Sans doute, tout ce que désire mon frère Henri, c'est que je répudie sa sœur.

— Comment cela? Expliquez-moi la chose, je vous prie. Peste! je ne croyais pas venir à si bonne école.

— Tu sais qu'on a oublié de me payer la dot de ma femme, Chicot.

— Non, je ne le savais pas, sire; seulement je m'en doutais.

— Que cette dot se composait de trois cent mille écus d'or.

— Joli denier.

— Et de plusieurs villes de sûreté, et, entre ces villes, celle de Cahors.

— Jolie ville, mordieu!

— J'ai réclamé, non pas mes trois cent mille écus d'or, tout pauvre que je suis, je me prétends plus riche que le roi de France, mais Cahors.

— Ah! vous avez réclamé Cahors, sire. Ventre de biche! vous avez bien fait, et à votre place, j'eusse fait comme vous.

— Et voilà pourquoi, dit le Béarnais avec son fin sourire, voilà pourquoi... Comprends-tu maintenant?

— Non, le diable m'emporte!

— Voilà pourquoi on me voudrait brouiller avec ma femme au point que je la répudiasse. Plus de femme, tu entends, Chicot, plus de dot, par conséquent plus de trois cent mille écus, plus de villes, et surtout plus de Cahors. C'est une façon comme une autre d'éluder sa parole, et mon frère de Valois est fort adroit à ces sortes de piéges.

— Vous aimeriez cependant fort à tenir cette place, n'est-ce pas, sire? dit Chicot.

— Sans doute; car enfin, qu'est-ce que ma royauté de Béarn? une pauvre petite principauté que l'avarice de mon beau-frère et de ma belle-mère ont tellement rognée, que le titre de roi qui y est attaché est devenu un titre ridicule.

— Oui, tandis que Cahors ajoute à cette principauté...

—Cahors serait mon boulevard, la sauvegarde de ceux de ma religion.

— Eh bien, mon cher sire, faites votre deuil de Cahors, car que vous soyez brouillé ou non avec madame Marguerite, le roi de France ne vous la remettra jamais, et à moins que vous ne la preniez...

— Oh! s'écria Henri, je la prendrais bien, si elle n'était si forte, et surtout si je ne haïssais la guerre.

— Cahors est imprenable, sire, dit Chicot.

Henri arma son visage d'une impénétrable naïveté.

—Oh! imprenable, imprenable, dit-il; si aussi bien j'avais une armée... que je n'ai pas.

— Ecoutez, sire, dit Chicot, nous ne sommes pas ici pour nous dire des douceurs. Entre Gascons, vous savez, on va franchement. Pour prendre Cahors, où est M. de Vesin, il faudrait être un Annibal ou un César, et Votre Majesté...

— Eh bien! Ma Majesté?... demanda Henri avec son narquois sourire.

— Votre Majesté l'a dit, elle n'aime pas la guerre.

Henri soupira; un trait de flamme illumina son œil plein de mélancolie; mais, comprimant aussitôt ce mouvement involontaire, il lissa de sa main noircie par le hâle sa barbe brune, en disant:

— Jamais je n'ai tiré l'épée, c'est vrai; jamais je ne la tirerai: je suis un roi de paille et un homme de paix; cependant, Chicot, par un contraste singulier, j'aime à m'entretenir de choses de guerre: c'est de mon sang cela. Saint Louis, mon ancêtre, avait ce bonheur, qu'étant pieux d'éducation et doux de nature, il devenait à l'occasion un rude jouteur de lance, une vaillante épée. Causons, si tu veux, Chicot, de M. de Vesin, qui est un César et un Annibal, lui.

— Sire, pardonnez-moi, dit Chicot, si j'ai pu non-seulement vous blesser, mais encore vous inquiéter. Je ne vous ai parlé de M. de Vesin que pour éteindre tout vestige de flamme folle que la jeunesse et l'ignorance des affaires eussent pu faire naître dans votre cœur. Cahors, voyez-vous, est si bien défendue et si bien gardée, parce que c'est la clef du Midi.

— Hélas! dit Henri en soupirant plus fort, je le sais bien!

— C'est, poursuivit Chicot, la richesse territoriale unie à la sécurité de l'habitation. Avoir Cahors, c'est posséder greniers, celliers, coffres-forts, granges, logements et relations; posséder Cahors, c'est avoir tout pour soi; ne point posséder Cahors, c'est avoir tout contre soi.

— Eh! ventre saint-gris! murmura le roi de Navarre, voilà pourquoi j'avais si grande envie de posséder Cahors, que j'ai dit à ma pauvre mère d'en faire une des conditions *sine quâ non* de mon mariage. Tiens! voilà que je parle latin à présent. Cahors était donc l'apanage de ma femme: on me l'avait promis, on me le devait.

— Sire, devoir et payer... fit Chicot.

— Tu as raison, devoir et payer sont deux choses bien différentes, mon ami, de sorte que ton opinion, à toi, est que l'on ne me paiera point.

— J'en ai peur.

— Diable ! fit Henri.

— Et franchement... continua Chicot.

— Eh bien !

— Franchement, on aura raison, sire.

— On aura raison? pourquoi cela, mon ami?

— Parce que vous n'avez pas su faire votre métier de roi, épouseur d'une fille de France, parce que vous n'avez pas su vous faire payer votre dot d'abord et remettre vos villes ensuite.

— Malheureux ! dit Henri en souriant avec amertume, tu ne te souviens donc pas du toscin de Saint-Germain-l'Auxerrois? Il me semble qu'un marié que l'on veut égorger la nuit même de ses noces ne songe pas tant à sa dot qu'à sa vie.

— Bon ! fit Chicot; mais depuis?

— Depuis? demanda Henri.

— Oui ; nous avons eu la paix, ce me semble. Eh bien ! il fallait profiter de cette paix pour instrumenter; il fallait, excusez-moi, sire, il fallait, au lieu de faire l'amour, négocier. C'est moins amusant, je le sais bien, mais plus profitable. Je vous dis cela, en vérité, sire, autant pour le roi mon maître que pour vous. Si Henri de France avait dans Henri de Navarre un allié fort, Henri de France serait plus fort que tout le monde, et, en supposant que catholiques et protestants pussent se réunir dans un même intérêt politique, quitte à débattre leurs intérêts religieux après; catholiques et protestants, c'est-à-dire les deux Henri, feraient à eux deux trembler le genre humain.

— Oh! moi, dit Henri avec humilité, je n'aspire à faire trembler personne, et pourvu que je ne tremble pas moi-même... Mais tiens, Chicot, ne parlons plus de ces choses qui me troublent l'esprit. Je n'ai pas Cahors, eh bien! je m'en passerai.

— C'est dur, mon roi !

— Que veux-tu ! puisque tu penses toi-même que jamais Henri ne me rendra cette ville.

— Je le pense, sire, j'en suis sûr, et cela pour trois raisons.

— Dis-les-moi, Chicot.

— Volontiers. La première, c'est que Cahors est une ville de bon produit; que le roi de France aimera mieux se la réserver que de la donner à qui que ce soit.

— Ce n'est pas tout à fait honnête cela, Chicot.

— C'est royal, sire.

— Ah ! c'est royal de prendre ce qui plaît?

— Oui, cela s'appelle se faire la part du lion, et le lion est le roi des animaux.

— Je me souviendrai de ce que tu me dis là, mon bon Chicot, si jamais je me fais roi. Ta seconde raison, mon fils?

— La voici : madame Catherine...

— Elle se mêle donc toujours de politique, ma bonne mère Catherine? interrompit Henri.

— Toujours; madame Catherine aimerait mieux voir sa fille à Paris qu'à Nérac, près d'elle que près de vous.

— Tu crois? Elle n'aime cependant pas sa fille d'une folle manière, madame Catherine.

— Non ; mais madame Marguerite vous sert d'otage, sire.

— Tu es confit en finesse, Chicot. Le diable m'emporte, si j'eusse jamais songé à cela; mais enfin tu peux avoir raison ; oui, oui, une fille de France, au besoin, est un otage. Eh bien?

— Eh bien ! sire, en diminuant les ressources on diminue le plaisir du séjour. Nérac est une ville fort agréable, qui possède un parc charmant et des allées comme il n'en existe nulle part; mais madame Marguerite, privée de ressources, s'ennuiera à Nérac, et regrettera le Louvre.

— J'aime mieux ta première raison, Chicot, dit Henri en secouant la tête.

— Alors je vais vous dire la troisième. Entre le duc d'Anjou qui cherche à se faire un trône et qui remue la Flandre, entre messieurs de Guise qui voudraient se forger une couronne et qui remuent la France; entre Sa Majesté le roi d'Espagne, qui voudrait tâter de la monarchie universelle et qui remue le monde, vous, prince de Navarre, vous faites la balance et maintenez un certain équilibre.

— En vérité! moi, sans poids.

— Justement. Voyez plutôt la république suisse. Devenez puissant, c'est-à-dire pesant, et vous emporterez le plateau. Vous ne serez plus un contrepoids, vous serez un poids.

— Oh ! j'aime beaucoup cette raison-là, Chicot, et elle est parfaitement bien déduite. Tu es véritablement clerc, Chicot.

— Ma foi, sire, je suis ce que je puis, dit Chicot, flatté, quoi qu'il en eût, du compliment, et se laissant aller à cette bonhomie royale à laquelle il n'était point accoutumé.

Il trouva un officier du palais, dormant sur une chaise. — PAGE 93.

— Voilà donc l'explication de ma situation? dit Henri.

— Complète, sire.

— Et moi qui ne voyais rien de tout cela, Chicot, moi qui espérais toujours, comprends-tu?

— Eh bien, sire, si j'ai un conseil à vous donner, c'est de cesser d'espérer, au contraire!

— Je vais donc faire, Chicot, pour cette créance du roi de France, ce que je fais pour ceux de mes métayers qui ne peuvent me solder le fermage; je mets un P à côté de leur nom.

— Ce qui veut dire payé.

— Justement.

— Mettez deux P, sire, et poussez un soupir.

Henri soupira.

— Ainsi ferai-je, Chicot, dit-il. Au reste, mon ami, tu vois qu'on peut vivre en Béarn et que je n'ai pas absolument besoin de Cahors.

— Je vois cela, et, comme je m'en doutais, vous êtes un prince sage, un roi philosophe... Mais quel est ce bruit?

— Du bruit? où cela?

— Mais dans la cour, ce me semble.

— Regarde par la fenêtre, mon ami, regarde.

Chicot s'approcha de la croisée.

— Sire, dit-il, il y a en bas une douzaine de gens assez mal accoutrés.

— Ah! ce sont mes pauvres, fit le roi de Navarre en se levant.

— Votre Majesté a ses pauvres?

— Sans doute, Dieu ne recommande-t-il point la charité? Pour n'être point catholique, Chicot, je n'en suis pas moins chrétien.

— Bravo! sire.

— Viens, Chicot, descendons; nous ferons ensemble l'aumône, puis nous remonterons souper.

— Sire, je vous suis.

— Prends cette bourse qui est sur la tablette, près de mon épée, vois-tu?

— Je la tiens, sire...

— A merveille.

Ils descendirent donc : la nuit était venue. Le roi, tout en marchant, paraissait soucieux, préoccupé.

Chicot le regardait et s'attristait de cette préoccupation.

— Où diable ai-je eu l'idée, se disait-il à lui-même, d'aller parler politique à ce brave prince? Je lui ai mis la mort au cœur, en vérité! Absurde bélître que je suis, va!

Une fois descendu dans la cour, Henri de Navarre s'approcha du groupe de mendiants qui avait été signalé par Chicot.

C'était, en effet, une douzaine d'hommes de stature, de physionomie et de costumes différents; des gens qu'un inhabile observateur eût remarqués à leur voix, à leur pas, à leurs gestes, pour des bohémiens, des étrangers, des passants insolites, et qu'un observateur eût reconnus, lui, pour des gentilshommes déguisés.

Henri prit la bourse des mains de Chicot et fit un signe.

Tous les mendiants parurent comprendre parfaitement ce signe.

Ils vinrent alors le saluer, chacun à son tour, avec un air d'humilité qui n'excluait point un regard plein d'intelligence et d'audace, adressé au roi lui seul, comme pour lui dire :

— Sous l'enveloppe le cœur brûle.

Henri répondit par un signe de tête, puis introduisant l'index et le pouce dans la bourse que Chicot tenait ouverte, il y prit une pièce.

— Eh! fit Chicot, vous savez que c'est de l'or, sire?

— Oui, mon ami, je le sais.

— Peste! vous êtes riche.

— Ne vois-tu pas, mon ami, dit Henri avec un sourire, que toutes ces pièces d'or me servent à deux aumônes? Je suis pauvre, au contraire, Chicot, et je suis forcé de couper mes pistoles en deux pour faire vie qui dure.

— C'est vrai, dit Chicot avec une surprise croissante, les pièces sont des moitiés de pièces coupées avec des dessins capricieux.

— Oh! je suis comme mon frère de France, qui s'amuse à découper des images : j'ai mes tics. Je m'amuse, dans mes moments perdus, moi, à rogner mes ducats. Un Béarnais pauvre et honnête est industrieux comme un juif.

— C'est égal, sire, dit Chicot en secouant la tête, car il devinait quelque nouveau mystère caché là-dessous; c'est égal, voilà une singulière façon de faire l'aumône.

— Tu ferais autrement, toi?

— Oui, ma foi, au lieu de prendre la peine de séparer chaque pièce, je la donnerais entière en disant : Voilà pour deux!

— Ils se battraient, mon cher, et je ferais du scandale en voulant faire du bien.

— Enfin! murmura Chicot, résumant par ce mot, qui est la quintessence de toutes les philosophies, son opposition aux idées bizarres du roi.

Henri prit donc une demi-pièce d'or dans la bourse, et, se plaçant devant le premier des mendiants avec cette mine calme et douce qui composait son maintien habituel, il regarda cet homme sans parler, mais non sans l'interroger du regard.

— Agen, dit celui-ci en s'inclinant.

— Combien? demanda le roi.

— Cinq cents.

— Cahors. Et il lui remit la pièce et en prit une autre dans la bourse.

Le mendiant salua plus bas encore que la première fois, et s'éloigna.

Il fut suivi d'un autre qui salua avec humilité.

— Auch, dit-il en saluant.

— Combien?

— Trois cent cinquante.

— Cahors. Et il lui remit la seconde pièce, et en prit une autre dans la bourse.

Le second disparut comme le premier. Un troisième s'approcha et salua.

— Narbonne, dit-il.

— Combien?

— Huit cents.

— Cahors. Et il lui remit la troisième pièce et en prit une autre dans la bourse.

— Montauban, dit un quatrième.

— Combien?

— Six cents.

— Cahors.

Tous enfin, s'approchant et en saluant, prononcèrent un nom, reçurent l'étrange aumône, et accusèrent un chiffre dont le total monta à huit mille.

A chacun d'eux Henri répondit : Cahors, sans qu'une seule fois l'accentuation de sa voix variât dans la prononciation du mot.

La distribution faite, il ne se trouva plus de demi-pièces dans la bourse, plus de mendiants dans la cour.

— Voilà, dit Henri.

— C'est tout, sire?

— Oui, j'ai fini.

Chicot tira le roi par la manche.

— Sire? dit-il.

— Eh bien!

— M'est-il permis d'être curieux?

— Pourquoi pas? La curiosité est chose naturelle.

— Que vous disaient ces mendiants? et que diable leur répondiez-vous?

Henri sourit.

— C'est qu'en vérité, tout est mystère ici.

— Tu trouves?

— Oui; je n'ai jamais vu faire l'aumône de cette façon.

— C'est l'habitude à Nérac, mon cher Chicot. Tu sais le proverbe : Chaque ville a son usage.

— Singulier usage, sire.

— Non, le diable m'emporte! et rien n'est plus simple; tous ces gens que tu vois courent le pays pour recevoir des aumônes; mais ils sont tous d'une ville différente.

— Après, sire?

— Eh bien! pour que je ne donne pas toujours au même, ils me disent le nom de leur ville; de cette façon, tu comprends, mon cher Chicot, je puis répartir également mes bienfaits et je suis utile à tous les malheureux de toutes les villes de mon Etat.

— Voilà qui est bien, sire, quant au nom de la ville qu'ils vous disent; mais pourquoi à tous répondez-vous Cahors?

— Ah! répliqua Henri avec un air de surprise parfaitement joué; je leur ai répondu : Cahors?

— Parbleu!

— Tu crois?

— J'en suis sûr.

— C'est que, vois tu, depuis que nous avons parlé de Cahors j'ai toujours ce mot à la bouche. Il en est de cela comme de toutes les choses qu'on ne peut avoir et qu'on désire ardemment : on y songe, et on les nomme en y songeant.

— Hum! fit Chicot en regardant avec défiance du côté par où les mendiants avaient disparu; c'est beaucoup moins clair que je ne le voudrais, sire; il y a encore, outre cela...

— Comment! il y a encore quelque chose?

— Il y a ce chiffre que chacun prononçait, et qui, additionné, fait un total de plus de huit mille.

— Ah! quant à ce chiffre, Chicot, je suis comme toi, je n'ai pas compris, à moins que, comme les mendiants sont, ainsi que tu le sais, divisés par corporations, à moins qu'ils n'aient accusé le chiffre des membres de chacune de ces corporations, ce qui me paraît probable.

— Sire! sire!

— Viens souper, mon ami; rien n'ouvre l'esprit, à mon avis, comme de manger et de boire. Nous chercherons à table, et tu verras que si mes pistoles sont rognées, mes bouteilles sont pleines.

Le roi siffla un page et demanda son souper.

Puis, passant familièrement son bras sous celui de Chicot, il remonta dans son cabinet, où le souper était servi.

En passant devant l'appartement de la reine, il jeta les yeux sur les fenêtres et ne vit pas de lumière.

— Page, dit-il, Sa Majesté la reine n'est-elle point au logis?

— Sa Majesté, répondit le page, est allée voir mademoiselle de Montmorency, que l'on dit fort malade.

— Ah! pauvre Fosseuse, dit Henri; c'est vrai, la reine est un bon cœur. Viens souper, Chicot, viens.

Encore ! pensa Chicot. — PAGE 94.

LI

LA VRAIE MAITRESSE DU ROI DE NAVARRE

Le repas fut des plus joyeux. Henri semblait n'avoir plus rien dans la pensée ni sur le cœur, et quand il était dans ces dispositions d'esprit, c'était un excellent convive que le Béarnais.

Quant à Chicot, il dissimulait de son mieux ce commencement d'inquiétude qui l'avait pris à l'apparition de l'ambassadeur d'Espagne, qui l'avait suivi dans la cour, qui s'était augmenté à la distribution de l'or aux mendiants, et qui ne l'avait pas quitté depuis.

Henri avait voulu que son compère Chicot soupât seul à seul avec lui ; à la cour du roi Henri, il s'était toujours senti un grand faible pour Chicot, un de ces faibles comme en ont les gens d'esprit pour les gens d'esprit ; et Chicot, de son côté, sauf les ambassades d'Espagne, les mendiants à mot d'ordre et les pièces d'or rognées, Chicot avait une grande sympathie pour le roi de Navarre.

Chicot voyant le roi changer de vin et se comporter de tout point en bon convive, Chicot résolut de se ménager un peu, lui, de façon à ne rien laisser passer de ce que la liberté du repas et la chaleur des vins inspiraient de saillies au Béarnais.

Henri but sec, et il avait une façon d'entraîner ses convives qui ne permettait guère à Chicot de rester en arrière de plus d'un verre de vin sur trois.

— Mais c'était, on le sait, une tête de fer que la tête de mons Chicot.

Quant à Henri de Navarre, tous ces vins étaient vins de pays, disait-il, et il les buvait comme petit-lait.

Tout cela était assaisonné de force compliments qu'échangeaient entre eux les deux convives.

— Que je vous porte envie, dit Chicot au roi, et que votre cour est aimable et votre existence fleurie, sire ; que de bons visages je vois dans cette bonne maison et que de richesses dans ce beau pays de Gascogne !

— Si ma femme était ici, mon cher Chicot, je ne te dirais point ce que je vais te dire ; mais en son absence, je puis t'avouer que la plus belle partie de ma vie est celle que tu ne vois pas.

— Ah ! sire, on en dit, en effet, de belles sur Votre Majesté.

Henri se renversa dans son fauteuil et se caressa la barbe en riant.

— Oui, oui, n'est-ce pas ? dit-il ; on prétend que je règne beaucoup plus sur mes sujettes que sur mes sujets.

— C'est la vérité, sire, et pourtant cela m'étonne.

— En quoi, mon compère ?

— En ce que, sire, vous avez beaucoup de cet esprit remuant qui fait les grands rois.

— Ah ! Chicot, tu te trompes, dit Henri ; je suis encore plus paresseux que remuant, et la preuve en est toute ma vie. Si j'ai un amour à prendre, c'est toujours le plus rapproché de moi ; si c'est du vin que je choisis, c'est toujours du vin de la bouteille la plus proche. A ta santé, Chicot !

— Sire, vous me faites honneur, répondit Chicot, en vidant son verre jusqu'à la dernière goutte ; car le roi le regardait de cet œil fin qui semblait pénétrer au plus profond de la pensée.

— Aussi, continua le roi en levant les yeux au ciel, que de querelles dans mon ménage, compère !

— Oui, je comprends : toutes les filles d'honneur de la reine vous adorent, sire !

— Elles sont mes voisines, Chicot.

— Eh ! eh ! sire, il résulte de cet axiome que si vous habitiez Saint-Denis, au lieu d'habiter Nérac, le roi pourrait bien ne pas vivre aussi tranquille qu'il le fait.

Henri s'assombrit.

— Le roi ! que me dites-vous là, Chicot ? reprit Henri de Navarre, le roi ! est-ce que vous vous figurez que je suis un Guise, moi ? Je désire Cahors, c'est vrai, mais parce que Cahors est à ma porte : toujours mon système, Chicot. J'ai de l'ambition, mais assis ; une fois levé, je ne me sens plus désireux de rien.

— Ventre de biche ! sire, répondit Chicot, cette ambition des choses à la portée de la main ressemble fort à celle de César Borgia, qui cueillait un royaume ville à ville, disant que l'Italie était un artichaut qu'il fallait manger feuille à feuille.

— Ce César Borgia n'était pas un si mauvais politique, ce me semble, compère, dit Henri.

— Non, mais c'était un fort dangereux voisin et un fort méchant frère.

— Ah çà ! mais me compareriez-vous à un fils de pape, moi chef des huguenots ? Un instant, monsieur l'ambassadeur.

— Sire, je ne vous compare à personne.

— Pour quelle raison ?

— Par la raison que je crois qu'il se trompera, celui qui vous comparera à un autre qu'à vous-même. Vous êtes ambitieux, sire.

— Quelle bizarrerie ! fit le Béarnais ; voilà un homme qui, à toute force, veut me forcer de désirer quelque chose.

— Dieu m'en garde, sire ; tout au contraire, je désire de tout mon cœur que Votre Majesté ne désire rien.

— Tenez, Chicot, dit le roi, rien ne vous rappelle à Paris ? n'est-ce pas ?

— Rien, sire.

— Vous allez donc passer quelques jours avec moi.

— Si votre Majesté me fait l'honneur de souhaiter ma compagnie, je ne demande pas mieux que de lui donner huit jours.

— Huit jours : eh bien, soit, compère : dans huit jours vous me connaîtrez comme un frère. Buvons, Chicot.

— Sire, je n'ai plus soif, dit Chicot, qui commençait à renoncer à la prétention qu'il avait eue d'abord de griser le roi.

— Alors, je vous quitte, compère, dit Henri; un homme ne doit plus rester à table quand il n'y fait rien. Buvons, vous dis-je.

— Pourquoi faire ?

— Pour mieux dormir. Ce petit vin du pays donne un sommeil plein de douceur. Aimez-vous la chasse, Chicot?

— Pas beaucoup, sire ; et vous?

— J'en suis passionné, moi, depuis mon séjour à la cour du roi Charles IX.

— Pourquoi Votre Majesté me fait-elle l'honneur de s'informer si j'aime la chasse? demanda Chicot.

— Parce que je chasse demain, et compte vous emmener avec moi.

— Sire, ce sera beaucoup d'honneur, mais...

— Oh! compère, soyez tranquille, cette chasse est faite pour réjouir les yeux et le cœur de tout homme d'épée. Je suis bon chasseur, Chicot, et je tiens à ce que vous me voyiez dans mes avantages, que diable! Vous voulez me connaître, dites-vous?

— Ventre de biche, sire, c'est un de mes plus grands désirs, je l'avoue.

— Eh bien! c'est un côté sous lequel vous ne m'avez pas encore étudié.

— Sire, je ferai tout ce qu'il plaira au roi.

— Bon! c'est chose convenue! Ah! voici un page; on nous dérange.

— Quelque affaire importante, sire.

— Une affaire! à moi! lorsque je suis à table! Il est étonnant, ce cher Chicot, pour se croire toujours à la cour de France. Chicot, mon ami, sache une chose, c'est qu'à Nérac...

— Eh bien! sire?

— Quand on a bien soupé, l'on se couche.

— Mais ce page?

— Eh bien! mais ce page ne peut-il annoncer autre chose que des affaires?

— Ah! je comprends, sire, et je vais me coucher.

Chicot se leva, le roi en fit autant, et prit le bras de son hôte.

Cette hâte à le renvoyer parut suspecte à Chicot, à qui toute chose d'ailleurs, depuis l'annonce de l'ambassadeur d'Espagne, commençait à paraître suspecte. Il résolut donc de ne sortir du cabinet que le plus tard qu'il pourrait.

— Oh! oh! fit-il en chancelant, c'est étonnant, sire.

Le Béarnais sourit.

— Qu'y a-t-il d'étonnant, compère?

— Ventre de biche! la tête me tourne. Tant que j'étais assis, cela allait à merveille; mais, à cette heure que je suis levé, brrr.

— Bah! dit Henri, nous n'avons fait que goûter le vin.

— Bon! goûter, sire. Vous appelez cela goûter. Bravo, sire. Ah! vous êtes un rude buveur, et je vous rends hommage, comme à mon seigneur suzerain! Bon! vous appelez cela goûter, vous?

— Chicot, mon ami, dit le Béarnais, essayant de s'assurer, par un de ces regards subtils qui n'appartenaient qu'à lui, si Chicot était véritablement ivre, ou faisait semblant de l'être, Chicot, mon ami, je crois que ce que tu as de mieux à faire maintenant, c'est de t'aller coucher.

— Oui, sire, bonsoir, sire.

— Bonsoir, Chicot, et à demain.

— Oui, sire, à demain, et Votre Majesté a raison, ce que Chicot a de mieux à faire, c'est de se coucher. Bonsoir, sire.

Et Chicot se coucha sur le plancher.

En voyant cette résolution de son convive, Henri jeta un regard vers la porte.

Si rapide qu'eût été ce regard, Chicot le saisit au passage.

Henri s'approcha de Chicot.

— Tu es tellement ivre, mon pauvre Chicot, que tu ne t'aperçois pas d'une chose.

— Laquelle?

— C'est que tu prends les nattes de mon cabinet pour ton lit.

— Chicot est un homme de guerre. Chicot ne regarde pas à si peu.

— Alors tu ne t'aperçois pas de deux choses?

— Ah! ah!... Et quelle est la seconde?

— C'est que j'attends quelqu'un.

— Pour souper? soit! soupons.

Et Chicot fit un effort infructueux pour se soulever.

— Ventre saint-gris! s'écria Henri, comme tu as l'ivresse subite, compère! Va-t'en, mordieu! tu vois bien qu'elle s'impatiente.

— Elle! fit Chicot, qui, elle?

— Eh! mordieu, la femme que j'attends, et qui fait faction à la porte, là...

— Une femme! Eh! que ne disais-tu cela, Henriquet... Ah! pardon, fit Chicot, je croyais... je croyais parler au roi de France. Il m'a gâté, voyez-vous, ce bon Henriquet. Que ne disiez-vous cela, sire? Je m'en vais.

— A la bonne heure, tu es un vrai gentilhomme, Chicot. Là, bien, lève-toi et va-t'en, car j'ai une bonne nuit à passer, entends-tu? toute une nuit.

Chicot se leva et gagna la porte en trébuchant.

— Adieu, sire, et bonne nuit... bonne nuit.

— Adieu, cher ami, adieu, dors bien.

— Et vous, sire...

— Chuuut!

— Oui, oui, chuuut!

Et il ouvrit la porte.

— Tu vas trouver le page dans la galerie, et il t'indiquera ta chambre. Va.

— Merci, sire.

Et Chicot sortit, après avoir salué aussi bas que peut le faire un homme ivre.

Mais, aussitôt la porte refermée derrière lui, toute trace d'ivresse disparut; il fit trois pas en avant et, revenant tout à coup, il colla son œil à la large serrure.

Henri était déjà occupé d'ouvrir la porte à l'inconnue que Chicot, curieux comme un ambassadeur, voulait connaître à toute force.

Au lieu d'une femme, ce fut un homme qui entra.

Et lorsque cet homme eut ôté son chapeau, Chicot reconnut la noble et sévère figure de Duplessis-Mornay, le conseiller rigide et vigilant de Henri de Navarre.

— Ah! diable! fit Chicot, voilà qui va surprendre notre amoureux et le gêner, certes, plus que je ne le gênais moi-même.

Mais le visage de Henri, à cette apparition, n'exprima que la joie; il serra les mains du nouveau venu, repoussa la table avec dédain et fit asseoir Mornay auprès de lui avec toute l'ardeur qu'eût mise un amant à s'approcher de sa maîtresse.

Il semblait avide d'entendre les premiers mots qu'allait prononcer le conseiller; mais tout à coup, et avant que Mornay eût parlé, il se leva et lui faisant signe d'attendre, il alla à la porte et poussa les verrous avec une circonspection qui donna beaucoup à penser à Chicot.

Puis il attacha son regard ardent sur des cartes, des plans et des lettres que le ministre fit successivement passer sous ses yeux.

Le roi alluma d'autres bougies, et se mit à écrire et à pointer les cartes de géographie.

— Oh! oh! fit Chicot, voilà la bonne nuit du roi de Navarre. Ventre de biche! si elles ressemblent toutes à celles-là, Henri de Valois pourra bien en passer quelques-unes de mauvaises.

En ce moment, il entendit marcher derrière lui; c'était le page qui gardait la galerie et l'attendait par ordre du roi.

Dans la crainte d'être surpris, s'il demeurait plus longtemps aux écoutes, Chicot redressa sa grande taille, et demanda sa chambre à l'enfant.

D'ailleurs, il n'avait plus rien à apprendre; l'apparition de Duplessis lui avait tout dit.

— Venez avec moi, s'il vous plaît, monsieur, dit d'Aubiac, je suis chargé de vous conduire à votre appartement.

Et il conduisit Chicot au second étage, où son logis avait été préparé.

Pour Chicot plus de doute; il connaissait la moitié des lettres composant cette énigme qu'on appelait roi de Navarre. Aussi, au lieu de s'endormir, il s'assit sombre et pensif sur son lit, tandis que la lune, descendant aux angles aigus du toit, versait, comme du haut d'une aiguière d'argent, sa lumière azurée sur le fleuve et sur les prairies.

— Allons, allons, dit Chicot assombri, Henri est un vrai roi, Henri conspire. Tout ce palais, son parc, la province qui entoure la ville, tout est un foyer de conspiration; toutes les femmes font l'amour, mais l'amour politique; tous les hommes se forgent l'espoir d'un avenir.

Henri est astucieux, son intelligence touche au génie; il a des intelligences avec l'Espagne, le pays des fourberies. Qui sait si sa réponse si noble à l'ambassadeur n'est pas une contre-partie de ce qu'il pense, et si même il n'en a pas averti cet ambassadeur par un clignement d'yeux, ou quelque autre convention tacite que, moi caché, je n'ai pu sentir.

Henri entretient des espions; il les solde ou les

fait solder par quelque agent. Ces mendiants n'étaient ni plus ni moins que des gentilshommes déguisés. Leurs pièces d'or si artistement découpées sont des gages de reconnaissance, des mots d'ordre palpables.

Henri feint d'être amoureux fou, et tandis qu'on le croit occupé à faire l'amour, il passe ses nuits à travailler avec Mornay, qui ne dort jamais et qui ne connaît pas l'amour.

Voilà ce que j'avais à voir, je l'ai vu.

La reine Marguerite a des amants, le roi le sait; il les connaît et les tolère, parce qu'il a encore besoin d'eux ou d'elle, peut-être de tous à la fois. N'étant pas homme de guerre, il faut bien qu'il s'entretienne des capitaines, et n'ayant pas beaucoup d'argent, force lui est de leur laisser choisir la monnaie qui leur convient le mieux.

Henri de Valois me disait qu'il ne dormait pas; ventre de biche! il fait bien de ne pas dormir.

Heureusement encore que ce perfide Henri est un bon gentilhomme, auquel Dieu, en donnant le génie de l'intrigue, a oublié de donner la vigueur d'initiative. Henri, dit-on, a peur du bruit des mousquets, et quand, tout jeune, il a été conduit aux armées, on s'accorde à raconter qu'il ne pouvait tenir plus d'un quart d'heure en selle.

Heureusement répéta Chicot.

Car dans les temps où nous vivons, si avec l'intrigue un pareil homme avait le bras, cet homme serait le roi du monde.

Il y a bien Guise. Celui-là possède les deux valeurs : il a le bras et l'intrigue, lui; mais il a le désavantage d'être connu pour brave et habile, tandis que du Béarnais nul ne se défie.

Moi seul je l'ai deviné.

Et Chicot se frotta les mains.

— Eh bien! continua-t-il, l'ayant deviné, je n'ai plus rien à faire ici, moi; donc, tandis qu'il travaille ou dort, je vais tranquillement et doucement sortir de la ville.

Il n'y a pas beaucoup d'ambassadeurs, je crois, qui puissent se vanter d'avoir en une journée accompli leur mission tout entière; moi, je l'ai fait.

Donc je sortirai de Nérac, et une fois hors de Nérac je galoperai jusqu'en France.

Il dit et commença de rechausser ses éperons, qu'il avait détachés au moment de se présenter devant le roi.

LII

DE L'ÉTONNEMENT QU'ÉPROUVA CHICOT D'ÊTRE SI POPULAIRE DANS LA VILLE DE NÉRAC

Chicot, ayant bien arrêté sa résolution de quitter incognito la cour du roi de Navarre, commença de faire son petit paquet de voyage.

Il le simplifia du mieux qu'il lui fut possible, ayant pour principe que l'on va plus vite toutes les fois que l'on pèse moins.

Assurément, son épée était la plus lourde portion du bagage qu'il emportait.

— Voyons, que me faut-il de temps, se demandait Chicot en lui-même tout en nouant son paquet, pour faire parvenir au roi la nouvelle de ce que j'ai vu et par conséquent de ce que je crains?

Deux jours pour arriver jusqu'à une ville de laquelle un bon gouverneur fasse partir des courriers ventre à terre.

Que cette ville, par exemple, soit Cahors, Cahors dont le roi de Navarre parle tant et qui l'occupe à si juste titre.

Une fois là, je pourrai me reposer, car enfin les forces de l'homme n'ont qu'une certaine mesure.

Je me reposerai donc à Cahors, et les chevaux courront pour moi.

Allons, mon ami Chicot, des jambes, de la légèreté, du sang-froid. Tu croyais avoir accompli toute ta mission, niais! tu n'en es qu'à la moitié, et encore!

Cela dit, Chicot éteignit sa lumière, ouvrit le plus doucement qu'il put sa porte et se mit à sortir à tâtons.

C'était un habile stratégiste que Chicot; il avait, en suivant d'Aubiac, jeté un regard à droite, un regard à gauche, un regard devant, un regard derrière, et reconnu toutes les localités.

Une antichambre, un corridor, un escalier, puis, au bas de cet escalier, la cour.

Mais Chicot n'eut pas plus tôt fait quatre pas dans l'antichambre qu'il heurta quelque chose qui se dressa aussitôt.

Ce quelque chose était un page couché sur la natte en dehors de la chambre, et qui, réveillé, se mit à dire :

— Eh! bonsoir, monsieur Chicot, bonsoir.

Chicot reconnu d'Aubiac.

— Eh! bonsoir, monsieur d'Aubiac, dit-il; mais écartez-vous un peu, s'il vous plaît, j'ai envie de me promener.

— Ah! mais, c'est qu'il est défendu de se promener la nuit dans le château, monsieur Chicot.

— Pourquoi cela, s'il vous plaît, monsieur d'Aubiac?

— Parce que le roi redoute les voleurs et la reine les galants.

— Diable!

— Or, il n'y a que les voleurs et les galants pour se promener la nuit au lieu de dormir.

— Cependant, cher monsieur d'Aubiac, dit Chicot avec son plus charmant sourire, je ne suis ni l'un ni l'autre, moi, je suis ambassadeur et ambassadeur très fatigué d'avoir parlé latin avec la reine et soupé avec le roi; car la reine est une rude latiniste et le roi un rude buveur; laissez-moi donc sortir, mon ami, car j'ai grand désir de me promener.

— Dans la ville, monsieur Chicot?

— Oh! non, dans les jardins.

— Peste! dans les jardins, monsieur Chicot, c'est encore bien plus défendu que dans la ville.

— Mon petit ami, dit Chicot, c'est un compliment à vous faire, vous êtes d'une vigilance bien grande à votre âge. Vous n'avez donc rien qui vous occupe?

— Non.

— Vous n'êtes donc ni joueur ni amoureux?

— Pour jouer il faut de l'argent, monsieur Chicot; pour être amoureux, il faut une maîtresse.

— Assurément, dit Chicot, et il fouilla dans sa poche.

Le page le regardait faire.

— Cherchez bien dans votre mémoire, mon cher ami, lui dit-il, et je parie que vous y trouverez quelque femme charmante à qui je vous prie d'acheter force rubans et de donner force violons avec ceci.

Et Chicot glissa dans la main du page dix pistoles qui n'étaient pas rognées comme celles du Béarnais.

— Allons donc, monsieur Chicot, dit le page, on voit bien que vous venez de la cour de France, vous avez des manières auxquelles on ne saurait rien refuser; sortez donc de votre chambre; mais surtout ne faites point de bruit.

Chicot ne se le fit point dire à deux fois, il glissa comme une ombre dans le corridor, et du corridor dans l'escalier; mais, arrivé au bas du péristyle, il trouva un officier du palais, dormant sur une chaise.

Cet homme fermait la porte par le poids même de son corps; essayer de passer eût été folie.

— Ah! petit brigand de page, murmura Chicot, tu savais cela, et tu ne m'as point prévenu.

Pour comble de malheur, l'officier paraissait avoir le sommeil très léger : il remuait, avec des soubresauts nerveux, tantôt un bras, tantôt une jambe; une fois même il étendit le bras comme un homme qui menace de s'éveiller.

Chicot chercha autour de lui s'il n'y avait pas une issue quelconque par laquelle, grâce à ses longues jambes et à un poignet solide, il pût s'évader sans passer par la porte.

Il aperçut enfin ce qu'il désirait.

C'était une de ces fenêtres cintrées qu'on appelle impostes, et qui était demeurée ouverte, soit pour laisser pénétrer l'air, soit parce que le roi de Navarre, propriétaire assez peu soigneux, n'avait pas jugé à propos d'en renouveler les vitres.

Chicot reconnut la muraille avec ses doigts; il calcula, en tâtonnant, chaque espace compris entre les saillies, et s'en servit pour poser le pied comme sur des échelons. Enfin, il se hissa, nos lecteurs connaissent son adresse et sa légèreté, sans faire plus de bruit que n'en eût fait une feuille sèche frôlant la muraille sous le souffle du vent d'automne.

Mais l'imposte était d'une convexité disproportionnée, si bien que l'ellipse n'en était pas égale à celle du ventre et des épaules de Chicot, bien que le ventre fût absent et que les épaules, souples comme celles d'un chat, semblassent se démettre et se fondre dans les chairs pour occuper moins d'espace.

Il en résulta que lorsque Chicot eut passé la tête et une épaule, et lâché du pied la saillie du mur, il se trouva pendu entre le ciel et la terre, sans pouvoir reculer ni avancer.

Il commença alors une série d'efforts dont le premier résultat fut de déchirer son pourpoint et d'entamer sa peau.

Ce qui rendait la position plus difficile, c'était l'épée dont la poignée ne voulait point passer, faisant un crampon intérieur qui retenait Chicot collé sur le châssis de l'imposte.

Chicot réunit toutes ses forces, toute sa patience, toute son industrie, pour détacher l'agrafe de son baudrier, mais c'était sur cette agrafe justement que pesait la poitrine; il lui fallut donc changer de manœuvre; il réussit à couler son bras derrière son dos et à tirer l'épée du fourreau; une fois l'épée tirée, il fut plus facile de trouver, grâce à ce corps anguleux, un interstice par où se glissa la poignée, l'épée alla donc tomber la première sur la dalle, et Chicot, glissant par l'ouverture comme une anguille la suivit en amortissant sa chute avec ses deux mains.

Toute cette lutte de l'homme contre les mâchoires ferrées de l'imposte ne s'était point exécutée sans bruit; aussi Chicot, en se relevant, se trouva-t-il face à face avec un soldat.

— Ah! mon Dieu! vous seriez-vous fait mal, monsieur Chicot? lui demanda celui-ci en lu présentant le bout de sa hallebarde en guise de soutien.

— Encore! pensa Chicot.

Puis, songeant à l'intérêt que lui avait témoigné ce brave homme :

— Non, mon ami, lui dit-il, aucun.

— C'est bien heureux, dit le soldat, je défie que qui que ce soit accomplisse un pareil tour sans se casser la tête; en vérité, il n'y avait que vous pour cela, monsieur Chicot.

— Mais d'où diable sais-tu mon nom? demanda Chicot surpris, en essayant toujours de passer.

— Je le sais, parce que je vous ai vu au palais aujourd'hui, et que j'ai demandé : Quel est ce gentilhomme de haute mine qui cause avec le roi?

— C'est monsieur Chicot, m'a-t-on répondu; voilà comment je le sais.

— C'est on ne peut plus galant, dit Chicot; mais comme je suis très pressé, mon ami, tu permettras...

— Quoi, monsieur Chicot?

— Que je te quitte et que j'aille à mes affaires.

— Mais on ne sort pas du palais la nuit; j'ai une consigne.

— Tu vois bien qu'on en sort, puisque j'en suis sorti, moi.

— C'est une raison, je le sais bien; mais...

— Mais?

— Vous rentrerez, voilà tout, monsieur Chicot.

— Ah! non.

— Comment, non!

— Pas par là du moins, la route est trop mauvaise.

— Si j'étais un officier au lieu d'être un soldat, je vous demanderais pourquoi vous êtes sorti par là; mais cela ne me regarde point; ce qui me regarde, c'est que vous rentriez. Rentrez donc, monsieur Chicot, je vous en prie.

Et le soldat mit dans sa prière un tel accent de persuasion, que cet accent toucha Chicot.

En conséquence Chicot fouilla dans sa poche, et en tira dix pistoles.

— Tu es trop ménager, mon ami, lui dit-il, pour ne pas comprendre que, puisque j'ai mis mes habits dans un état pareil pour être passé par là, ce serait bien pis si j'y repassais; j'achèverais alors de déchirer mes habits, et j'irais tout nu, ce qui serait fort indécent, dans une cour où il y a tant de jeunes et jolies femmes, à commencer par la reine; laisse-moi donc passer pour aller chez le tailleur, mon ami.

Et il lui mit les dix pistoles dans la main.

— Passez vite alors, monsieur Chicot, passez vite.

Et il empocha l'argent.

Chicot était dans la rue : il s'orienta; il avait parcouru la ville pour arriver au palais, c'était la route opposée à suivre, puisqu'il devait sortir par la porte opposée à celle par laquelle il était entré. Voilà tout.

La nuit, claire et sans nuages, n'était pas favorable à une évasion. Chicot regrettait ces bonnes nuits brumeuses de France, qui, à l'heure qu'il était, faisaient que, dans les rues de Paris, on pouvait passer à quatre pas l'un de l'autre sans se voir; en outre, sur le pavé pointu de la ville, ses souliers ferrés résonnaient comme des fers de cheval.

Le malencontreux ambassadeur n'eut pas plus tôt tourné le coin de la rue, qu'il rencontra une patrouille.

Il s'arrêta de lui-même en songeant qu'il aurait l'air suspect en essayant de se dissimuler ou de forcer le passage.

— Eh ! bonsoir, monsieur Chicot, lui dit le chef de la patrouille, en le saluant de l'épée, voulez-vous que nous vous reconduisions au palais? vous m'avez tout l'air d'être égaré et de chercher votre chemin.

— Ah çà! tout le monde me connaît donc ici? murmura Chicot. Pardieu! voilà qui est étrange.

Puis tout haut et de l'air le plus dégagé qu'il put prendre :

— Non, cornette, dit-il, vous vous trompez, je ne vais point au palais.

— Vous avez tort, monsieur Chicot, répondit gravement l'officier.

— Et pourquoi cela, monsieur?

— Parce qu'un édit très sévère défend aux habitants de Nérac de sortir la nuit, à moins d'urgente nécessité, sans permission et sans lanterne.

— Excusez-moi, monsieur, dit Chicot, mais l'édit ne peut me regarder, moi.

— Et pourquoi cela?

— Je ne suis point de Nérac.

— Oui, mais vous êtes à Nérac... Habitant ne veut pas dire qui est de... habitant veut dire qui demeure à... Or, vous ne nierez pas que vous ne demeuriez à Nérac, puisque je vous rencontre dans les rues de Nérac.

— Vous êtes logique, monsieur; malheureusement, moi, je suis pressé. Faites donc une petite infraction à votre consigne et laissez-moi passer, je vous prie.

— Vous allez vous perdre, monsieur Chicot; Nérac est une ville tortueuse, vous tomberez dans quelque trou punais, vous avez besoin d'être guidé; permettez que trois de mes hommes vous reconduisent au palais.

— Mais je ne vais pas au palais, vous dis-je.

— Où allez-vous donc, alors?

— Je ne puis dormir la nuit, et alors, je me promène. Nérac est une charmante ville pleine d'accidents, à ce qu'il m'a paru; je veux la voir, l'étudier.

— On vous conduira partout où vous désirerez, monsieur Chicot. Holà! trois hommes!

— Je vous en supplie, monsieur, ne m'ôtez pas le pittoresque de ma promenade; j'aime à aller seul.

— Vous serez assassiné par les voleurs.

— J'ai mon épée.

— Ah! c'est vrai, je ne l'avais pas vue; alors vous serez arrêté par le prévôt comme étant armé.

Chicot vit qu'il n'y avait pas moyen de s'en tirer par des subtilités; il prit l'officier à part.

— Voyons, monsieur, dit-il, vous êtes jeune et charmant, vous savez ce que c'est que l'amour, un tyran impérieux.

— Sans doute, monsieur Chicot, sans doute.

— Eh bien ! l'amour me brûle, cornette. J'ai une certaine dame à visiter.

— Où cela?

— Dans un certain quartier.

— Jeune?

— Vingt-trois ans.

— Belle?

— Comme les amours.

— Je vous en fais mon compliment, monsieur Chicot.

— Bien ! vous m'allez laisser passer, alors?

— Dame! il y a urgence, à ce qu'il paraît?

— Urgence, c'est le mot, monsieur.

— Passez donc.

— Mais seul, n'est-ce pas? Vous sentez que je ne puis compromettre?...

— Comment donc!... Passez, monsieur Chicot, passez.

— Vous êtes un galant homme, cornette.

— Monsieur!

— Non, ventre de biche! c'est un beau trait. Mais voyons, comment me connaissez-vous?

— Je vous ai vu au palais avec le roi.

— Ce que c'est que les petites villes! pensa Chicot; s'il fallait qu'à Paris je fusse connu comme cela, combien de fois aurais-je eu la peau trouée au lieu du pourpoint!

Et il serra la main du jeune officier qui lui dit:

— A propos, de quel côté allez-vous?

— Du côté de la porte d'Agen.

— Ne vous égarez pas, surtout.

— Ne suis-je pas dans le chemin?

— Si fait, allez tout droit, et pas de mauvaise rencontre; voilà ce que je vous souhaite.

— Merci.

Et Chicot partit plus leste et plus joyeux que jamais.

Il n'avait pas fait cent pas, qu'il se trouva nez à nez avec le guet.

— Mordieu! quelle ville bien gardée! pensa Chicot.

— On ne passe pas! cria le prévôt d'une voix de tonnerre.

— Mais, monsieur, objecta Chicot, je désirerais cependant...

— Ah! monsieur Chicot! c'est vous; comment allez-vous dans les rues par un temps si froid? demanda l'officier magistrat.

— Ah! décidément, c'est une gageure, pensa Chicot fort inquiet.

Et, saluant, il fit un mouvement pour continuer son chemin.

— Monsieur Chicot, prenez garde, dit le prévôt.

— Garde à quoi, monsieur le magistrat?

— Vous vous trompez de route: vous allez du côté des portes.

— Justement.

— Alors, je vous arrêterai, monsieur Chicot.

— Non pas, monsieur le prévôt; peste! vous feriez un beau coup.

— Cependant...

— Approchez, monsieur le prévôt, et que vos soldats n'entendent point ce que nous allons dire.

Le prévôt s'approcha.

— J'écoute, dit-il.

— Le roi m'a donné une commission pour le lieutenant de la porte d'Agen.

— Ah! ah! fit le prévôt d'un air de surprise

— Cela vous étonne?

— Oui.

— Cela ne devrait pas vous étonner pourtant, puisque vous me connaissez.

— Je vous connais pour vous avoir vu au palais avec le roi.

Chicot frappa du pied: l'impatience commençait à le gagner.

— Cela doit suffire pour vous prouver que j'ai la confiance de Sa Majesté.

— Sans doute, sans doute; allez donc faire la commission du roi, monsieur Chicot, je ne vous arrête plus.

— C'est drôle, mais c'est charmant, pensa Chicot, j'accroche en route, mais je roule toujours. Ventre de biche! voilà une porte, ce doit être celle d'Agen; dans cinq minutes, je serai dehors.

Il arriva effectivement à cette porte gardée par une sentinelle qui se promenait de long en large, le mousquet sur l'épaule.

— Pardon, mon ami, fit Chicot, voulez-vous ordonner que l'on m'ouvre la porte?

— Je n'ordonne pas, monsieur Chicot, répondit la sentinelle avec aménité, attendu que je suis simple soldat.

— Tu me connais, toi aussi! s'écria Chicot, exaspéré.

— J'ai cet honneur, monsieur Chicot; j'étais ce matin de garde au palais, je vous ai vu causer avec le roi.

— Eh bien! mon ami, puisque tu me connais, apprends une chose.

— Laquelle?

— C'est que le roi m'a donné un message très pressé pour Agen, ouvre-moi donc la poterne seulement.

— Ce serait avec grand plaisir, monsieur Chicot; mais je n'ai pas les clefs, moi.

— Et qui les a?

— L'officier de service.

Chicot soupira.

— Et où est l'officier de service? demanda-t-il.

— Oh! ne vous dérangez point pour cela.

Le soldat tira une sonnette qui alla réveiller dans son poste l'officier endormi.

— Qu'y a-t-il? demanda ce dernier en passant la tête par sa lucarne.

— Mon lieutenant, c'est un monsieur qui veut qu'on lui ouvre la porte pour sortir en plaine.

En avant! en avant! dit-il. — PAGE 110.

— Ah! monsieur Chicot, s'écria l'officier, pardon, désolé de vous faire attendre; excusez-moi, je suis à vous, je descends.

Chicot se rongeait les ongles avec un commencement de rage.

— Mais n'en trouverai-je pas un qui ne me connaisse! c'est donc une lanterne que ce Nérac, et je suis donc la chandelle, moi!

L'officier parut sur la porte.

— Excusez, monsieur Chicot, dit-il en s'avançant en grande hâte, je dormais.

—Comment donc, monsieur, fit Chicot, mais la nuit est faite pour cela; seriez-vous assez bon pour me faire ouvrir la porte? Je ne dors pas, moi, malheureusement. Le roi... vous savez sans doute, vous aussi, que le roi me connaît?

— Je vous ai vu causer aujourd'hui avec Sa Majesté au palais.

— C'est cela, justement, grommela Chicot. Eh bien! soit, si vous m'avez vu causer avec le roi, vous ne m'avez pas entendu causer, au moins.

— Non, monsieur Chicot, je ne dis que ce qui est.

— Moi aussi; or, le roi, en causant avec moi, m'a commandé d'aller lui faire cette nuit une commission à Agen; or, cette porte est celle d'Agen, n'est-ce pas?

— Oui, monsieur Chicot.

— Elle est fermée?

— Comme vous voyez.

— Veuillez me la faire ouvrir, je vous prie.

— Comment donc, monsieur Chicot! Anthenas, Anthenas, ouvrez la porte à M. Chicot, vite, vite, vite!

Chicot ouvrit de grands yeux et respira comme un plongeur qui sort de l'eau après cinq minutes d'immersion.

La porte grinça sur ses gonds, porte du paradis pour le pauvre Chicot, qui entrevoyait derrière cette porte toutes les délices de la liberté.

Il salua cordialement l'officier et marcha vers la voûte.

— Adieu, dit-il, merci.

— Adieu, monsieur Chicot, bon voyage!

Et Chicot fit encore un pas vers la porte.

— A propos, étourdi que je suis! cria l'officier en courant après Chicot et en le retenant par sa manche; j'oubliais, cher monsieur Chicot, de vous demander votre passe.

— Comment! ma passe?

— Certainement; vous êtes homme de guerre, monsieur Chicot, et vous savez ce que c'est qu'une passe, n'est-ce pas? On ne sort pas, vous comprenez bien, d'une ville comme Nérac, sans passe du roi, surtout lorsque le roi l'habite.

— Et de qui doit être signée cette passe?

— Du roi lui-même. Ainsi, puisque c'est le roi qui vous envoie en plaine, il n'aura pas oublié de vous donner une passe.

— Ah! ah! doutez-vous donc que ce soit le roi qui m'envoie? dit Chicot l'œil en feu, car il se voyait sur le point d'échouer, et la colère lui suggérait cette mauvaise pensée de tuer l'officier, le concierge, et de fuir par la porte ouverte, au risque d'être poursuivi dans sa fuite par cent coups d'arquebuse.

— Je ne doute de rien, monsieur Chicot, surtout de ces choses que vous me faites l'honneur de me dire, mais réfléchissez que si le roi vous a donné cette commission...

— En personne, monsieur, en personne!

— Raison de plus. Sa Majesté sait donc que vous allez sortir...

— Ventre de biche! s'écria Chicot, je le crois bien, qu'elle le sait.

— J'aurai donc une carte de sortie à remettre demain matin à M. le gouverneur de la place.

— Et le gouverneur de la place, demanda Chicot, c'est?...

— C'est M. de Mornay, qui ne badine pas avec les consignes, monsieur Chicot, vous devez savoir cela, et qui me ferait passer par les armes purement et simplement si je manquais à la mienne.

Chicot commençait à caresser la poignée de son épée avec un mauvais sourire, lorsque se retournant, il s'aperçut que la porte était obstruée par une ronde extérieure, laquelle se trouvait là justement pour empêcher Chicot de passer, eût-il tué le lieutenant, la sentinelle et le concierge.

— Allons, se dit Chicot avec un soupir; c'est bien joué, je suis un sot, j'ai perdu.

Et il tourna les talons.

— Voulez-vous qu'on vous reconduise, monsieur Chicot? demanda l'officier.

— Ce n'est pas la peine, merci, répliqua Chicot.

Chicot revint sur ses pas, mais il n'était point au bout de son martyre.

Il rencontra le prévôt, qui lui dit :

— Tiens! monsieur Chicot, vous avez donc déjà fait votre commission? peste! c'est à faire à vous, vous êtes leste!

Plus loin le cornette le saisit au coin de la rue et lui cria:

— Bonsoir, monsieur Chicot. Eh bien! cette dame, vous savez?... Etes-vous content de Nérac, monsieur Chicot?

Enfin, le soldat du péristyle, toujours en sentinelle à la même place, lui lâcha sa dernière bordée :

— Cordieu! monsieur Chicot, lui dit-il, le tailleur vous a bien mal raccommodé, et vous êtes, Dieu me pardonne, plus déchiré encore qu'en sortant.

Chicot ne voulut pas risquer de se dépouiller comme un lièvre en repassant par la filière de l'imposte, il se coucha devant la porte et feignit de s'endormir.

Par hasard, ou plutôt par charité, la porte s'ouvrit, et Chicot rentra penaud et humilié dans le palais.

Sa mine effarée toucha le page, toujours à son poste.

— Cher monsieur Chicot, lui dit-il, voulez-vous que je vous donne la clef de tout cela ?

— Donne, serpent, donne, murmura Chicot.

— Eh bien ! le roi vous aime tant, qu'il a tenu à vous garder.

— Et tu le savais, brigandeau, et tu ne m'as pas averti !

— Oh ! monsieur Chicot, impossible, c'était un secret d'Etat.

— Mais je t'ai payé, scélérat ?

— Oh ! le secret valait mieux que dix pistoles, vous en conviendrez, cher monsieur Chicot.

Chicot rentra dans sa chambre et se rendormit de rage.

LIII

LE GRAND-VENEUR DU ROI DE NAVARRE

En quittant le roi, Marguerite s'était rendue à l'instant même à l'appartement des filles d'honneur.

En passant, elle avait pris avec elle son médecin Chirac, qui couchait au château, et elle était entrée avec lui chez la pauvre Fosseuse qui, pâle et entourée de regards curieux, se plaignait de douleurs d'estomac, sans vouloir, tant sa douleur était grande, répondre à aucune question ni accepter aucun soulagement.

Fosseuse avait à cette époque vingt à vingt et un ans ; c'était une belle et grande personne, aux yeux bleus, aux cheveux blonds, au corps souple et plein de mollesse et de grâce ; seulement depuis près de trois mois elle ne sortait plus et se plaignait de lassitudes qui l'empêchaient de se lever ; elle était restée sur une chaise longue, et de cette chaise longue avait fini par passer dans son lit.

Chirac commença par congédier les assistants, et, s'emparant du chevet de la malade, il demeura seul avec elle et la reine.

Fosseuse, épouvantée de ces préliminaires, auxquels les deux physionomies de Chirac et de la reine, l'une impassible et l'autre glacée, ne laissaient pas que de donner une certaine solennité, Fosseuse se souleva sur son oreiller, et balbutia un remercîment pour l'honneur que lui faisait la reine sa maîtresse.

Marguerite était plus pâle que Fosseuse; c'est que l'orgueil blessé est plus douloureux que la cruauté ou la maladie.

Chirac tâta le pouls de la jeune fille, mais ce fut presque malgré elle.

— Qu'éprouvez-vous? lui demanda-t-il après un moment d'examen.

— Des douleurs d'estomac, monsieur, répondit la pauvre enfant; mais ce ne sera rien, je vous assure, et si j'avais seulement la tranquillité...

— Quelle tranquillité, mademoiselle? demanda la reine.

Fosseuse fondit en larmes.

— Ne vous affligez point, mademoiselle, continua Marguerite. Sa Majesté m'a priée de vous visiter pour vous remettre l'esprit.

— Oh! que de bontés, madame!

Chirac lâcha la main de Fosseuse.

— Et moi, dit-il, je sais à présent quel est votre mal.

— Vous savez? murmura Fosseuse en tremblant.

— Oui, nous savons que vous devez beaucoup souffrir, ajouta Marguerite.

Fosseuse continuait à s'épouvanter d'être ainsi à la merci de deux impassibilités, celle de la science, celle de la jalousie.

Marguerite fit un signe à Chirac, qui sortit de la chambre. Alors la peur de Fosseuse devint un tremblement; elle faillit s'évanouir.

— Mademoiselle, dit Marguerite, quoique depuis quelque temps, vous agissiez envers moi comme envers une étrangère, et qu'on m'avertisse chaque jour des mauvais offices que vous me rendez près de mon mari...

— Moi, madame?

— Ne m'interrompez point, je vous prie. Quoique enfin vous ayez aspiré à un bien trop au-dessus de vos ambitions, l'amitié que je vous portais et celle que j'ai vouée aux personnes d'honneur à qui vous appartenez, me pousse à vous secourir dans le malheur où l'on vous voit en ce moment.

— Madame, je vous jure...

— Ne niez pas, j'ai déjà trop de chagrins; ne ruinez pas d'honneur, vous d'abord, et moi ensuite, moi qui ai presque autant d'intérêt que vous à votre honneur, puisque vous m'appartenez. Mademoiselle, dites-moi tout, et en ceci je vous servirai comme une mère,

— Oh! madame! madame! croyez-vous donc à ce qu'on dit?

— Prenez garde de m'interrompre, mademoiselle, car, à ce qu'il me semble, le temps presse. Je voulais dire qu'en ce moment, M. Chirac, qui sait votre maladie, vous vous rappelez les paroles qu'il a dites à l'instant même, qu'en ce moment, M. Chirac est dans les antichambres où il annonce à tous que la maladie contagieuse dont on parle dans le pays, est au palais, et que vous menacez d'en être atteinte. Cependant, moi, s'il en est temps encore, je vous emmènerai au Mas-d'Agenois, qui est une maison fort écartée du roi, mon mari; nous serons là seules ou à peu près; le roi, de son côté, part avec sa suite pour une chasse, qui, dit-il, doit le retenir plusieurs jours dehors; nous ne sortirons du Mas-d'Agenois qu'après votre délivrance.

— Madame! madame! s'écria la Fosseuse, pourpre à la fois de honte et de douleur, si vous ajoutez foi à tout ce qui se dit sur mon compte, laissez-moi misérablement mourir.

— Vous répondez mal à ma générosité, mademoiselle, et vous comptez aussi par trop sur l'amitié du roi, qui m'a priée de ne pas vous abandonner.

— Le roi!... le roi aurait dit?...

— En doutez-vous, quand je parle, mademoiselle? Moi, si je ne voyais les symptômes de votre mal réel, si je ne devinais, à vos souffrances, que la crise approche, j'aurais peut-être foi en vos dénégations.

Dans ce moment, comme pour donner entièrement raison à la reine, la pauvre Fosseuse, terrassée par les douleurs d'un mal furieux, retomba livide et palpitante sur son lit.

Marguerite la regarda quelque temps sans colère, mais aussi sans pitié.

— Faut-il toujours que je croie à vos dénégations, mademoiselle? dit-elle enfin à la pauvre fille, quand celle-ci put se relever et montra en se relevant un visage si bouleversé et si baigné de larmes, qu'il eût attendri Catherine elle-même.

En ce moment, et comme si Dieu eût voulu envoyer du secours à la malheureuse enfant, la porte s'ouvrit, et le roi de Navarre entra précipitamment.

Henri, qui n'avait point pour dormir les mêmes raisons que Chicot, n'avait pas dormi, lui.

Après avoir travaillé une heure avec Mornay, et avoir pendant cette heure pris toutes ses dispositions pour la chasse si pompeusement annoncée à Chicot, il était accouru au pavillon des filles d'honneur.

— Eh bien! que dit-on? fit-il en entrant, que ma fille Fosseuse est toujours souffrante!

Et d'un bras vigoureux il abattit... — PAGE 111.

— Voyez-vous, madame, s'écria la jeune fille à la vue de son amant, et rendue plus forte par le secours qui lui arrivait, voyez-vous que le roi n'a rien dit et que je fais bien de nier?

— Monsieur, interrompit la reine en se retournant vers Henri, faites cesser, je vous prie, cette lutte humiliante; je crois avoir compris tantôt que Votre Majesté m'avait honorée de sa confiance et révélé l'état de mademoiselle. Avertissez-la donc que je suis au courant de tout, pour qu'elle ne se permette pas de douter lorsque j'affirme.

— Ma fille, demanda Henri avec une tendresse qu'il n'essayait pas même de voiler, vous persistez donc à nier?

— Le secret ne m'appartient pas, sire, répondit la courageuse enfant, et tant que je n'aurai pas de votre bouche reçu congé de tout dire...

— Ma fille Fosseuse est un brave cœur, madame, répliqua Henri; pardonnez-lui, je vous en conjure; et vous, ma fille, ayez en la bonté de votre reine toute confiance; la reconnaissance me regarde, et je m'en charge.

Et Henri prit la main de Marguerite et la serra avec effusion.

En ce moment, un flot amer de douleur vint assaillir de nouveau la jeune fille ; elle céda donc une seconde fois sous la tempête, et, pliée comme un lis, elle inclina sa tête avec un sourd et douloureux gémissement.

Henri fut touché jusqu'au fond du cœur, quand il vit ce front pâle, ces yeux noyés, ces cheveux humides et épars ; quand il vit enfin perler sur les tempes et sur les lèvres de Fosseuse cette sueur de l'angoisse qui semble voisine de l'agonie,

Il se précipita tout éperdu vers elle, et, les bras ouverts :

— Fosseuse ! chère Fosseuse ! murmura-t-il en tombant à genoux devant son lit.

Marguerite, sombre et silencieuse, alla coller son front brûlant aux vitres de la fenêtre.

Fosseuse eut la force de soulever ses bras pour les passer au cou de son amant, puis elle attacha ses lèvres sur les siennes, croyant qu'elle allait mourir, et que dans ce dernier, dans ce suprême baiser, elle jetait à Henri son âme et son adieu.

Puis elle retomba sans connaissance.

Henri, aussi pâle qu'elle, inerte et sans voix comme elle, laissa tomber sa tête sur le drap de son lit d'agonie, qui semblait si près de devenir un linceul.

Marguerite s'approcha de ce groupe, où étaient confondues la douleur physique et la douleur morale.

— Relevez-vous, monsieur, et laissez-moi accomplir le devoir que vous m'avez imposé, dit-elle avec une énergique majesté.

Et comme Henri semblait inquiet de cette manifestation et se soulevait à demi sur un genou :

— Oh ! ne craignez rien, monsieur, dit-elle, dès que mon orgueil seul est blessé, je suis forte ; contre mon cœur, je n'eusse point répondu de moi, mais heureusement mon cœur n'a rien à faire dans tout ceci.

Henri releva la tête.

— Madame? dit-il.

— N'ajoutez pas un mot, monsieur, fit Marguerite en étendant sa main, ou je croirais que votre indulgence a été un calcul. Nous sommes frère et sœur, nous nous entendrons.

Henri la conduisit jusqu'à Fosseuse, dont il mit la main glacée dans la main fiévreuse de Marguerite.

— Allez, sire, allez, dit la reine, partez pour la chasse. A cette heure, plus vous emmènerez de gens avec vous, plus vous éloignerez de curieux du lit de... mademoiselle.

— Mais, dit Henri, je n'ai vu personne aux antichambres.

— Non, sire, reprit Marguerite en souriant, on croit que la peste est ici; hâtez-vous donc d'aller prendre vos plaisirs ailleurs.

— Madame, dit Henri, je pars, et je vais chasser pour nous deux.

Et il attacha un tendre et dernier regard sur Fosseuse, encore évanouie, et s'élança hors de l'appartement.

Une fois dans les antichambres, il secoua la tête comme pour faire tomber de son front un reste d'inquiétude ; puis, le visage souriant, de ce sourire narquois qui lui était particulier, il monta chez Chicot, lequel, nous l'avons dit, dormait les poings fermés.

Le roi se fit ouvrir la porte, et secouant le dormeur dans son lit :

— Eh ! eh ! compère, dit-il, alerte, alerte, il est deux heures du matin.

— Ah ! diable, fit Chicot, vous m'appelez compère, sire, Me prendriez-vous pour le duc de Guise, par hasard ?

En effet, Henri, lorsqu'il parlait du duc de Guise, avait l'habitude de l'appeler son compère.

— Je vous prends pour mon ami, dit-il.

— Et vous me faites prisonnier, moi, un ambassadeur ! Sire, vous violez le droit des gens.

Henri se mit à rire. Chicot, homme d'esprit avant tout, ne put s'empêcher de lui tenir compagnie.

— Tu es fou. Pourquoi, diable, voulais-tu donc t'en aller d'ici, n'es-tu pas bien traité ?

— Trop bien, ventre de biche ! trop bien ; il me semble être ici comme une oie qu'on engraisse dans une basse-cour. Tout le monde me dit : Petit, petit Chicot, qu'il est gentil ! mais on me rogne l'aile, mais on me ferme la porte.

— Chicot, mon enfant, dit Henri en secouant la tête, rassure-toi, tu n'es pas assez gras pour ma table.

— Eh ! mais, sire, dit Chicot en se soulevant, je vous trouve tout guilleret ce matin ; quelles nouvelles donc?

— Ah ! je vais te dire : c'est que je pars pour

la chasse, vois-tu, et je suis toujours très gai quand je vais en chasse. Allons, hors du lit, compère, hors du lit!

— Comment, vous m'emmenez, sire?

— Tu seras mon historiographe, Chicot.

— Je tiendrai note des coups tirés?

— Justement.

Chicot secoua la tête.

— Eh bien! qu'as-tu? demanda le roi.

— J'ai, répondit Chicot, que je n'ai jamais vu pareille gaîté, sans inquiétude.

— Bah!

— Oui, c'est comme le soleil quand il...

— Eh bien?

— Eh bien! sire, pluie, éclair et tonnerre ne sont pas loin.

Henri se caressa la barbe en souriant et répondit :

— S'il fait de l'orage, Chicot, mon manteau est grand et tu seras à couvert.

Puis s'avançant vers l'antichambre, tandis que Chicot s'habillait tout en murmurant :

— Mon cheval! cria le roi; et qu'on dise à M. de Mornay que je suis prêt.

— Ah! c'est M. de Mornay qui est grand-veneur pour cette chasse? demanda Chicot.

— M. de Mornay est tout ici, Chicot, répondit Henri. Le roi de Navarre est si pauvre, qu'il n'a pas le moyen de diviser ses charges en spécialités. Je n'ai qu'un homme, moi.

— Oui, mais il est bon, soupira Chicot.

LIV

COMMENT ON CHASSAIT LE LOUP EN NAVARRE

Chicot, en jetant les yeux sur les préparatifs du départ, ne put s'empêcher de remarquer à demi-voix que les chasses du roi Henri de Navarre étaient moins somptueuses que celles du roi Henri de France.

Douze ou quinze gentilshommes seulement, parmi lesquels il reconnut M. le vicomte de Turenne, objet des contestations matrimoniales, formaient toute la suite de S. M.

De plus, comme ces messieurs n'étaient riches qu'à la surface, comme ils n'avaient point d'assez puissants revenus pour faire d'inutiles dépenses, et même parfois d'utiles dépenses, presque tous, au lieu du costume de chasse en usage à cette époque, portaient le heaume et la cuirasse; ce qui fit demander à Chicot si les loups de Gascogne avaient dans leurs forêts mousquets et artillerie.

Henri entendit la question, quoiqu'elle ne lui fût pas directement adressée; il s'approcha de Chicot et lui toucha l'épaule.

— Non, mon fils, lui dit-il, les loups de Gascogne n'ont ni mousquets ni artillerie; mais ce sont de rudes bêtes, qui ont griffes et dents, et

Henri jouait avec master Love. — PAGE 114.

qui attirent les chasseurs dans des fourrés où l'on risque fort de déchirer ses habits aux épines; or, on déchire un habit de soie ou de velours, et même un justaucorps de drap ou de buffle, mais on ne déchire pas une cuirasse.

— Voilà une raison, grommela Chicot, mais elle n'est pas excellente.

— Que veux-tu, dit Henri, je n'en ai pas d'aure.

— Il faut donc que je m'en contente.

— C'est ce que tu as de mieux à faire, mon fils.

— Soit.

— Voilà un *soit* qui sent sa critique intérieure, reprit Henri en riant; tu m'en veux de t'avoir dérangé pour aller à la chasse?

— Ma foi, oui.

— Et tu gloses.

— Est-ce défendu?

— Non, mon ami, non, la gloserie est monnaie courante en Gascogne.

— Dame! vous comprenez, sire : je ne suis pas chasseur, moi, répliqua Chicot, et il faut bien que je m'occupe à quelque chose, moi, pauvre fainéant, qui n'ai rien à faire, tandis que vous vous pourléchez les moustaches, vous autres, du fumet de ces bons loups que vous allez forcer à douze ou quinze que vous êtes.

— Ah! oui, dit le roi en souriant encore de la satire, les habits d'abord, puis le nombre; raille, raille, mon cher Chicot.

— Oh! sire!

— Mais je te ferai observer que tu n'es pas indulgent, mon fils : le Béarn n'est pas grand comme la France; le roi, là-bas, marche toujours avec deux cents veneurs, moi, ici, je pars avec douze, comme tu vois.

— Oui, sire.

— Mais, continua Henri, tu vas croire que je gasconne, Chicot : eh bien! quelquefois ici, ce qui n'arrive point là-bas, quelquefois ici, des gentilshommes de campagne, apprenant que je fais chasse, quittent leurs maisons, leurs châteaux, leurs mas, et viennent se joindre à moi, ce qui parfois me compose une assez belle escorte.

— Vous verrez, sire, que je n'aurai pas le bonheur d'assister à une chose pareille, dit Chicot; en vérité, sire, je suis en guignon.

— Qui sait! répondit Henri avec son rire goguenard.

Puis, comme on avait laissé Nérac, franchi les portes de la ville, comme depuis une demi-heure à peu près on marchait déjà dans la campagne :

— Tiens, dit Henri à Chicot, en amenant sa main au-dessus de ses yeux pour s'en faire une visière, tiens, je ne me trompe pas, je pense.

— Qu'y a-t-il? demanda Chicot.

— Regarde donc là-bas aux barrières du bourg de Moiras; ne sont-ce point des cavaliers que j'aperçois?

Chicot se haussa sur ses étriers.

— Ma foi, sire, je crois que oui, dit-il.

— Et moi j'en suis sûr.

— Cavaliers, oui, dit Chicot en regardant avec plus d'attention; mais chasseurs, non.

— Pourquoi pas chasseurs?

— Parce qu'ils sont armés comme des Roland et des Amadis, répondit Chicot.

— Eh! qu'importe l'habit, mon cher Chicot; tu as déjà appris en nous voyant que l'habit ne fait pas le chasseur.

— Mais, s'écria Chicot, je vois au moins deux cents hommes là-bas.

— Eh bien! que prouve cela, mon fils? que Moiras est une bonne redevance.

Chicot sentit sa curiosité aiguillonnée de plus en plus.

La troupe que Chicot avait dénombrée au plus bas chiffre, car elle se composait de deux cent cinquante cavaliers, se joignit silencieusement à l'escorte; chacun des hommes qui la composaient était bien monté, bien équipé, et le tout était commandé par un homme de bonne mine, qui vint baiser la main de Henri avec courtoisie et dévoûment.

On passa le Gers à gué; entre le Gers et la Garonne, dans un pli de terrain, on trouva une seconde troupe d'une centaine d'hommes; le chef s'approcha de Henri et parut s'excuser de ne pas lui amener un plus grand nombre de chasseurs. Henri accueillit ses excuses en lui tendant la main.

On continua de marcher et l'on trouva la Garonne; comme on avait traversé le Gers, on traversa la Garonne; seulement comme la Garonne est plus profonde que le Gers, aux deux tiers du fleuve, on perdit pied, et il fallut nager pendant l'espace de trente ou quarante pas; cependant, contre toute attente, on atteignit l'autre rive sans accident.

— Tudieu! dit Chicot, quels exercices faites-vous donc, sire? quand vous avez des ponts au-dessus et au-dessous d'Agen, vous trempez comme cela vos cuirasses dans l'eau?

— Mon cher Chicot, dit Henri, nous sommes des sauvages, nous autres; il faut donc nous pardonner; tu sais bien que feu mon frère Charles m'appelait son sanglier; or, le sanglier, — mais tu n'es pas chasseur, toi, tu ne sais pas cela; — or, le sanglier ne se dérange jamais : il va droit son chemin; je l'imite, ayant son nom; je ne me dérange pas non plus. Un fleuve se présente sur mon chemin, je le coupe; une ville se dresse devant moi, ventre saint-gris! je la mange comme un pâté.

Cette facétie du Béarnais souleva de grands éclats de rire autour de lui.

M. de Mornay seul, toujours aux côtés du roi, ne rit point avec bruit; il se contenta de se pincer les lèvres, ce qui était chez lui l'indice d'une hilarité extravagante.

— Mornay est de bien bonne humeur aujourd'hui, dit le Béarnais tout joyeux à l'oreille de Chicot, il vient de rire de ma plaisanterie.

Chicot se demanda duquel des deux il devait rire, ou du maître, si heureux d'avoir fait rire son serviteur, ou du serviteur, si difficile à égayer.

Mais avant toute chose, le fond de la pensée pour Chicot demeurait l'étonnement.

De l'autre côté de la Garonne, à une demi-lieue du fleuve à peu près, trois cents cavaliers cachés dans une forêt de pins apparurent aux yeux de Chicot.

— Oh! oh! monseigneur, dit-il tout bas à Henri, est-ce que ces gens ne seraient point des jaloux qui auraient entendu parler de votre chasse et qui auraient dessein de s'y opposer?

—Non pas, dit Henri, et tu te trompes encore cette fois, mon fils : ces gens sont des amis qui nous viennent de Puymirol, de vrais amis.

— Tudieu! sire, vous allez avoir plus d'hommes à votre suite que vous ne trouverez d'arbres dans la forêt.

— Chicot, mon enfant, dit Henri, je crois, Dieu me pardonne, que le bruit de ton arrivée s'est déjà répandu dans le pays, et que ces gens-là accourent des quatre coins de la province pour faire honneur au roi de France, dont tu es l'ambassadeur.

Chicot avait trop d'esprit pour ne pas s'apercevoir que depuis quelque temps déjà on se moquait de lui.

Il en prit de l'ombrage, mais non pas de l'humeur.

La journée finit à Monroy, où les gentilshommes de la contrée, réunis comme s'ils eussent été prévenus d'avance que le roi de Navarre devait passer, lui offrirent un beau souper, dont Chicot prit sa part avec enthousiasme, attendu qu'on n'avait pas jugé à propos de s'arrêter en route pour une chose si peu importante que le dîner, et qu'en conséquence on n'avait point mangé depuis Nérac.

On avait gardé pour Henri la plus belle maison de la ville, la moitié de la troupe coucha dans la rue où était le roi, l'autre en dehors des portes.

— Quand donc entrerons-nous en chasse? demanda Chicot à Henri au moment où celui-ci se faisait débotter.

— Nous ne sommes pas encore sur le territoire des loups, mon cher Chicot, répondit Henri.

— Et quand y serons-nous, sire?

— Curieux!

— Non pas, sire; mais, vous comprenez, on désire savoir où l'on va.

— Tu le sauras demain, mon fils; en attendant couche-toi là, sur les coussins à ma gauche; tiens, voilà déjà Mornay qui ronfle à ma droite.

— Peste! dit Chicot, il a le sommeil plus bruyant que la veille.

— Oui, c'est vrai, dit Henri, il n'est pas bavard; mais c'est à la chasse qu'il faut le voir, et tu le verras.

Le jour paraissait à peine, quand un grand bruit de chevaux réveilla Chicot et le roi de Navarre.

Un vieux gentilhomme, qui voulut servir le roi lui-même, apporta à Henri la tartine de miel et le vin épicé du matin.

Mornay et Chicot furent servis par les serviteurs du vieux gentilhomme.

Le repas fini on sonna le boute-selle.

— Allons, allons, dit Henri, nous avons une bonne journée à faire aujourd'hui; à cheval, messieurs, à cheval!

Chicot vit avec étonnement que cinq cents cavaliers avaient grossi l'escorte.

Ces cinq cents cavaliers étaient arrivés pendant la nuit.

— Ah çà! mais, dit-il, ce n'est pas une suite que vous avez, sire, ce n'est plus même une troupe, c'est une armée.

Henri ne répondit rien que ces trois mots:

— Attends encore, attends.

A Lauzerte six cents hommes de pied vinrent se ranger derrière cette troupe de cavaliers.

— Des fantassins! s'écria Chicot, de la pédaille!

— Des rabatteurs, fit le roi, rien autre chose que des rabatteurs.

Chicot fronça le sourcil et de ce moment il ne parla plus.

Vingt fois ses yeux se tournèrent vers la campagne, c'est-à-dire que vingt fois l'idée de fuir lui traversa l'esprit. Mais Chicot avait sa garde d'honneur, sans doute à titre de représentant du roi de France.

Il en résultait que Chicot était si bien recommandé à cette garde, comme un personnage de la plus haute importance, qu'il ne faisait pas un geste sans que ce geste ne fût répété par dix hommes.

Cela lui déplut, et il en dit deux mots au roi.

— Dame! lui dit Henri, c'est ta faute, mon enfant; tu as voulu te sauver de Nérac, et j'ai peur que tu ne veuilles te sauver encore.

— Sire, répondit Chicot, je vous engage ma foi de gentilhomme que je n'y essaierai même pas.

— A la bonne heure.

— D'ailleurs j'aurais tort.

— Tu aurais tort?

— Oui; car, en restant, je suis destiné, je crois, à voir des choses curieuses.

— Eh bien, je suis aise que ce soit ton opinion, mon cher Chicot, car c'est aussi la mienne.

En ce moment on traversait la ville de Montcuq, et quatre petites pièces de campagne prenaient rang dans l'armée.

— Je reviens à ma première idée, sire, dit Chicot, que les loups de ce pays sont des maîtres loups, et qu'on les traite avec des égards inconnus aux loups ordinaires: de l'artillerie pour eux, sire!

— Ah! tu as remarqué? dit Henri, c'est une manie des gens de Montcuq, depuis que je leur ai donné pour leurs exercices ces quatre pièces, que j'ai fait acheter en Espagne et qu'on m'a passées en fraude, ils les traînent partout.

— Enfin, murmura Chicot, arriverons-nous aujourd'hui, sire?

— Non, demain.

— Demain matin ou demain soir?

— Demain matin.

— Alors, dit Chicot, c'est à Cahors que nous chassons, n'est-ce pas, sire?

— C'est de ce côté-là, fit le roi.

— Mais comment, sire, vous qui avez de l'infanterie, de la cavalerie et de l'artillerie pour chasser le loup, comment avez-vous oublié de prendre l'étendard royal? L'honneur que vous faites à ces dignes animaux eût été complet.

— On ne l'a pas oublié, Chicot, ventre saint-gris! on n'aurait eu garde: seulement on le laisse à l'étui de peur de le salir. Mais puisque tu veux un étendard, mon enfant, pour savoir sous quelle bannière tu marches, on va t'en montrer un beau. Tirez l'étendard de son fourreau, commanda le roi, monsieur Chicot désire savoir comment sont faites les armes de Navarre.

— Non, non, c'est inutile, dit Chicot; plus tard; laissez-le où il est, il est bien.

— D'ailleurs, sois tranquille, dit le roi, tu le verras en temps et lieu.

On passa la seconde nuit à Catus, à peu près de la même façon qu'on avait passé la première; depuis le moment où Chicot avait donné sa parole d'honneur de ne pas fuir, on ne faisait plus attention à lui.

Il fit un tour par le village et alla jusqu'aux avant-postes. De tous côtés des troupes de cent, cent cinquante, deux cents hommes, venaient se joindre à l'armée. Cette nuit, c'était le rendez-vous des fantassins.

— C'est bien heureux que nous n'allions pas jusqu'à Paris, dit Chicot, nous y arriverions avec cent mille hommes.

Le lendemain, à huit heures du matin, on était en vue de Cahors, avec mille hommes de pied et deux mille chevaux.

On trouva la ville en défense; des éclaireurs avaient alarmé le pays; M. de Vezin s'était aussitôt précautionné.

— Ah! ah! fit le roi, à qui Mornay communiqua cette nouvelle, nous sommes prévenus; c'est contrariant.

— Il faudra faire le siége en règle, sire, dit Mornay; nous attendons encore deux mille hommes à peu près, c'est autant qu'il nous faut, pour balancer les chances du moins.

— Assemblons le conseil, dit M. de Turenne, et commençons les tranchées.

Chicot regardait toutes ces choses, et écoutait toutes ces paroles d'un air effaré.

La mine pensive et presque piteuse du roi de Navarre le confirmait dans ses soupçons, que Henri était un pauvre homme de guerre, et cette conviction seule le rassurait un peu.

Henri avait laissé parler tout le monde, et, pendant l'émission des divers avis, il était resté muet comme un poisson.

Tout à coup il sortit de sa rêverie, releva la tête, et du ton du commandement:

— Messieurs, dit-il, voilà ce qu'il faut faire. Nous avons trois mille hommes, et deux que vous attendez, dites-vous, Mornay?

— Oui, sire.

— Cela fera cinq mille en tout; dans un siége en règle on nous en tuera mille ou quinze cents en deux mois; la mort de ceux-là découragera les autres: nous serons obligés de lever le siége et de battre en retraite; en battant en retraite, nous en perdrons mille autres, ce sera la moitié de nos forces.

Sacrifions cinq cents hommes tout de suite et prenons Cahors.

— Comment entendez-vous cela, sire? demanda Mornay.

— Mon cher ami, nous irons droit à celle des portes qui se trouvera la plus proche de nous. Nous trouverons un fossé sur notre route; nous le comblerons avec des fascines; nous laisserons deux cents hommes à terre, mais nous atteindrons la porte.

— Après, sire?

— Après la porte atteinte, nous la ferons sauter avec des pétards, et l'on se logera. Ce n'est pas plus difficile que cela.

Chicot regarda Henri, tout épouvanté.

— Oui, grommela-t-il, poltron et vantard, voilà bien mon Gascon; est-ce toi, dis, qui iras placer le pétard sous la porte?

A l'instant même, comme s'il eût entendu l'*aparté* de Chicot, Henri ajouta :

— Ne perdons pas de temps, messieurs, la viande refroidirait; allons en avant, et qui m'aime me suive!

Chicot s'approcha de Mornay, à qui il n'avait pas eu le temps, tout le long de la route, d'adresser une seule parole.

— Dites donc, monsieur le comte, lui glissa-t-il à l'oreille, est-ce que vous avez envie de vous faire écharper tous?

— Monsieur Chicot, il nous faut cela pour bien nous mettre en train, répliqua tranquillement Mornay.

— Mais vous ferez tuer le roi!

— Bah! Sa Majesté a une bonne cuirasse!

— D'ailleurs, dit Chicot, il ne sera pas si fou que d'aller aux coups, je présume?

Mornay haussa les épaules et tourna les talons à Chicot.

— Allons, dit Chicot, je l'aime encore mieux quand il dort que quand il veille, quand il ronfle que quand il parle; il est plus poli.

LV

COMMENT LE ROI HENRI DE NAVARRE SE COMPORTA LA PREMIÈRE FOIS QU'IL VIT LE FEU

La petite armée s'avança jusqu'à deux portées de canon de la ville; là on déjeuna.

Le repas pris, il fut accordé deux heures aux officiers et aux soldats pour se reposer.

Il était trois heures de l'après-midi, c'est-à-dire qu'il restait deux heures de jour à peine, lorsque le roi fit appeler les officiers sous sa tente.

Henri était fort pâle, et tandis qu'il gesticulait, ses mains tremblaient si visiblement, qu'elles laissaient aller leurs doigts comme des gants pendus pour sécher.

— Messieurs, dit-il, nous sommes venus pour prendre Cahors; il faut donc prendre Cahors, puisque nous sommes venus pour cela; mais il faut prendre Cahors par force, par force, entendez-vous? c'est-à-dire en enfonçant du fer et du bois avec de la chair.

— Pas mal, fit Chicot, qui écoutait en épilogueur, et si le geste ne démentait pas la parole, on ne pourrait guère demander autre chose, même à M. de Crillon.

— Monsieur le maréchal de Biron, continua Henri, monsieur le maréchal de Biron, qui a juré de faire pendre jusqu'au dernier huguenot, tient la campagne à quarante-cinq lieues d'ici. Un messager, selon toute probabilité, lui est déjà, à l'heure qu'il est, expédié par M. de Vezin. Dans quatre ou cinq jours, il sera sur notre dos; il a dix mille hommes avec lui: nous serons pris entre la ville et lui. Ayons donc pris Cahors avant qu'il n'arrive, et nous le recevrons comme M. de Vezin s'apprête à nous recevoir, mais avec une meilleure fortune, je l'espère. Dans le cas contraire, au moins, il aura de bonnes poutres catholiques pour pendre les huguenots, et nous lui devons bien cette satisfaction. Allons, sus, sus, messieurs! je vais me mettre à votre tête, et des coups, ventre saint-gris! des coups comme s'il en grêlait.

Ce fut là toute l'allocution royale; mais elle était suffisante, à ce qu'il paraît, car les soldats y répondirent par des murmures enthousiastes et les officiers par des bravos frénétiques.

— Beau phraseur, toujours Gascon, dit Chicot à part lui. Comme il est heureux qu'on ne parle pas avec les mains! Ventre de biche! le Béarnais aurait rudement bégayé: d'ailleurs nous le verrons à l'œuvre.

La petite armée partit sous le commandement de Mornay pour prendre ses positions.

Au moment où elle s'ébranla pour se mettre en marche, le roi vint à Chicot.

— Pardonne-moi, ami Chicot, lui dit-il; je t'ai trompé en te parlant chasse, loups et autres balivernes; mais je le devais décidément, et c'est ton avis à toi-même, puisque tu me l'as dit en toutes lettres. Décidément le roi Henri ne veut pas me payer la dot de sa sœur Margot, et Margot crie, Margot pleure pour avoir son cher Cahors. Il faut faire ce que femme veut pour avoir la paix dans son ménage: je vais donc essayer de prendre Cahors, mon cher Chicot.

— Que ne vous a-t-elle demandé la lune, sire, puisque vous êtes si complaisant mari? répliqua Chicot, piqué des plaisanteries royales.

— J'eusse essayé, Chicot, dit le Béarnais: je l'aime tant, cette chère Margot!

— Oh! vous avez bien assez de Cahors, et nous allons voir comment vous allez vous en tirer.

— Ah! voilà justement où j'en voulais venir; écoute, ami Chicot: le moment est suprême et surtout désagréable. Ah! je ne fais pas blanc de mon épée, moi; je ne suis pas brave, et la nature se révolte en moi à chaque arquebusade. Chicot, mon ami, ne te moque pas trop du pauvre Béarnais, ton compatriote et ton ami; si j'ai peur et que tu t'en aperçoives, ne le dis pas.

— Si vous avez peur, dites-vous?

— Oui.

— Vous avez donc peur d'avoir peur?

— Sans doute.

— Mais alors, ventre de biche! si c'est là votre naturel, pourquoi diable vous fourrez-vous dans toutes ces affaires-là?

— Dame! quand il le faut.

— MM. de Vezin est un terrible homme!

— Je le sais cordieu bien!

— Qui ne fera de quartier à personne.

— Tu crois, Chicot?

— Oh! j'en suis sûr, quant à cela; plume rouge ou plume blanche, peu lui importe; il criera aux canons: Feu!

— Tu dis cela pour mon panache blanc, Chicot.

— Oui, sire, et comme vous êtes le seul qui en ayez un de cette couleur...

— Après?

— Je vous donnerai le conseil de l'ôter, sire.

— Mais, mon ami, puisque je l'ai mis pour qu'on me reconnaisse; si je l'ôte...

— Eh bien?

— Eh bien! mon but sera manqué, Chicot.

— Vous le garderez donc, sire, malgré mon avis?

— Oui, décidément je le garde.

Et en prononçant ces paroles, qui indiquaient une résolution bien arrêtée, Henri tremblait plus visiblement encore qu'en haranguant ses officiers.

— Voyons, dit Chicot, qui ne comprenait rien à cette double manifestation, si différente, de la parole et du geste: voyons, il en est temps encore, sire, ne faites pas de folies, vous ne pouvez pas monter à cheval dans cet état.

— Je suis donc bien pâle, Chicot? demanda Henri.

— Pâle comme un mort, sire.

— Bon! fit le roi.

— Comment, bon?

— Oui, je m'entends.

En ce moment, le bruit du canon de la place, accompagné d'une mousquetade furieuse, se fit entendre : c'était M. de Vezin qui répondait à la sommation de se rendre que lui adressait Duplessis-Mornay.

— Hein! dit Chicot, que pensez-vous de cette musique?

— Je pense qu'elle me fait un froid de diable dans la moelle des os, répliqua Henri. Allons! mon cheval, mon cheval! s'écria-t-il d'une voix saccadée et cassante comme le ressort d'une horloge.

Chicot le regardait et l'écoutait sans rien comprendre à l'étrange phénomène qui se développait sous ses yeux.

Henri se mit en selle, mais il s'y reprit à deux fois.

— Allons, Chicot, dit-il, à cheval aussi, toi, tu n'es pas homme de guerre non plus, hein?

— Non, sire.

— Eh bien! viens, Chicot, nous allons avoir peur ensemble, viens voir le feu, mon ami, viens; un bon cheval à M.. Chicot!

Chicot haussa les épaules, et monta sans sourciller un beau cheval d'Espagne qu'on lui amena d'après l'ordre que le roi venait de donner.

Henri mit sa monture au galop; Chicot le suivit.

En arrivant sur le front de sa petite armée, Henri leva la visière de son casque.

— Hors le drapeau! le drapeau neuf dehors! cria-t-il d'une voix chevrotante.

On tira le fourreau, et le drapeau neuf, au double écusson de Navarre et de Bourbon, se déploya majestueusement dans les airs; il était blanc, et portait sur azur d'un côté les chaînes d'or, de l'autre côté les fleurs de lis d'or avec le lambel posé en cœur.

— Voilà, dit Chicot à part lui, un drapeau qui sera bien mal étrenné, j'en ai peur.

En ce moment, et comme pour répondre à la pensée de Chicot, le canon de la place tonna, et ouvrit une file tout entière d'infanterie à dix pas du roi.

— Ventre saint-gris! dit-il, as-tu vu, Chicot? c'est pour tout de bon, il me semble.

Et ses dents claquaient.

— Il va se trouver mal, dit Chicot.

— Ah! murmura Henri, ah! tu as peur, carcasse maudite, tu grelottes, tu trembles; attends, je vais te faire trembler pour quelque chose.

Et enfonçant ses deux éperons dans le ventre du cheval blanc qui le portait, il devança cavalerie, infanterie et artillerie, et arriva à cent pas de la place, rouge du feu des batteries qui tonnaient du haut du rempart, pareil à un fracas de tempête, et qui se reflétait sur son armure comme les rayons d'un soleil couchant.

Là, il tint son cheval immobile pendant dix minutes, la face tournée vers la porte de la ville, et criant :

— Les fascines, ventre saint-gris, les fascines!

Mornay l'avait suivi, visière levée, épée au poing.

Chicot fit comme Mornay; il s'était laissé cuirasser, mais il ne tira point l'épée.

Derrière ces trois hommes, bondirent, exaltés par l'exemple, les jeunes gentilshommes huguenots criant et hurlant :

— Vive Navarre!

Le vicomte de Turenne marchait à leur tête, une fascine sur le cou de son cheval.

Chacun vint et jeta sa fascine; en un instant le fossé creusé sous le pont-levis fut comblé.

Les artilleurs s'élancèrent; en perdant trente hommes sur quarante, ils réussirent à placer leurs pétards sous la porte.

La mitraille et la mousqueterie sifflaient comme un ouragan de feu autour de Henri; vingt hommes tombèrent en un instant à ses yeux.

— En avant! en avant! dit-il; et il poussa son cheval au milieu des artilleurs.

Et il arriva au bord du fossé au moment où le premier pétard venait de jouer.

La porte s'était fendue en deux endroits.

Les artilleurs allumèrent le second pétard.

Il se fit une nouvelle gerçure dans le bois; mais aussitôt par la triple ouverture, vingt arquebuses passèrent, qui vomirent des balles sur les soldats et les officiers.

Les hommes tomnbaiet autour du roi comme des épis fauchés.

— Sire, disait Chicot sans songer à lui, sire, au nom du ciel, retirez-vous.

Mornay ne disait rien, mais il était fier de son élève, et de temps en temps il essayait de se mettre devant lui; mais Henri l'écartait de la main par une secousse nerveuse.

Tout à coup Henri sentit que la sueur perlait à son front et qu'un brouillard passait sur ses yeux.

— Ah! nature maudite! s'écria-t-il, il ne sera pas dit que tu m'auras vaincu.

Puis, sautant à bas de son cheval:

— Une hache! cria-t-il, une hache!

Et d'un bras vigoureux il abattit canons d'arquebuses, lambeaux de chêne et clous de bronze.

Enfin une poutre tomba, un pan de porte, un pan de mur, et cent hommes se précipitèrent par la brèche en criant:

— Navarre! Navarre! Cahors est à nous! Vive Navarre!

Chicot n'avait pas quitté le roi; il était avec lui sous la voûte de la porte où Henri était entré un des premiers; mais, à chaque arquebusade, il le voyait frissonner et baisser la tête.

— Ventre saint-gris! disait Henri furieux, as-tu jamais vu pareille poltronnerie, Chicot?

— Non, sire, répliqua celui ci, je n'ai jamais vu de poltron pareil à vous; c'est effrayant.

En ce moment, les soldats de M. de Vezin tentèrent de déloger Henri et son avant-garde, établis sous la porte et dans les maisons environnantes.

Henri les reçut l'épée à la main.

Mais les assiégés furent les plus forts; ils réussirent à repousser Henri et les siens au-delà du fossé.

— Ventre saint-gris! s'écria le roi, je crois que mon drapeau recule; en ce cas-là, je le porterai moi-même.

Et d'un effort sublime, arrachant son étendard des mains de celui qui le portait, il le leva en l'air et le premier rentra dans la place, à moitie enveloppé dans ses plis flottants.

— Aie donc peur! disait-il, tremble donc maintenant, poltron!

Les balles sifflaient et s'aplatissaient sur ses armes avec un bruit strident, et trouaient le drapeau avec un bruit mat et sourd.

MM. de Turenne, Mornay et mille autres s'engouffrèrent dans cette porte ouverte, s'élançant à la suite du roi.

Le canon dut se taire à l'extérieur: c'était face à face, c'était corps à corps, qu'il fallait désormais lutter.

On entendit au-dessus du bruit des armes, du fracas des mousquetades, des froissements du fer, M. de Vezin qui criait:

— Barricadez les rues, faites des fossés, crénelez les maisons.

— Oh! dit M. de Turenne qui était assez proche pour l'entendre, le siége de la ville est fait, mon pauvre Vezin.

Et en manière d'accompagnement à ces paroles, il lui tira un coup de pistolet qui le blessa au bras.

— Tu te trompes, Turenne, tu te trompes, répondit M. de Vezin, il y a vingt siéges dans Cahors; donc, s'il y en a un de fait, il en reste encore dix-neuf à faire.

M. de Vezin se défendit cinq jours et cinq nuits de rue en rue, de maison en maison.

Par bonheur pour la fortune naissante de Henri de Navarre, il avait trop compté sur les murailles et la garnison de Cahors, de sorte qu'il avait négligé de faire prévenir M. de Biron.

Pendant cinq jours et cinq nuits, Hen[illegible] commanda comme un capitaine et combattit comme un soldat; pendant cinq jours et cinq nuits, il dormit la tête sur une pierre et s'éveilla la hache au poing.

Chaque jour, on conquérait une rue, une place, un carrefour; chaque nuit la garnison essayait de reprendre la conquête du jour.

Enfin dans la nuit du quatrième au cinquième jour, l'ennemi harassé parut devoir donner quelque repos à l'armée protestante. Ce fut Henri qui l'attaqua à son tour; on força un poste retranché qui coûta sept cents hommes; presque tous les bons officiers y furent blessés; M. de Turenne fut atteint d'une arquebusade à l'épaule, Mornay reçut un grès sur la tête et faillit être assommé.

Le roi seul ne fut point atteint; à la peur qu'il avait éprouvée d'abord et qu'il avait si héroïquement vaincue, avait succédé une agitation fébrile, une audace presque insensée; toutes les attaches de son armure étaient brisées, autant par ses propres efforts que par les coups des ennemis; il frappait si rudement, que jamais un coup de lui ne blessait son homme ; il le tuait.

Quand ce dernier poste fut forcé, le roi entra dans l'enceinte, suivi de l'éternel Chicot, qui, silencieux et sombre, voyait, depuis cinq jours et avec désespoir, grandir à ses côtés le fantôme effrayant d'une monarchie destinée à étouffer la monarchie des Valois.

— Eh bien ! qu'en penses-tu, Chicot ? dit le roi, en haussant la visière de son casque, et comme s'il eût pu lire dans l'âme du pauvre ambassadeur.

— Sire, murmura Chicot avec tristesse, sire, je pense que vous êtes un véritable roi.

— Et moi, sire, s'écria Mornay, je dis que vous êtes un imprudent : comment ! gantelets à bas et visière haute quand on tire sur vous de tous côtés, et tenez, encore une balle !

En effet, en ce moment, une balle coupait en sifflant une des plumes du cimier de Henri.

Au même instant et comme pour donner pleine raison à Mornay, le roi fut enveloppé par une dizaine d'arquebusiers de la troupe particulière du gouverneur.

Ils avaient été embusqués là par M. de Vezin, et tiraient bas et juste.

Le cheval du roi fut tué, celui de Mornay eut la jambe cassée.

Le roi tomba, dix épées se levèrent sur lui.

Chicot seul était resté debout, il sauta à bas de son cheval, se jeta en avant du roi, et fit avec sa rapière un moulinet si rapide, qu'il écarta les plus avancés.

Puis, relevant Henri embarrassé dans les harnais de sa monture, il lui amena son propre cheval, et lui dit :

— Sire, vous témoignerez au roi de France que, si j'ai tiré l'épée contre lui, je n'ai du moins touché personne.

Henri attira Chicot à lui, et, les larmes aux yeux, l'embrassa.

— Ventre saint-gris ! dit-il, tu seras à moi, Chicot ; tu vivras, tu mourras avec moi, mon enfant. Va, mon service est bon comme mon cœur.

— Sire, répondit Chicot, je n'ai qu'un service à suivre en ce monde, c'est celui de mon prince. Hélas ! il va diminuant de lustre, mais je serai fidèle à l'adverse fortune, moi qui ai dédaigné la prospère. Laissez-moi donc servir et aimer mon roi tant qu'il vivra, sire ; je serai bientôt seul avec lui, ne lui enviez donc point son dernier serviteur.

— Chicot, répliqua Henri, je retiens votre promesse, vous entendez ! vous m'êtes cher et sacré, et après Henri de France vous aurez Henri de Navarre pour ami.

— Oui, sire, répondit simplement Chicot, en baisant avec respect la main du roi.

— Maintenant, vous voyez, mon ami, dit le roi, Cahors est à nous ; M. de Vezin y fera tuer tout son monde ; mais moi, plutôt que de reculer, j'y ferais tuer tout le mien.

La menace était inutile, et Henri n'avait pas besoin de s'obstiner plus longtemps. Ses troupes, conduites par M. de Turenne, venaient de faire main-basse sur la garnison ; M. de Vezin était pris.

La ville était rendue.

Henri prit Chicot par la main et l'amena dans une maison toute brûlante et toute trouée de balles, qui lui servait de quartier général, et là il dicta une lettre à M. de Mornay, pour que Chicot la portât au roi de France.

Cette lettre était rédigée en mauvais latin et finissait par ces mots :

Quod mihi dixisti profuit multum. Cognosco meos devotos, nosce tuos. Chicotus cætera expediet.

Ce qui signifie à peu près :

« Ce que vous m'avez dit m'a été fort utile. Je connais mes fidèles, connaissez les vôtres. Chicot vous dira le reste. »

— Et maintenant, ami Chicot, continua Henri, embrassez-moi et prenez garde de vous souiller, car, Dieu me pardonne ! je suis sanglant comme un boucher. Je vous offrirais bien une part de venaison si je savais que vous dussiez l'accepter, mais je vois dans vos yeux que vous refuseriez. Toutefois, voici ma bague, prenez-la, je le veux ; et puis, adieu, Chicot, je ne vous retiens plus ; piquez vers la France, vous aurez du succès à la cour en racontant ce que vous avez vu.

Chicot accepta la bague et partit. Il fut trois jours à se persuader qu'il n'avait pas fait un rêve et qu'il ne se réveillerait pas à Paris devant les fenêtres de sa maison, à laquelle M. de Joyeuse donnait des sérénades.

LVI

CE QUI SE PASSAIT AU LOUVRE VERS LE MÊME TEMPS A PEU PRÈS OU CHICOT ENTRAIT DANS LA VILLE DE NÉRAC

La nécessité où nous nous sommes trouvé de suivre notre ami Chicot jusqu'au bout de sa mission, nous a un peu longuement, nous en demandons bien pardon à nos lecteurs, écarté du Louvre.

Il ne serait cependant pas juste d'oublier plus longtemps et le détail des suites de l'entreprise de Vincennes et celui qui en avait été l'objet.

Le roi, après avoir passé si bravement devant le danger, avait éprouvé cette émotion rétrospective que ressentent parfois les cœurs les plus forts, lorsque le danger est loin ; il était donc rentré au Louvre sans rien dire ; il avait fait ses prières un peu plus longues que d'habitude, et, une fois livré à Dieu, il avait oublié de remercier, tant sa ferveur était grande, les officiers si vigilants et les gardes si dévoués qui l'avaient aidé à sortir du péril.

Puis il se mit au lit, étonnant ses valets de chambre par la rapidité avec laquelle il fit sa toilette ; on eût dit qu'il avait hâte de dormir pour retrouver le lendemain ses idées plus fraîches et plus lucides.

Aussi d'Epernon, qui était resté dans la chambre du roi le dernier de tous, attendant toujours un remercîment, en sortit-il de fort mauvaise humeur, voyant que le remercîment n'était point venu.

Et Loignac, debout près de la portière de velours, voyant que M. d'Epernon passait sans souffler mot, se retourna-t-il brusquement vers les quarante-cinq en leur disant :

— Le roi n'a plus besoin de vous, messieurs, allez vous coucher.

A deux heures du matin, tout le monde dormait au Louvre.

Le secret de l'aventure avait été fidèlement gardé et n'avait transpiré nulle part. Les bons bourgeois de Paris ronflaient donc consciencieusement, sans se douter qu'ils avaient touché du bout du doigt à l'avénement au trône d'une dynastie nouvelle.

M. d'Epernon se fit débotter sur-le-champ, et au lieu de courir la ville, comme il en avait l'habitude, avec une trentaine de cavaliers, il suivit l'exemple que lui avait donné son illustre maître en se mettant au lit sans adresser la parole à personne.

Le seul Loignac qui, pareil au *justum et tenacem* d'Horace, n'eût pas été distrait de ses devoirs par la chute du monde, le seul Loignac visita les postes des Suisses et des gardes françaises qui faisaient leur service avec régularité, mais sans excès de zèle.

Trois légères infractions aux lois de la discipline furent punies cette nuit-là comme des fautes graves.

Le lendemain Henri, dont tant de gens attendaient le réveil avec impatience, pour savoir à quoi s'en tenir sur ce qu'ils devaient espérer de lui, le lendemain Henri prit quatre bouillons dans son lit au lieu de deux, qu'il avait l'habitude de prendre, et fit prévenir M. d'O et M. de Villequier qu'ils eussent à venir travailler dans sa chambre à la rédaction d'un nouvel édit des finances.

La reine reçut avis de dîner seule, et, comme elle faisait témoigner par un gentilhomme quelque inquiétude pour la santé de Sa Majesté, Henri daigna répondre que le soir il recevrait les dames et ferait la collation dans son cabinet.

Même réponse fut faite à un gentilhomme de la reine-mère, qui, depuis deux ans retirée en son hôtel de Soissons, envoyait cependant chaque jour prendre des nouvelles de son fils.

MM. les secrétaires d'Etat se regardèrent avec inquiétude. Le roi était ce matin-là distrait au point que leurs énormités en matière d'exactions n'arrachèrent pas même un sourire à Sa Majesté.

Or, la distraction d'un roi est surtout inquiétante pour des secrétaires d'Etat.

Mais, en échange, Henri jouait avec master Love, lui disant, chaque fois que l'animal serrait ses doigts effilés entre ses petites dents blanches :

— Ah ! ah ! rebelle ! tu me veux mordre aussi, toi ? ah ! ah ! petit chien, tu t'attaques aussi à ton roi ? mais tout le monde s'en mêle donc aujourd'hui ?

Puis Henri, avec autant d'efforts apparents qu'Hercule, fils d'Alcmène, en fit pour dompter le lion de Némée, Henri domptait ce monstre gros comme le poing, tout en lui disant avec une satisfaction indicible :

— Vaincu, master Love, vaincu, infâme ligueur de master Love, vaincu ! vaincu ! ! vaincu ! ! !

Ce fut tout ce que MM. d'O et Villequier, ces deux grands diplomates qui croyaient qu'aucun secret humain ne devait leur échapper, purent saisir au passage. A part ces apostrophes à master Love, Henri était demeuré parfaitement silencieux.

Il eut à signer, il signa ; il eut à écouter, il écouta en fermant les yeux avec tant de naturel, qu'il fut impossible de savoir s'il écoutait ou s'il dormait.

Enfin trois heures de l'après-midi sonnèrent.

Le roi fit appeler M. d'Épernon.

On lui répondit que le duc passait la revue des chevau-légers.

Il demanda Loignac.

On lui répondit que Loignac essayait des chevaux limousins.

On s'attendait à voir le roi contrarié de ce double échec que venait de subir sa volonté ; pas du tout : contre l'attente générale, le roi, de l'air le plus dégagé du monde, se mit à siffloter une fanfare de chasse, distraction à laquelle il ne se livrait que lorsqu'il était parfaitement satisfait de lui.

Il était évident que toute l'envie que le roi avait eue de se taire depuis le matin se changeait en une démangeaison croissante de parler.

Cette démangeaison finit par devenir un besoin irrésistible ; mais le roi, n'ayant personne, fut obligé de parler tout seul.

Il demanda son goûter, et, pendant qu'il goûtait, se fit faire une lecture édifiante, qu'il interrompit pour dire au lecteur :

— C'est Plutarque, n'est-ce pas, qui a écrit la vie de Sylla ?

Le lecteur, qui lisait du sacré, et que l'on interrompait par une question profane, se retourna avec étonnement du côté du roi.

Le roi répéta sa question.

— Oui, sire, répondit le lecteur.

— Vous souvenez-vous de ce passage où l'historien raconte que le dictateur évita la mort ?

Le lecteur hésita.

— Non pas, sire, précisément, dit-il ; il y a fort longtemps que je n'ai lu Plutarque.

En ce moment on annonça Son Eminence le cardinal de Joyeuse.

— Ah ! justement, s'écria le roi, voici un savant homme, notre ami ; il va nous dire cela sans hésiter, lui.

— Sire, dit le cardinal, serais-je assez heureux pour arriver à propos ? c'est chose rare en ce monde.

— Ma foi, oui ; vous avez entendu ma question ?

— Votre Majesté demandait, je crois, de quelle façon et en quelle circonstance le dictateur Sylla échappa à la mort.

— Justement. Pouvez-vous y répondre, cardinal ?

— Rien de plus facile, sire.

— Tant mieux.

— Sylla, qui fit tuer tant d'hommes, sire, ne risqua jamais perdre la vie que dans les combats : Votre Majesté faisait-elle allusion à un combat?

— Oui, et dans un des combats qu'il livra, je crois me rappeler qu'il vit la mort de très près.

Ouvrez un Plutarque, s'il vous plaît, cardinal; il doit y en avoir un là, traduit par ce bon Amyot, et lisez-moi ce passage de la vie du Romain où il échappa, grâce à la vitesse de son cheval blanc, aux javelines de ses ennemis.

— Sire, il n'est point besoin d'ouvrir Plutarque pour cela, l'événement eut lieu dans le combat qu'il livra à Teleserius le Samnite, et à Lamponius le Lucanien.

— Vous devez savoir cela mieux que personne, mon cher cardinal, vous êtes si savant.

— Votre Majesté est vraiment trop bonne pour moi, répondit le cardinal en s'inclinant.

— Maintenant, dit le roi après une courte pause, maintenant expliquez-moi comment le lion romain, qui était si cruel, ne fut jamais inquiété par ses ennemis.

— Sire, dit le cardinal, je répondrai à Votre Majesté par un mot de ce même Plutarque.

— Répondez, Joyeuse, répondez.

— Carbon, l'ennemi de Sylla, disait souvent : « J'ai à combattre tout à la fois un lion et un renard qui habitent dans l'âme de Sylla; mais c'est le renard qui me donne la plus grande peine. »

— Ah ! oui-dà, répondit Henri rêveur, c'était le renard !

— Plutarque le dit, sire.

— Et il a raison, fit le roi, il a raison, cardinal. Mais à propos de combat, avez-vous reçu des nouvelles de votre frère ?

— Duquel, sire ? Votre Majesté sait que j'en ai quatre.

— Du duc d'Arques, de mon ami, enfin.

— Pas encore, sire.

— Pourvu que M. le duc d'Anjou, qui, jusqu'ici, a si bien su faire le renard, sache maintenant faire un peu le lion ! dit le roi.

Le cardinal ne répondit point; car, cette fois, Plutarque ne lui était d'aucun secours ; il craignait, en adroit courtisan, de répondre désagréablement au roi en répondant agréablement pour le duc d'Anjou.

Henri, voyant que le cardinal gardait le silence, en revint à ses batailles avec maître Love ; puis, tout en faisant signe au cardinal de rester, il se leva, s'habilla somptueusement et passa dans son cabinet, où sa cour l'attendait.

C'est surtout à la cour que l'on sent avec le même instinct que l'on retrouve chez les montagnards, c'est surtout à la cour que l'on sent l'approche ou la fin des orages ; sans que nul eût parlé, sans que nul eût encore aperçu le roi, tout le monde était disposé selon la circonstance.

Les deux reines étaient visiblement inquiètes.

Catherine, pâle et anxieuse, saluait beaucoup et parlait d'une manière brève et saccadée.

Louise de Vaudemont ne regardait personne et n'écoutait rien.

Il y avait des moments où la pauvre jeune femme avait l'air de perdre la raison.

Le roi entra.

Il avait l'œil vif et le teint rose : on pouvait lire sur son visage une apparence de bonne humeur qui produisit sur tous ces visages mornes qui attendaient l'apparition du sien, l'effet que produit un coup de soleil sur les bosquets jaunis par l'automne.

Tout fut doré, empourpré à l'instant même ; en une seconde tout rayonna.

Henri baisa la main de sa mère et celle de sa femme avec la même galanterie que s'il eût encore été duc d'Anjou. Il adressa mille flatteuses politesses aux dames qui n'étaient plus habituées à des retours de cette sorte, et alla même jusqu'à leur offrir des dragées.

— On était inquiet de votre santé, mon fils, dit Catherine regardant le roi avec une attention particulière, comme pour s'assurer que ce teint n'était pas du fard, que cette belle humeur n'était pas un masque.

— Et l'on avait tort, madame, répondit le roi; je ne me suis jamais mieux porté.

Et il accompagna ces paroles d'un sourire qui passa sur toutes les bouches.

— Et à quelle heureuse influence, mon fils, demanda Catherine avec une inquiétude mal déguisée, devez-vous cette amélioration dans votre santé ?

— A ce que j'ai beaucoup ri, madame, répondit le roi.

Tout le monde se regarda avec un si profond étonnement, qu'il semblait que le roi venait de dire une énormité.

— Beaucoup ri ? Vous pouvez beaucoup rire, mon fils, fit Catherine avec sa mine austère, alors vous êtes bien heureux.

— Voilà cependant comme je suis, madame.

— Et à quel propos vous êtes-vous laissé aller à une pareille hilarité?

— Il faut vous dire, ma mère, qu'hier soir j'étais allé au bois de Vincennes.

— Je l'ai su.

— Ah! vous l'avez su?

— Oui, mon fils : tout ce qui vous touche m'importe; je ne vous apprends rien de nouveau.

— Non, sans doute; j'étais donc allé au bois de Vincennes, lorsqu'au retour mes éclaireurs me signalèrent une armée ennemie dont les mousquets brillaient sur la route.

— Une armée ennemie sur la route de Vincennes?

— Oui, ma mère.

— Et où cela?

— En face la piscine des Jacobins, près de la maison de notre bonne cousine.

— Près de la maison de madame de Montpensier! s'écria Louise de Vaudemont.

— Précisément; oui, madame, près de Bel-Esbat; j'approchai bravement pour livrer bataille, et j'aperçus...

— Mon Dieu! continuez, sire, fit la reine, véritablement inquiète.

— Oh! rassurez-vous, madame.

Catherine attendait avec anxiété; mais ni une parole ni un geste ne trahissaient son inquiétude.

— J'aperçus, continua le roi, un prieuré tout entier de bons moines qui me présentaient les armes avec de belliqueuses acclamations.

Le cardinal de Joyeuse se mit à rire : toute la cour renchérit aussitôt sur cette manifestation.

— Oh! dit le roi, riez, riez, vous avez raison, car il en sera parlé longtemps; j'ai en France plus de dix mille moines dont je ferai au besoin dix mille mousquetaires; alors je créerai une charge de grand-maître des mousquetaires tonsurés de Sa Majesté très chrétienne, et je vous la donnerai, cardinal.

— Sire, j'accepte; tous les services me seront bons, pourvu qu'ils agréent à Votre Majesté.

Pendant le colloque du roi et du cardinal, les dames s'étaient levées selon l'étiquette du temps, et une à une, après avoir salué le roi, elles quittaient la chambre; la reine les suivit avec ses dames d'honneur.

La reine-mère demeura seule; il y avait dans la gaîté insolite du roi un mystère qu'elle voulait approfondir.

— Ah! cardinal, dit tout à coup le roi au prélat, qui se préparait à partir, voyant la reine-mère rester et devinant qu'elle voulait parler à son fils, à propos, que devient donc votre frère du Bouchage?

— Mais, sire, je ne sais.

— Comment, vous ne savez?

— Non, je le vois à peine, ou plutôt je ne le vois plus, répliqua le cardinal.

Une voix grave et triste résonna au fond de l'appartement.

— Me voici, sire, dit cette voix.

— Eh! c'est lui, s'écria Henri; approchez, comte, approchez.

Le jeune homme obéit.

— Eh! vive Dieu! dit le roi le regardant avec étonnement, sur ma foi de gentilhomme, ce n'est plus un corps, c'est une ombre qui marche.

— Sire, il travaille beaucoup, balbutia le cardinal, stupéfait lui-même du changement que huit jours avaient apporté dans le maintien et sur le visage de son frère.

En effet, du Bouchage était pâle comme une statue de cire, et son corps, sous la soie et la broderie, participait de la roideur et de la ténuité des ombres.

— Venez çà, jeune homme, lui dit le roi, venez. Merci, cardinal, de votre citation de Plutarque; en pareille occasion, je vous promets de recourir toujours à vous.

Le cardinal devina que le roi désirait rester seul avec Henri, et s'esquiva légèrement.

Le roi le vit partir du coin de l'œil, et ramena son regard sur sa mère, laquelle demeurait immobile.

Il ne restait plus dans le salon que la reine mère, M. d'Épernon, qui lui faisait mille civilités, et du Bouchage.

A la porte se tenait Loignac, moitié courtisan, moitié soldat, faisant son service plutôt qu'autre chose.

Le roi s'assit et fit signe à du Bouchage d'approcher de lui.

— Comte, lui dit-il, pourquoi vous cachez-vous ainsi derrière les dames, ne savez-vous point que j'ai plaisir à vous voir?

— Ce m'est un honneur bien grand que cette

bonne parole, sire, répondit le jeune homme en s'inclinant avec un profond respect.

— Alors, comte, d'où vient donc qu'on ne vous voit plus au Louvre ?

— On ne me voit plus, sire ?

— Non, en vérité, et je m'en plaignais à votre frère le cardinal, qui est encore plus savant que je ne croyais.

— Si Votre Majesté ne me voit pas, dit Henri, c'est qu'elle n'a pas daigné jeter les yeux sur le coin de ce cabinet, sire, j'y suis tous les jours à la même heure quand le roi paraît. J'assiste de même régulièrement au lever de Sa Majesté, et je la salue encore respectueusement quand elle sort du conseil. Jamais je n'y ai manqué, et jamais je n'y manquerai, tant que je pourrai me tenir debout, car c'est un devoir sacré pour moi.

— Et c'est cela qui te rend si triste ? dit amicalement Henri.

— Oh ! Votre Majesté ne le pense pas.

— Non, ton frère et toi, vous m'aimez.

— Sire.

— Et je vous aime aussi. A propos, tu sais que ce pauvre Anne m'a écrit de Dieppe.

— Je l'ignorais, sire.

— Oui, mais tu n'ignores pas qu'il était désolé de partir.

— Il m'a avoué ses regrets de quitter Paris.

— Oui, mais sais-tu ce qu'il m'a dit : c'est qu'il existait un homme qui eût regretté Paris bien davantage, et que si cet ordre te fût arrivé à toi, tu serais mort.

— Peut-être, sire.

— Il m'a dit plus, car il dit beaucoup de choses, ton frère, quand il ne boude point toutefois; il m'a dit que, le cas échéant, tu m'eusses désobéi ; est-ce vrai ?

— Sire, Votre Majesté a eu raison de mettre ma mort avant ma désobéissance.

— Mais enfin, si tu n'étais pas mort cependant de douleur à l'ordre de ce départ ?

— Sire, c'eût été une plus terrible souffrance pour moi de désobéir que de mourir, et cependant, ajouta le jeune homme en baissant son front pâle comme pour cacher son embarras, j'eusse désobéi.

Le roi se croisa les bras et regarda Joyeuse.

— Ah çà ! dit-il, mais tu es un peu fou, ce me semble, mon pauvre comte.

Le jeune homme sourit tristement.

— Oh ! je le suis tout à fait, sire, dit-il, et Votre Majesté a tort de ménager les termes à mon endroit.

— Alors, c'est sérieux, mon ami.

Joyeuse étouffa un soupir.

— Raconte-moi cela. Voyons ?

Le jeune homme poussa l'héroïsme jusqu'à sourire.

— Un grand roi comme vous êtes, sire, ne peut s'abaisser jusqu'à de pareilles confidences.

— Si fait, Henri, si fait, dit le roi ; parle, raconte, tu me distrairas.

— Sire, répondit le jeune homme avec fierté, Votre Majesté se trompe ; je dois le dire, il n'y a rien dans ma tristesse qui puisse distraire un noble cœur.

Le roi prit la main du jeune homme.

— Allons, allons, dit-il, ne te fâche pas, du Bouchage ; tu sais que ton roi, lui aussi, a connu les douleurs d'un amour malheureux.

— Je le sais, oui, sire, autrefois.

— Je compatis donc à tes souffrances.

— C'est trop de bontés de la part d'un roi.

— Non pas ; écoute, parce qu'il n'y avait rien au-dessus de moi, quand je souffris ce que tu souffres, que le pouvoir de Dieu, je n'ai pu m'aider de rien ; toi, au contraire, mon enfant, tu peux t'aider de moi.

— Sire ?

— Et par conséquent, continua Henri avec une affectueuse tristesse, espérer de voir la fin de tes peines.

Le jeune homme secoua la tête en signe de doute.

— Du Bouchage, dit Henri, tu seras heureux, ou je cesserai de m'appeler le roi de France.

— Heureux, moi ! hélas ! sire, c'est chose impossible, dit le jeune homme avec un sourire mêlé d'une amertume inexprimable.

— Et pourquoi cela ?

— Parce que mon bonheur n'est pas de ce monde.

— Henri, insista le roi, votre frère, en partant, vous a recommandé à moi comme à un ami. Je veux, puisque vous ne consultez, sur ce que vous avez à faire, ni la sagesse de votre père, ni la science de votre frère le cardinal, je veux être pour vous un frère aîné. Voyons, soyez confiant, instruisez-moi. Je vous assure, du Bouchage, qu'à tout, excepté à la mort, ma puissance et mon affection pour vous trouveront un remède.

— Sire, répondit le jeune homme en se laissant glisser aux pieds du roi, sire, ne me confondez point par l'expression d'une bonté à laquelle je ne puis répondre. Mon malheur est sans remède, car c'est mon malheur qui fait ma seule joie.

— Du Bouchage, vous êtes un fou, et vous vous tuerez de chimères: c'est moi qui vous le dis.

— Je le sais bien, sire, répondit tranquillement le jeune homme.

— Mais enfin, s'écria le roi avec quelque impatience, est-ce un mariage que vous désirez faire, est-ce une influence que vous voulez exercer?

— Sire, c'est de l'amour qu'il faut inspirer. Vous voyez que tout le monde est impuissant à me procurer cette faveur : moi seul je dois l'obtenir et l'obtenir pour moi seul.

— Alors pourquoi te désespérer?

— Parce que je sens que je ne l'obtiendrai jamais, sire.

— Essaie, essaie, mon enfant; tu es riche, tu es jeune : quelle est la femme qui peut résister à la triple influence de la beauté, de l'amour et de la jeunesse? Il n'y en a point, du Bouchage, il n'y en a point.

— Combien de gens à ma place béniraient Votre Majesté pour son indulgence excessive, pour sa faveur dont elle m'accable! Etre aimé d'un roi comme Votre Majesté, c'est presque autant que d'être aimé de Dieu.

— Alors tu acceptes : bien! Ne dis rien, si tu tiens à être discret : je prendrai des informations, je ferai faire des démarches. Tu sais ce que j'ai fait pour ton frère; j'en ferai autant pour toi : cent mille écus ne m'arrêteront pas.

Du Bouchage saisit la main du roi et la colla sur ses lèvres.

— Qu'un jour Votre Majesté me demande mon sang, dit-il, et je le verserai jusqu'à la dernière goutte, pour lui prouver combien je lui suis reconnaissant de la protection que je refuse.

Henri III tourna les talons avec dépit.

— En vérité, dit-il, ces Joyeuse sont plus entêtés que des Valois. En voilà un qui va m'apporter tous les jours sa mine longue et ses yeux cerclés de noir : comme ce sera réjouissant! avec cela qu'il y a déjà trop de figures gaies à la cour!

— Oh! sire, qu'à cela ne tienne, s'écria le jeune homme, j'étendrai la fièvre sur mes joues comme un fard joyeux, et tout le monde croira, en me voyant sourire, que je suis le plus heureux des hommes.

— Oui, mais moi, je saurai le contraire, misérable entêté, et cette certitude m'attristera.

— Votre Majesté me permet-elle de me retirer? demanda du Bouchage.

— Oui, mon enfant, va et tâche d'être homme.

Le jeune homme baisa la main du roi, alla saluer la reine-mère, passa fièrement devant d'Épernon, qui ne le saluait pas, et sortit.

A peine eut-il passé le seuil de la porte que le roi cria :

— Fermez, Nambu.

Aussitôt l'huissier auquel cet ordre était adressé proclama dans l'antichambre que le roi ne recevait plus personne.

Alors Henri s'approcha du duc d'Épernon, et lui frappant sur l'épaule :

— Lavalette, lui dit-il, tu feras faire ce soir à tes quarante-cinq une distribution d'argent, et tu leur donneras congé pour toute une nuit et un jour. Je veux qu'ils se réjouissent. Par la messe! ils m'ont sauvé, les drôles, sauvé comme le cheval blanc de Sylla.

— Sauvé! dit Catherine avec étonnement.

— Oui, ma mère.

— Sauvé de quoi?

— Ah! voilà! demandez à d'Épernon.

— Je vous le demande à vous, c'est mieux encore, ce me semble.

— Eh bien! madame, notre très chère cousine, la sœur de votre bon ami M. de Guise... Oh! ne vous en défendez pas, c'est votre bon ami.

Catherine sourit en femme qui dit :

— Il ne comprendra jamais.

Le roi vit le sourire, serra les lèvres et continua :

— La sœur de votre bon ami de Guise m'a fait tendre hier une embuscade.

— Une embuscade?

— Oui, madame; hier j'ai failli être arrêté, assassiné peut-être.

— Par M. Guise? s'écria Catherine.

— Vous n'y croyez pas?

— Non, je l'avoue, dit Catherine.

— D'Épernon, mon ami, pour l'amour de Dieu, contez l'aventure tout au long à madame la reine-mère. Si je parlais moi-même et qu'elle continuât à hausser les épaules comme elle les hausse, je me mettrais en colère, et, ma foi, je n'ai point de santé de reste.

Puis se retournant vers Catherine :

— Adieu, madame, adieu; chérissez M. de Guise tant qu'il vous plaira; j'ai déjà fait rouer M. de Salcède, vous vous le rappelez?

— Sans doute!

— Eh bien! que MM. de Guise fassent comme vous, qu'ils ne l'oublient pas.

Cela dit, le roi haussa les épaules plus haut que sa mère ne les avait haussées, et rentra dans ses appartements, suivi de master Love, qui était forcé de courir pour le suivre.

LVII

PLUMET ROUGE ET PLUMET BLANC

Après être revenu aux hommes, revenons un peu aux choses.

Il était huit heures du soir, et la maison de Robert Briquet toute seule, triste, sans un reflet, profilait sa silhouette triangulaire sur un ciel pommelé, évidemment plus disposé à la pluie qu'au clair de lune.

Cette pauvre maison, dont on sentait que l'âme était sortie, faisait un digne pendant à cette maison mystérieuse dont nous avons déjà eu l'honneur d'entretenir nos lecteurs et qui s'élevait en face d'elle. Les philosophes, qui prétendent que rien ne vit, ne parle, ne sent, comme les choses inanimées, eussent dit, en voyant les deux maisons, qu'elles bâillaient vis à vis l'une de l'autre.

Non loin de là, on entendait un grand bruit d'airain mêlé de voix confuses, de murmures vagues et de glapissements, comme si des corybantes eussent célébré dans un antre les mystères de la bonne déesse.

C'était probablement ce bruit qui attirait à lui un jeune homme au toquet violet, à la plume rouge et au manteau gris, beau cavalier qui s'arrêtait des minutes entières devant ce vacarme, puis revenait lentement, pensif et la tête baissée, vers la maison de maître Robert Briquet.

Or, cette symphonie d'airain choqué, c'était le bruit des casseroles; ces murmures vagues, ceux des marmites bouillant sur les brasiers, et des broches tournant aux pattes des chiens; ces cris, ceux de maître Fournichon, hôte du *Fier-Chevalier*, occupé du soin de ses fourneaux, et ces glapissements, ceux de dame Fournichon, qui faisait préparer les boudoirs des tourelles.

Quand le jeune homme au toquet violet avait bien regardé le feu, bien respiré le parfum des volailles, bien interrogé les rideaux des fenêtres, il revenait sur ses pas, puis recommençait à examiner encore.

Il y avait cependant, si indépendante que parût sa marche au premier abord, une limite que le promeneur ne franchissait jamais : c'était l'espèce de ruisseau qui coupait la rue devant la maison de Robert Briquet, et aboutissait à la maison mystérieuse.

Mais aussi, il faut le dire, chaque fois que le promeneur arrivait sur cette limite, il y trouvait, comme une sentinelle vigilante, un autre jeune homme du même âge à peu près que lui, au toquet noir à la plume blanche, au manteau violet, qui, le front plissé, l'œil fixe, la main sur l'épée, semblait dire, semblable au géant Adamastor :

— Tu n'iras pas plus loin sans trouver la tempête.

Le promeneur au plumet rouge, c'est-à-dire le premier que nous avons introduit sur la scène, fit vingt tours à peu près sans rien remarquer de tout cela, tant il était préoccupé. Certainement, il n'était pas sans avoir vu un homme arpentant comme lui la voie publique; mais cet homme était trop bien vêtu pour être un voleur, et jamais l'idée ne lui fût venue de s'inquiéter de rien, sinon de ce qui se faisait au *Fier-Chevalier*.

Mais l'autre, au contraire, à chaque retour du plumet rouge, fonçait en noir la teinte sombre de son visage; enfin la dose de fluide irrité devint si lourde chez le plumet blanc, qu'elle finit par frapper le plumet rouge et par attirer son attention.

Il leva la tête et lut sur le visage de celui qui se trouvait en face de lui, toute la mauvaise volonté qu'il paraissait éprouver à son égard.

Cela l'induisit naturellement à penser qu'il gênait le jeune homme; puis cette pensée amena le désir de s'informer en quoi il le gênait.

Il se mit en conséquence à regarder attentivement la maison de Robert Briquet.

Puis de cette maison il passa à celle qui faisait son pendant.

Enfin, lorsqu'il les eut bien regardées l'une et l'autre sans s'inquiéter ou sans paraître s'inquiéter au moins de la façon dont le jeune homme au plumet blanc le regardait, il lui tourna le dos et revint aux rutilants éclairs des fourneaux de maître Fournichon.

Le plumet blanc, heureux d'avoir mis son adversaire en déroute, car il attribuait à déroute le mouvement de volte-face qu'il venait de lui voir faire, le plumet blanc se mit à marcher dans son sens, c'est-à-dire de l'est à l'ouest, tandis que l'autre s'avançait de l'ouest à l'est.

Mais quand chacun d'eux fut arrivé au point qu'il s'était intérieurement marqué pour sa course, il se retourna et revint en droite ligne sur l'autre, et en si droite ligne que, n'eût été le ruisseau, Rubicon nouveau qu'il fallait franchir, ils se fussent heurtés nez à nez tant la précision de la ligne droite avait été scrupuleusement respectée.

Le plumet blanc frisa sa petite moustache avec un mouvement d'impatience visible.

Le plumet rouge prit un air étonné, puis il lança un nouveau regard à la maison mystérieuse.

On eût pu voir alors le plumet blanc faire un pas pour franchir le Rubicon, mais le plumet rouge s'était déjà éloigné : la marche en ligne inverse recommença.

Pendant cinq minutes, on eût pu croire qu'ils ne se rencontreraient qu'aux antipodes; mais bientôt, avec le même instinct et la même précision que la première fois, tous deux se retournèrent en même temps.

Comme deux nuages qui suivent sous des souffles contraires la même zone du ciel, et que l'on voit avancer l'un sur l'autre en déployant leurs flocons noirs, prudentes avant-gardes, les deux promeneurs arrivèrent cette fois en face l'un de l'autre, résolus à se marcher sur les pieds plutôt que de reculer d'un pas.

Plus impatient sans doute que celui qui venait à sa rencontre, le plumet blanc, au lieu de demeurer, comme il avait fait jusque-là, sur la limite du ruisseau, enjamba ledit ruisseau et fit reculer son adversaire, qui, ne se doutant pas de cette agression, et les bras pris sous son manteau, faillit perdre l'équilibre.

— Ah çà ! monsieur, dit ce dernier, êtes-vous fou, ou avez-vous l'intention de m'insulter?

— Monsieur, j'ai l'intention de vous faire comprendre que vous me gênez fort; il m'avait même semblé que, sans que j'eusse besoin de vous le dire, vous vous en étiez aperçu.

— Pas le moins du monde, monsieur, car j'ai pour système de ne voir jamais ce que je ne veux pas voir.

— Il y a cependant certaines choses qui atti-

Le comte Henri du Bouchage.

raient vos regards, je l'espère, si on les faisait briller à vos yeux.

Et joignant le mouvement à la parole, le jeune homme au plumet blanc se débarrassa de sa cape et tira son épée qui étincela sous un rayon de la lune glissant en ce moment entre deux nuages.

Le plumet rouge resta immobile.

— On dirait, monsieur, répliqua-t-il en haussant les épaules, que vous n'avez jamais mis une lame hors du fourreau, tant vous vous hâtez de la faire sortir contre quelqu'un qui ne se défend pas.

— Non, mais qui se défendra, je l'espère.

Le plumet rouge sourit avec une tranquillité qui doubla l'irritation de son adversaire.

— Pourquoi cela? et quel droit avez-vous de m'empêcher de me promener dans la rue?

— Pourquoi vous y promenez-vous, dans cette rue?

— Parbleu, la belle demande! parce que cela me plaît.

— Ah ! cela vous plaît.

— Sans doute ; vous vous y promenez bien, vous ! avez-vous licence du roi de fouler seul le pavé de la rue de Bussy ?

— Que j'aie licence ou non, peu importe.

— Vous vous trompez ; il importe beaucoup, au contraire ; je suis fidèle sujet de Sa Majesté, et ne voudrais point lui désobéir.

— Ah ! vous raillez, je crois !

— Quand cela serait ? vous menacez bien, vous !

— Ciel et terre ! Je vous dis que vous me gênez, monsieur, et que si vous ne vous éloignez point de bonne volonté, je saurai bien, moi, vous éloigner de force.

— Oh ! oh ! monsieur, c'est ce qu'il faudra voir.

— Eh ! morbleu ! c'est ce que je vous dis depuis une heure, voyons.

— Monsieur, j'ai particulièrement affaire dans ce quartier-ci. Vous voilà donc prévenu. Maintenant, si c'est chez vous un absolu désir, j'échangerai volontiers une passe d'épée ; mais je ne m'éloignerai pas.

— Monsieur, dit le plumet blanc en faisant siffler son épée et en rassemblant ses deux pieds, comme un homme qui s'apprête à tomber en garde, je me nomme le comte Henri du Bouchage, je suis frère de M. le duc de Joyeuse ; une dernière fois, vous plaît-il de me céder le pas et de vous retirer ?

— Monsieur, répondit le plumet rouge, je me nomme le vicomte Ernauton de Carmainges ; vous ne me gênez pas du tout, et je ne trouve aucunement mauvais que vous demeuriez.

Du Bouchage réfléchit un instant, et remit son épée au fourreau.

— Excusez-moi, monsieur, dit-il, je suis à moitié fou, étant amoureux.

— Et moi aussi, je suis amoureux, répondit Ernauton, mais je ne me crois aucunement fou pour cela.

Henri pâlit.

— Vous êtes amoureux ?

— Oui, monsieur.

— Et vous l'avouez ?

— Depuis quand est-ce un crime ?

— Mais amoureux dans cette rue.

— Pour le moment, oui.

— Au nom du ciel, monsieur, dites-moi qui vous aimez ?

— Ah ! monsieur du Bouchage, vous n'avez point réfléchi à ce que vous me demandez ; vous savez bien qu'un gentilhomme ne peut révéler un secret dont il n'a que la moitié.

— C'est vrai ; pardon, monsieur de Carmainges ; mais c'est qu'en vérité, nul n'est aussi malheureux que moi sous le ciel.

Il y avait tant de vraie douleur et de désespoir éloquent dans ces quatre mots prononcés par le jeune homme, qu'Ernauton en fut profondément touché.

— O mon Dieu ! je comprends, dit-il, vous craignez que nous ne soyons rivaux.

— Je le crains.

— Hum ! fit Ernauton. Eh bien ! monsieur, je vais être franc.

Joyeuse pâlit et passa sa main sur son front.

— Moi, continua Ernauton, j'ai un rendez-vous.

— Vous avez un rendez-vous ?

— Oui, en bonne forme !

— Dans cette rue ?

— Dans cette rue.

— Ecrit ?

— Oui, d'une fort jolie écriture même.

— De femme ?

— Non, d'homme.

— D'homme ! que voulez-vous dire ?

— Mais pas autre chose que ce que je dis. J'ai un rendez-vous avec une femme, d'une assez jolie écriture d'homme ; ce n'est pas précisément aussi mystérieux, mais c'est plus élégant ; on a un secrétaire, à ce qu'il paraît.

— Ah ! murmura Henri, achevez, monsieur, au nom du ciel, achevez.

— Vous me demandez de telle façon, monsieur, que je ne saurais vous refuser. Je vais donc vous dire la teneur du billet.

— J'écoute.

— Vous verrez si c'est la même chose que vous.

— Assez, monsieur, par grâce ; moi, l'on ne m'a point donné de rendez-vous, moi, je n'ai pas reçu de billet.

Ernauton tira de sa bourse un petit papier.

— Voilà le billet, monsieur, dit-il, il me serait difficile de vous le lire par cette nuit obscure ; mais il est court et je le sais par cœur ; vous en rapportez-vous à moi de ne vous point tromper ?

— Oh ! tout à fait !

— Voici donc les termes dans lesquels il est conçu :

« Monsieur Ernauton, mon secrétaire est par moi chargé de vous dire que j'ai grand désir de causer avec vous une heure ; votre mérite m'a touchée. »

— Il y a cela? demanda du Bouchage.

— Ma foi, oui, monsieur, la phrase est même soulignée. Je passe une autre phrase un peu trop flatteuse.

— Et vous êtes attendu?

— C'est-à-dire que j'attends, comme vous voyez.

— Alors on doit vous ouvrir la porte?

— Non, on doit siffler trois fois par la fenêtre.

Henri, tout frémissant, posa une de ses mains sur le bras d'Ernauton, et de l'autre lui montrant la maison mystérieuse :

— De là ? demanda-t-il.

— Pas du tout, répondit Ernauton en montrant les tourelles du *Fier-Chevalier*, de là.

Henri poussa un cri de joie.

— Mais vous n'allez donc pas ici? dit-il.

— Eh non ! le billet dit positivement : Hôtellerie du *Fier-Chevalier*.

— Oh ! soyez béni, monsieur, dit le jeune homme en lui serrant la main ; oh ! pardonnez-moi mon incivilité, ma sottise. Hélas ! vous le savez, pour l'homme qui aime véritablement, il n'existe qu'une femme, et en vous voyant sans cesse revenir jusqu'à cette maison, j'ai cru que c'était par cette femme que vous étiez attendu.

— Je n'ai rien à vous pardonner, monsieur, dit Ernauton en souriant, car, en vérité, j'ai eu un instant de mon côté l'idée que vous étiez dans cette rue pour le même motif que moi.

— Et vous avez eu cette incroyable patience de ne me rien dire, monsieur! Oh! vous n'aimez pas, vous n'aimez pas!

— Ma foi, écoutez, je n'ai pas encore grands droits; j'attendais un éclaircissement quelconque avant de me fâcher. Ces grandes dames sont si étranges dans leurs caprices, et une mystification est si amusante !

— Allons, allons, monsieur de Carmainges, vous n'aimez pas comme moi, et cependant...

— Et cependant? répéta Ernauton.

— Et cependant vous êtes plus heureux.

— Ah! l'on est cruel dans cette maison!

— Monsieur de Carmainges, dit Joyeuse, voilà trois mois que j'aime comme un fou celle qui l'habite, et je n'ai pas encore eu le bonheur d'entendre le son de sa voix.

— Diable ! vous n'êtes pas avancé. Mais attendez donc.

— Quoi?

— Est-ce qu'on n'a pas sifflé?

— En effet, il me semble avoir entendu.

Les deux jeunes gens écoutèrent, un second coup se fit entendre dans la direction du *Fier-Chevalier*.

— Monsieur le comte, dit Ernauton, vous m'excuserez de ne pas vous faire plus longue compagnie, mais je crois que voilà mon signal.

Un troisième coup retentit.

— Allez, monsieur, allez, dit Henri, et bonne chance.

Ernauton s'éloigna lestement, et son interlocuteur le vit disparaître dans l'ombre de la rue pour reparaître dans la lumière que jetaient les fenêtres du *Fier-Chevalier* et disparaître encore.

Quant à lui, plus morne qu'auparavant, car cette espèce de lutte l'avait un instant fait sortir de sa léthargie :

— Allons, dit-il, faisons mon métier accoutumé, frappons comme d'habitude à la porte maudite qui jamais ne s'ouvre.

Et, en disant ces mots, il s'avança chancelant vers la porte de la maison mystérieuse.

LVIII

LA PORTE S'OUVRE

Mais en arrivant à la porte de la maison mystérieuse, le pauvre Henri fut repris de son hésitation habituelle.

— Du courage, se dit-il à lui-même, frappons.

Et il fit encore un pas.

Mais, avant de frapper, il regarda encore une fois derrière lui et vit sur le chemin le reflet brillant des lumières de l'hôtellerie.

— Là-bas, se dit-il, entrent pour l'amour et pour la joie des gens qu'on appelle et qui n'ont pas même désiré; pourquoi n'ai-je pas le cœur tranquille et le sourire insouciant? j'entrerais peut-être là-bas aussi, moi, au lieu d'essayer vainement d'entrer ici.

On entendit la cloche de Saint-Germain-des-Prés qui vibrait mélancoliquement dans les airs.

— Allons, voilà dix heures qui sonnent, murmura Henri

Il mit le pied sur le seuil de la porte et souleva le heurtoir.

— Vie effroyable! murmura-t-il, vie de vieillard. Oh! quel jour pourrais-je donc dire : Belle mort, riante mort, douce tombe, salut!

Il frappa un deuxième coup.

— C'est cela, continua-t-il en écoutant, voilà le bruit de la porte intérieure qui crie, le bruit de l'escalier qui gémit, le bruit du pas qui s'approche : ainsi toujours, toujours la même chose.

Et il frappa une troisième fois.

— Encore ce coup, dit-il, le dernier. C'est cela : le pas devient plus léger, le serviteur regarde au treillis de fer, il voit ma pâle, ma sinistre, mon insupportable figure, puis il s'éloigne sans ouvrir jamais!

La cessation de tout bruit sembla justifier la prédiction du malheureux jeune homme.

— Adieu, maison cruelle; adieu jusqu'à demain, dit-il.

Et, se baissant de manière à ce que son front fût au niveau du seuil de pierre, il y déposa du fond de l'âme un baiser qui fit tressaillir le dur granit, moins dur cependant encore que le cœur des habitants de cette maison.

Puis, comme il avait fait la veille, et comme il comptait faire le lendemain, il se retira.

Mais à peine avait-il fait deux pas en arrière, qu'à sa profonde surprise le verrou grinça dans sa gâche; la porte s'ouvrit, et le serviteur s'inclina profondément.

C'était le même dont nous avons tracé le portrait lors de son entrevue avec Robert Briquet.

— Bonsoir, monsieur, dit-il d'une voix rauque, mais dont le son cependant parut à du Bouchage plus doux que les plus suaves concerts des chérubins qu'on entend dans ces songes d'enfance, où l'on rêve encore du ciel.

Tremblant, éperdu, Henri, qui avait déjà fait dix pas pour s'éloigner, se rapprocha vivement, et, joignant les mains, il chancela si visiblement, que le serviteur le retint pour l'empêcher de tomber sur le seuil; ce que cet homme fit, au reste, avec l'expression visible d'une respectueuse compassion.

— Voyons, monsieur, dit-il, me voilà; expliquez-moi, je vous prie, ce que vous désirez.

— J'ai tant aimé, répondit le jeune homme, que je ne sais plus si j'aime encore. Mon cœur

Que voulez-vous, Monsieur ? — PAGE 120

a tant battu, que je ne puis dire s'il bat toujours.

— Vous plairait-il, monsieur, dit le serviteur avec respect, de vous asseoir là près de moi et de causer ?

— Oh ! oui.

Le serviteur lui fit un signe de la main.

Henri obéit à ce signe, comme il eût obéi à un signe du roi de France ou de l'empereur romain.

— Parlez, monsieur, dit le serviteur, quand ils furent assis l'un près de l'autre, et dites-moi votre désir.

— Mon ami, répondit du Bouchage, ce n'est pas d'aujourd'hui que nous nous parlons et que nous nous touchons ainsi. Mainte fois, vous le savez, je vous ai attendu et surpris au détour d'une rue ; alors je vous ai offert assez d'or pour vous enrichir, quand vous eussiez été le plus avide des hommes ; d'autres fois, j'ai essayé de vous intimider ; jamais vous ne m'avez écouté ; toujours vous m'avez vu souffrir, et cela, sans compatir, visiblement au moins, à mes souffrances. Aujourd'hui, vous me dites de vous parler, vous m'invitez à vous exprimer mon désir : qu'est-il donc arrivé, mon Dieu! et quel nouveau malheur me cache cette condescendance de votre part?

Le serviteur poussa un soupir. Il y avait évidemment un cœur pitoyable sous cette rude enveloppe.

Ce soupir fut entendu de Henri et l'encouragea.

— Vous savez, continua-t-il, que j'aime et comment j'aime; vous m'avez vu poursuivre une femme et la découvrir malgré ses efforts pour se cacher et pour me fuir; jamais, dans mes plus grandes douleurs, une parole amère ne m'est échappée, jamais je n'ai donné suite à ces pensées de violence qui naissent du désespoir et des conseils que nous souffle avec l'ardeur du sang la fougueuse jeunesse.

— C'est vrai, monsieur, dit le serviteur, et en ceci pleine justice vous est rendue par ma maîtresse et par moi.

— Ainsi convenez-en, continua Henri en pressant entre ses mains les mains du vigilant gardien, ainsi ne pouvais-je pas un soir, quand vous me refusiez l'entrée de cette maison, ne pouvais-je pas enfoncer la porte, ainsi que le fait tous les jours le moindre écolier ivre ou amoureux? Alors, ne fût-ce que pour un moment, j'aurais vu cette femme inexorable, je lui eusse parlé.

— C'est vrai encore.

— Enfin, continua le jeune comte, avec une douceur et une tristesse inexprimables, je suis quelque chose en ce monde, mon nom est grand, ma fortune est grande, mon crédit est grand, le roi lui-même, le roi me protége; tout à l'heure encore le roi me conseillait de lui confier mes douleurs, me disait de recourir à lui, m'offrait sa protection.

— Ah! fit le serviteur avec une inquiétude visible.

— Je n'ai point voulu, se hâta de dire le jeune homme; non, non, j'ai tout refusé, tout refusé, pour venir prier à mains jointes de s'ouvrir, cette porte qui, je le sais bien, ne s'ouvre jamais.

— Monsieur le comte, vous êtes en effet un cœur loyal et digne d'être aimé.

— Eh bien, interrompit Henri avec un douloureux serrement de cœur, cet homme au cœur loyal, et, de votre avis même, digne d'être aimé, à quoi le condamnez-vous? Chaque matin mon page apporte une lettre, on ne la reçoit même pas; chaque soir je viens heurter à cette porte moi-même, et chaque soir on m'éconduit; enfin on me laisse souffrir, me désoler, mourir dans cette rue, sans avoir pour moi la compassion qu'on aurait pour un pauvre chien qui hurle. Ah! mon ami, je vous le dis, cette femme n'a pas le cœur d'une femme; on n'aime pas un malheureux, soit; ah! mon Dieu! on ne peut pas plus commander à son cœur d'aimer que de lui dire de n'aimer plus. Mais on a pitié d'un malheureux qui souffre, et on lui dit un mot de consolation; mais on plaint un malheureux qui tombe, et on lui tend la main pour le relever; mais non, non, cette femme se complaît avec mon supplice; non, cette femme n'a pas de cœur, elle m'eût tué avec un refus de sa bouche, ou fait tuer avec quelque coup de couteau, avec quelque coup de poignard; mort, au moins, je ne souffrirais plus.

— Monsieur le comte, répondit le serviteur après avoir scrupuleusement écouté tout ce que venait de dire le jeune homme, la dame que vous accusez est loin, croyez-le bien, d'avoir le cœur aussi insensible et surtout aussi cruel que vous le dites; elle souffre plus que vous, car elle vous a vu quelquefois, car elle a compris ce que vous souffrez, et elle ressent pour vous une vive sympathie.

— Oh! de la compassion, de la compassion! s'écria le jeune homme en essuyant la sueur froide qui coulait de ses tempes; oh! vienne le jour où son cœur, que vous vantez, connaîtra l'amour, l'amour tel que je le sens, et si, en échange de cet amour, on lui offre alors de la compassion, je serai bien vengé.

— Monsieur le comte, monsieur le comte, ce n'est pas une raison de n'avoir point aimé que de ne pas répondre à l'amour; cette femme a peut-être connu la passion plus forte que vous ne la connaîtrez jamais, cette femme a peut-être aimé comme jamais vous n'aimerez.

Henri leva les mains au ciel.

— Quand on a aimé ainsi, on aime toujours! s'écria-t-il.

— Vous ai-je donc dit qu'elle n'aimait plus, monsieur le comte? demanda le serviteur.

Henri poussa un cri douloureux et s'affaissa comme s'il eût été frappé de mort.

— Elle aime! s'écria-t-il, elle aime! ah! mon Dieu! mon Dieu!

— Oui, elle aime; mais ne soyez point jaloux de l'homme qu'elle aime, monsieur le comte; cet homme n'est plus de ce monde. Ma maîtresse est veuve, ajouta le serviteur compatissant, espérant calmer par ces mots la douleur du jeune homme.

Et, en effet, comme par enchantement, ces mots lui rendirent le souffle, la vie et l'espoir.

— Voyons, au nom du ciel, dit-il, ne m'abandonnez pas ; elle est veuve, dites-vous, alors elle l'est depuis peu, alors elle verra se tarir la source de ses larmes; elle est veuve, ah! mon ami, elle n'aime personne alors, puisqu'elle aime un cadavre, une ombre, un nom. La mort, c'est moins que l'absence; me dire qu'elle aime un mort, c'est me dire qu'elle m'aimera... Eh! mon Dieu, toutes les grandes douleurs se sont calmées avec le temps. Quand la veuve de Mausole, qui avait juré à la tombe de son époux une douleur éternelle, quand la veuve de Mausole eut épuisé ses larmes, elle fut guérie. Les regrets sont une maladie : quiconque n'est pas emporté dans la crise sort de cette crise plus vigoureux et plus vivace qu'auparavant.

Le serviteur secoua la tête.

— Cette dame, monsieur le comte, répondit-il, comme la veuve du roi Mausole, a juré au mort une éternelle fidélité; mais je la connais, et elle tiendra mieux sa parole que ne l'a fait cette femme oublieuse dont vous me parlez.

— J'attendrai, j'attendrai dix ans s'il le faut! s'écria Henri; Dieu n'a pas permis qu'elle mourût de chagrin ou qu'elle abrégeât violemment ses jours; vous voyez bien que puisqu'elle n'est pas morte, c'est qu'elle peut vivre, et que, puisqu'elle vit, je puis espérer.

— Oh! jeune homme, jeune homme, dit le serviteur avec un accent lugubre, ne comptez pas ainsi avec les sombres pensées des vivants, avec les exigences des morts. Elle a vécu! dites-vous: oui, elle a vécu! non pas un jour, non pas un mois, non pas une année; elle a vécu sept ans. — Joyeuse tressaillit. — Mais savez-vous pourquoi, dans quel but, pour accomplir quelle résolution elle a vécu? Elle se consolera, esperez-vous? Jamais, monsieur le comte, jamais! C'est moi qui vous le dis, c'est moi qui vous le jure, moi, qui n'étais que le très humble serviteur du mort, moi, qui, tant qu'il a vécu, étais une âme pieuse, ardente et pleine d'espérance, et qui, depuis qu'il est mort, suis devenu un cœur endurci; eh bien! moi, moi, qui ne suis que son serviteur, je vous le répète, jamais je ne me consolerai.

— Cet homme tant regretté, interrompit Henri, ce mort bienheureux, ce mari...

— Ce n'était pas le mari, c'était l'amant, monsieur le comte, et une femme comme celle que malheureusement vous aimez n'a qu'un amant dans toute sa vie.

— Mon ami, mon ami! s'écria le jeune homme, effrayé de la majesté sauvage de cet homme à l'esprit élevé, et qui cependant était perdu sous des habits vulgaires, mon ami, je vous en conjure, intercédez pour moi!

— Moi! s'écria-t-il, moi! Écoutez, monsieur le comte, si je vous eusse cru capable d'user de violence envers ma maîtresse, je vous eusse tué, tué de cette main.

Et il tira de dessous son manteau un bras nerveux et viril qui semblait celui d'un homme de vingt-cinq ans à peine, tandis que ses cheveux blanchis et sa taille courbée lui donnaient l'apparence d'un homme de soixante ans.

— Si, au contraire, continua-t-il, j'eusse pu croire que ma maîtresse vous aimât, c'est elle qui serait morte.

Maintenant, monsieur le comte, j'ai dit ce que j'avais à dire, ne cherchez point à m'en faire avouer davantage, car, sur mon honneur, et quoique je ne sois pas gentilhomme, croyez-moi, mon honneur vaut quelque chose, car, sur mon honneur, j'ai dit tout ce que je pouvais avouer.

Henri se leva la mort dans l'âme.

— Je vous remercie, dit-il, d'avoir eu cette compassion pour mes malheurs; maintenant je suis décidé.

— Ainsi, vous serez plus calme à l'avenir, monsieur le comte, ainsi vous vous éloignerez de nous, vous nous laisserez à une destinée pire que la vôtre, croyez-moi.

— Oui, je m'éloignerai de vous, en effet, soyez tranquille, dit le jeune homme, et pour toujours.

— Vous voulez mourir, je vous comprends.

Ernauton attendit un instant; elle ne se retourna point. — PAGE 130.

— Pourquoi vous le cacherais-je? je ne puis vivre sans elle, il faut bien que je meure, du moment où je ne la possède pas.

— Monsieur le comte, nous avons bien souvent parlé de la mort avec ma maîtresse; croyez-moi, c'est une mauvaise mort que celle qu'on se donne de sa propre main.

— Aussi, n'est-ce point celle-là que je choisirai; il y a pour un jeune homme de mon nom, de mon âge et de ma fortune, une mort qui de tout temps a été une belle mort, c'est celle que l'on reçoit en défendant son roi et son pays.

— Si vous souffrez au-delà de votre force, si vous ne devez rien à ceux qui vous survivront, si la mort du champ de bataille vous est offerte, mourez, monsieur le comte, mourez; il y a longtemps que je serais mort, moi, si je n'étais condamné à vivre.

— Adieu et merci, répondit Joyeuse en tendant la main au serviteur inconnu. Au revoir dans un autre monde!

Et il s'éloigna rapidement, jetant aux pieds

du serviteur, touché de cette douleur profonde, une pesante bourse d'or.

Minuit sonnait à l'église Saint-Germain-des-Prés.

LIX

COMMENT AIMAIT UNE GRANDE DAME EN L'AN DE GRACE 1586

Les trois coups de sifflet qui, à intervalles égaux, avaient traversé l'espace, étaient bien ceux qui devaient servir de signal au bienheureux Ernauton.

Aussi, quand le jeune homme fut proche de la maison, il trouva dame Fournichon sur la porte où elle attendait les clients avec un sourire qui la faisait ressembler à une déesse mythologique interprétée par un peintre flamand.

Dame Fournichon maniait encore dans ses grosses mains blanches un écu d'or qu'une autre main aussi blanche, mais plus délicate que la sienne, venait d'y déposer en passant.

Elle regarda Ernauton, et mettant les mains sur ses hanches, remplit la capacité de la porte de manière à rendre tout passage impossible.

Ernauton, de son côté, s'arrêta en homme qui demande à passer.

— Que voulez-vous, monsieur? dit-elle; qui demandez-vous?

— Trois coups de sifflet ne sont-ils point partis tout à l'heure de la fenêtre de cette tourelle, bonne dame?

— Si fait.

— Eh bien! c'est moi que ces trois coups de sifflet appelaient.

— Vous?

— Oui, moi.

— Alors c'est différent, si vous me donnez votre parole d'honneur.

— Foi de gentilhomme, ma chère madame Fournichon.

— En ce cas, je vous crois; entrez, beau cavalier, entrez.

Et, joyeuse d'avoir enfin une de ces clientèles, comme elle les désirait si ardemment pour ce malheureux *Rosier-d'Amour* qui avait été détrôné par le *Fier-Chevalier*, l'hôtesse fit monter Ernauton par l'escalier en limaçon qui conduisait à la plus ornée et à la plus discrète de ses tourelles.

Une petite porte, peinte assez vulgairement, donnait accès dans une sorte d'antichambre et de cette antichambre on arrivait dans la tourelle même, meublée, décorée, tapissée avec un peu plus de luxe qu'on n'en eût attendu dans ce coin écarté de Paris; mais, il faut le dire, dame Fournichon avait mis du goût à l'embellissement de cette tourelle, sa favorite, et généralement on réussit dans ce que l'on fait avec amour.

Madame Fournichon avait donc réussi autant

qu'il était donné à un assez vulgaire esprit de réussir en pareille matière.

Lorsque le jeune homme entra dans l'antichambre, il sentit une forte odeur de benjoin et d'aloès : c'était un holocauste fait sans doute par la personne un peu trop susceptible, qui, en attendant Ernauton, essayait de combattre, à l'aide de parfums végétaux, les vapeurs culinaires exhalées par la broche et par les casseroles.

Dame Fournichon suivait le jeune homme pas à pas, elle le poussa de l'escalier dans l'antichambre, et de l'antichambre dans la tourelle avec des yeux tout rapetissés par un clignotement anacréontique ; puis elle se retira.

Ernauton resta la main droite à la portière, la main gauche au loquet de la porte, et à demi courbé par son salut.

C'est qu'il venait d'apercevoir dans la voluptueuse demi-teinte de la tourelle, éclairée par une seule bougie de cire rose, une de ces élégantes tournures de femme qui commandent toujours, sinon l'amour, du moins l'attention, quand toutefois ce n'est pas le désir.

Renversée sur des coussins, tout enveloppée de soie et de velours, cette dame, dont le pied mignon pendait à l'extrémité de ce lit de repos, s'occupait de brûler à la bougie le reste d'une petite branche d'aloès dont elle approchait parfois, pour la respirer, la fumée de son visage, emplissant aussi de cette fumée les plis de son capuchon et ses cheveux, comme si elle eût voulu tout entière se pénétrer de l'enivrante vapeur.

A la manière dont elle jeta le reste de la branche au feu, dont elle abaissa sa robe sur son pied et sa coiffe sur son visage masqué, Ernauton s'aperçut qu'elle l'avait entendu entrer et le savait près d'elle.

Cependant, elle ne s'était point retournée.

Ernauton attendit un instant ; elle ne se retourna point.

— Madame, dit le jeune homme d'une voix qu'il essaya de rendre douce à force de reconnaissance, madame... vous avez fait appeler votre humble serviteur : le voici.

– Ah ! fort bien, dit la dame, asseyez-vous, je vous prie, monsieur Ernauton.

— Pardon, madame, mais je dois avant toute chose vous remercier de l'honneur que vous me faites.

— Ah ! cela est civil, et vous avez raison, monsieur de Carmainges, et cependant vous ne savez pas encore qui vous remerciez, je présume.

— Madame, dit le jeune homme s'approchant par degrés, vous avez le visage caché sous un masque, la main enfouie sous des gants ; vous venez, au moment même où j'entrais, vous venez de me dérober la vue d'un pied qui, certes, m'eût rendu fou de toute votre personne ; je ne vois rien qui me permette de reconnaître ; je ne puis donc que deviner.

— Et vous devinez qui je suis ?

— Celle que mon cœur désire, celle que mon imagination fait jeune, belle, puissante et riche, trop riche et trop puissante même, pour que je puisse croire que ce qui m'arrive est bien réel, et que je ne rêve pas en ce moment.

— Avez-vous eu beaucoup de peine à entrer ici ? demanda la dame sans répondre directement à ce flot de paroles qui s'échappait du cœur trop plein d'Ernauton.

— Non, madame, l'accès m'en a même été plus facile que je ne l'eusse pensé.

— Pour un homme, tout est facile, c'est vrai ; seulement il n'en est pas de même pour une femme.

— Je regrette bien, madame, toute la peine que vous avez prise et dont je ne puis que vous offrir mes bien humbles remercîments.

Mais la dame paraissait déjà avoir passé à une autre pensée.

— Que me disiez-vous, monsieur ? fit-elle négligemment en ôtant son gant, pour montrer une adorable main ronde et effilée à la fois.

— Je vous disais, madame, que sans avoir vu vos traits, je sais qui vous êtes, et que, sans crainte de me tromper, je puis vous dire que je vous aime.

— Alors vous croyez pouvoir répondre que je suis bien celle que vous vous attendiez à trouver ici ?

— A défaut du regard, mon cœur me le dit.

— Donc, vous me connaissez ?

— Je vous connais, oui.

— En vérité, vous, un provincial à peine débarqué, vous connaissez déjà les femmes de Paris ?

— Parmi toutes les femmes de Paris, madame, je n'en connais encore qu'une seule.

— Et celle-là, c'est moi ?

— Je le crois.

— Et à quoi me reconnaissez vous?

— A votre voix, à votre grâce, à votre beauté.

— A ma voix, je le comprends, je ne puis la déguiser; à ma grâce, je puis prendre le mot pour un compliment; mais à ma beauté, je ne puis admettre la réponse que par hypothèse.

— Pourquoi cela, madame?

— Sans doute; vous me reconnaissez à ma beauté, et ma beauté est voilée.

— Elle l'était moins, madame, le jour où, pour vous faire entrer dans Paris, je vous tins si près de moi, que votre poitrine effleurait mes épaules, et que votre haleine brûlait mon cou.

— Aussi, à la réception de ma lettre, vous avez deviné que c'était de moi qu'il s'agissait.

— Oh! non, non, madame, ne le croyez pas. Je n'ai pas eu un seul instant une pareille pensée. J'ai cru que j'étais le jouet de quelque plaisanterie, la victime de quelque erreur; j'ai pensé que j'étais menacé de quelqu'une de ces catastrophes qu'on appelle des bonnes fortunes, et ce n'est que depuis quelques minutes qu'en vous voyant, en vous touchant...

Et Ernauton fit le geste de prendre une main, qui se retira devant la sienne.

— Assez, dit la dame; le fait est que j'ai commis une insigne folie.

— Et en quoi, madame, je vous prie?

— En quoi! Vous dites que vous me connaissez, et vous me demandez en quoi j'ai fait une folie?

— Oh! c'est vrai, madame, et je suis bien petit, bien obscur auprès de Votre Altesse.

— Mais, pour Dieu! faites-moi donc le plaisir de vous taire, monsieur. N'auriez-vous point d'esprit, par hasard?

— Qu'ai-je donc fait, madame, au nom du ciel? demanda Ernauton effrayé.

— Quoi! vous me voyez un masque...

— Eh bien?

— Si je porte un masque, c'est probablement dans l'intention de me déguiser, et vous m'appelez Altesse? Que n'ouvrez-vous la fenêtre et que ne criez-vous mon nom dans la rue!

— Oh! pardon, pardon, fit Ernauton en tombant à genoux, mais je croyais à la discrétion de ces murs.

— Il me paraît que vous êtes crédule?

— Hélas! madame, je suis amoureux!

— Et vous êtes convaincu que tout d'abord je réponds à cet amour par un amour pareil?

Ernauton se releva tout piqué.

— Non, madame, répondit-il.

— Et que croyez-vous?

— Je crois que vous avez quelque chose d'important à me dire; que vous n'avez pas voulu me recevoir à l'hôtel de Guise ou dans votre maison de Bel-Esbat, et que vous avez préféré un entretien secret dans un endroit isolé.

— Vous avez cru cela?

— Oui.

— Et que pensez-vous que j'aie eu à vous dire? Voyons, parlez; je ne serais point fâchée d'apprécier votre perspicacité.

Et la dame, sous son insouciance apparente, laissa percer malgré elle une espèce d'inquiétude.

— Mais que sais-je, moi, répondit Ernauton, quelque chose qui ait rapport à M. de Mayenne, par exemple.

— Est-ce que je n'ai pas mes courriers, monsieur, qui demain soir m'en auront dit plus que vous ne pouvez m'en dire, puisque vous m'avez dit, vous, tout ce que vous en saviez?

— Peut-être aussi quelque question à me faire sur l'événement de la nuit passée?

— Ah! quel événement, et de quoi parlez-vous? demanda la dame, dont le sein palpitait visiblement.

— Mais de la panique éprouvée par M. d'Épernon, de l'arrestation de ces gentilshommes lorrains.

— On a arrêté des gentilshommes lorrains?

— Une vingtaine, qui se sont trouvés intempestivement sur la route de Vincennes.

— Qui est aussi la route de Soissons, — ville où M. de Guise tient garnison, ce me semble. — Ah! au fait, monsieur Ernauton, vous qui êtes de la cour, vous pourriez me dire pourquoi l'on a arrêté ces gentilshommes.

— Moi, de la cour?

— Sans doute.

— Vous savez cela, madame?

— Dame! pour avoir votre adresse, il m'a bien fallu prendre des renseignements, des informations. Mais finissez vos phrases, pour l'amour de Dieu! Vous avez une déplorable habitude, celle de croiser la conversation; et qu'est-il résulté de cette échauffourée?

— Absolument rien, madame, que je sache du moins.

— Alors pourquoi avez-vous pensé que je parlerais d'une chose qui n'a pas eu de résultat?

— J'ai tort cette fois comme les autres, madame, et j'avoue mon tort.

— Comment, monsieur, mais de quel pays êtes-vous?

— D'Agen?

— Comment, monsieur, vous êtes Gascon, car Agen est en Gascogne, je crois?

— A peu près.

— Vous êtes Gascon, et vous n'êtes pas assez vain pour supposer tout simplement que, vous ayant vu, le jour de l'exécution de Salcède, à la porte Saint-Antoine, je vous ai trouvé de galante tournure?

Ernauton rougit et se troubla. La dame continua imperturbablement :

— Que je vous ai rencontré dans la rue, et que je vous ai trouvé beau?

Ernauton devint pourpre.

— Qu'enfin, porteur d'un message de mon frère Mayenne, vous êtes venu chez moi, et que je vous ai trouvé fort à mon goût?

— Madame, madame, je ne pense pas cela, Dieu m'en garde.

— Et vous avez tort, répliqua la dame, en se retournant vers Ernauton pour la première fois, et en arrêtant sur ses yeux deux yeux flamboyants sous le masque, tandis qu'elle déployait, sous le regard haletant du jeune homme, la séduction d'une taille cambrée, se profilant en lignes arrondies et voluptueuses sur le velours des coussins.

Ernauton joignit les mains.

— Madame! madame! s'écria-t-il, vous raillez-vous de moi?

— Ma foi, non! reprit-elle du même ton dégagé; je dis que vous m'avez plu, et c'est la vérité.

— Mon Dieu!

— Mais vous-même, n'avez-vous pas osé me déclarer que vous m'aimiez?

— Mais quand je vous ai déclaré cela, je ne savais pas qui vous étiez, madame, et maintenant que je le sais, oh! je vous demande bien humblement pardon.

— Allons, voilà maintenant qu'il déraisonne, murmura la dame avec impatience. Mais restez donc ce que vous êtes, monsieur, dites donc ce que vous pensez, ou vous me ferez regretter d'être venue.

Ernauton tomba à genoux.

— Parlez, madame, dit-il, parlez, que je me persuade que tout ceci n'est point un jeu, et peut-être oserai-je enfin vous répondre.

— Soit. Voici mes projets sur vous, dit la dame en repoussant Ernauton, tandis qu'elle arrangeait symétriquement les plis de sa robe. J'ai du goût pour vous, mais je ne vous connais pas encore. Je n'ai pas l'habitude de résister à mes fantaisies, mais je n'ai pas la sottise de commettre des erreurs. Si nous eussions été égaux, je vous eusse reçu chez moi et étudié à mon aise avant que vous eussiez même soupçonné mes intentions à votre égard. La chose était impossible; il a fallu s'arranger autrement et brusquer l'entrevue. Maintenant vous savez à quoi vous en tenir sur moi. Devenez digne de moi, c'est tout ce que je vous recommande.

Ernauton se confondit en protestations.

— Oh! moins de chaleur, monsieur de Carmainges, je vous prie, dit la dame avec nonchalance : ce n'est pas la peine. Peut-être est-ce votre nom seulement qui m'a frappée la première fois que nous nous rencontrâmes, et qui m'a plu. Après tout, je crois bien décidément que je n'ai pour vous qu'un caprice et que cela se passera. Cependant n'allez pas vous croire trop loin de la perfection et désespérer. Je ne peux pas souffrir les gens parfaits. Oh! j'adore les gens dévoués, par exemple. Retenez bien ceci, je vous le permets, beau cavalier.

Ernauton était hors de lui. Ce langage hautain, ces gestes pleins de volupté et de mollesse, cette orgueilleuse supériorité, cet abandon vis-à-vis de lui enfin, d'une personne aussi illustre, le plongeaient à la fois dans les délices et dans les terreurs les plus extrêmes.

Il s'assit près de sa belle et fière maîtresse, qui le laissa faire, puis il essaya de passer son bras derrière les coussins qui la soutenaient.

— Monsieur, dit-elle, il paraît que vous m'avez entendue, mais que vous ne m'avez pas comprise. Pas de familiarité, je vous prie; restons chacun à notre place. Il est sûr qu'un jour je vous donnerai le droit de me nommer vôtre, mais ce droit, vous ne l'avez pas encore.

Ernauton se releva pâle et dépité.

— Excusez-moi, madame, dit-il. Il paraît que je ne fais que des sottises; cela est tout simple : je ne suis point fait encore aux habitudes de Paris. Chez nous, en province, à deux cents lieues d'ici, cela est vrai, une femme, lorsqu'elle dit : « J'aime, » aime et ne se refuse pas. Elle ne prend point le prétexte de ses paroles pour humilier un homme à ses pieds. C'est votre usage comme Parisienne, c'est votre droit comme princesse. J'accepte tout cela. Seulement, que voulez-vous, l'habitude me manquait, l'habitude me viendra.

La dame écouta en silence. Il était visible qu'elle continuait d'observer attentivement Ernauton, pour savoir si son dépit aboutirait à une réelle colère.

— Ah ! ah ! vous vous fâchez, je crois, dit-elle superbement.

— Je me fâche, en effet, madame, mais c'est contre moi-même, car j'ai pour vous, moi, madame, non pas un caprice passager, mais de l'amour, un amour très véritable et très pur. Je ne cherche pas votre personne, car je vous désirerais, s'il en était ainsi : voilà tout ; mais je cherche à obtenir votre cœur. Aussi ne me pardonnerai-je jamais, madame, d'avoir aujourd'hui par des impertinences compromis le respect que je vous dois, respect que je ne changerai en amour, madame, qu'alors que vous me l'ordonnerez.

Trouvez bon seulement, madame, qu'à partir de ce moment j'attende vos ordres.

— Allons, allons, dit la dame, n'exagérons rien, monsieur de Carmainges : voilà que vous êtes tout glacé après avoir été tout de flammes.

— Il me semble, cependant, madame...

— Eh ! monsieur, ne dites donc jamais à une femme que vous l'aimerez comme vous voudrez, c'est maladroit ; montrez-lui que vous l'aimerez comme elle voudra, à la bonne heure !

— C'est ce que j'ai dit, madame.

— Oui, mais c'est ce que vous ne pensez pas.

— Je m'incline devant votre supériorité, madame.

— Trève de politesses, il me répugnerait de faire ici la reine. Tenez, voici ma main, prenez-la, c'est celle d'une simple femme : seulement elle est plus brûlante et plus animée que la vôtre.

Ernauton prit respectueusement cette belle main.

— Eh bien ! dit la duchesse.

— Eh bien ?

— Vous ne la baisez pas ? êtes-vous fou ? et avez-vous juré de me mettre en fureur ?

— Mais, tout à l'heure...

— Tout à l'heure je vous la retirais, tandis que maintenant...

— Maintenant ?

— Eh ! maintenant je vous la donne.

Ernauton baisa la main avec tant d'obéissance, qu'on la lui retira aussitôt.

— Vous voyez bien, dit le jeune homme encore une leçon !

— J'ai donc eu tort ?

— Assurément, vous me faites bondir d'un extrême à l'autre ; la crainte finira par tuer la passion. Je continuerai de vous adorer à genoux, c'est vrai ; mais je n'aurai pour vous ni amour ni confiance.

— Oh ! je ne veux pas de cela, dit la dame d'un ton enjoué, car vous seriez un triste amant, et ce n'est point ainsi que je les aime, je vous en préviens. Non, restez naturel, restez vous, soyez monsieur Ernauton de Carmainges, pas autre chose. J'ai mes manies. Eh ! mon Dieu, ne m'avez-vous pas dit que j'étais belle ? Toute belle femme a ses manies : respectez-en beaucoup, brusquez-en quelques-unes, ne me craignez pas surtout, et quand je dirai au trop bouillant Ernauton : Calmez-vous, qu'il consulte mes yeux, jamais ma voix. A ces mots elle se leva.

Il était temps : le jeune homme, rendu à son délire, l'avait saisie entre ses bras, et le masque de la duchesse effleura un instant les lèvres d'Ernauton ; mais ce fut alors qu'elle prouva la profonde vérité de ce qu'elle avait dit, car, à travers son masque, ses yeux lancèrent un éclair froid et blanc comme le sinistre avant-coureur des orages.

Ce regard imposa tellement à Carmainges, qu'il laissa tomber ses bras et que tout son feu s'éteignit.

— Allons, dit la duchesse, c'est bien, nous nous reverrons. Décidément, vous me plaisez, monsieur de Carmainges.

Ernauton s'inclina.

— Quand êtes-vous libre ? demanda-t-elle négligemment.

— Hélas ! assez rarement, madame, répondit Ernauton.

— Ah ! oui, je comprends, ce service est fatigant, n'est-ce pas ?

— Quel service ?

— Mais celui que vous faites près du roi.

Est-ce que vous n'êtes pas d'une garde quelconque de Sa Majesté?

— C'est-à-dire madame, que je fais partie d'un corps de gentilshommes.

— C'est cela que je veux dire; et ces gentilshommes sont Gascons, je crois?

— Tous, oui, madame.

— Combien sont-ils donc? on me l'a dit, je l'ai oublié.

— Quarante-cinq.

— Quel singulier compte?

— Cela s'est trouvé ainsi.

— Est-ce un calcul?

— Je ne crois pas; le hasard se sera chargé de l'addition.

— Et ces quarante-cinq gentilshommes ne quittent pas le roi, dites-vous?

— Je n'ai point dit que nous ne quittions point Sa Majesté, madame.

— Ah! pardon, je croyais vous l'avoir entendu dire. Au moins disiez-vous que vous aviez peu de liberté.

— C'est vrai, j'ai peu de liberté, madame, parce que, le jour, nous sommes de service pour les sorties de Sa Majesté ou pour ses chasses, et que, le soir, on nous consigne au Louvre.

— Le soir?

— Oui.

— Tous les soirs?

— Presque tous.

— Voyez donc ce qui fût arrivé, si ce soir, par exemple, cette consigne vous avait retenu! Moi, qui vous attendais, moi, qui eusse ignoré le motif qui vous empêchait de venir, n'aurais-je pas pu croire que mes avances étaient méprisées?

— Ah! madame, maintenant, pour vous voir, je risquerai tout, je vous jure.

— C'est inutile et ce serait absurde, je ne le veux pas.

— Mais alors?

— Faites votre service; c'est à moi de m'arranger là-dessus, moi, qui suis toujours libre et maîtresse de ma vie.

— Oh! que de bontés, madame!

— Mais tout cela ne m'explique pas, continua la duchesse avec son insinuant sourire, comment, ce soir, vous vous êtes trouvé libre et comment vous êtes venu.

— Ce soir, madame, j'avais médité déjà de demander une permission à M. de Loignac, notre capitaine, qui me veut du bien, quand l'ordre est venu de donner toute la nuit aux quarante-cinq.

— Ah! cet ordre est venu?

— Oui.

— Et à quel propos cette bonne chance?

— Comme récompense, je crois, madame, d'un service assez fatigant que nous avons fait hier à Vincennes.

— Ah! fort bien, dit la duchesse.

— Ainsi, voilà à quelle circonstance je dois, madame, le bonheur de vous voir ce soir tout à mon aise.

— Eh bien! écoutez, Carmainges, dit la duchesse avec une douce familiarité qui emplit de joie le cœur du jeune homme; voici ce que vous allez faire : chaque fois que vous croirez être libre, prévenez l'hôtesse par un billet; tous les jours un homme à moi passera chez elle.

— Oh! mon Dieu! mais c'est trop de bonté, madame.

La duchesse posa sa main sur le bras d'Ernauton.

— Attendez donc, dit-elle.

— Qu'y a-t-il, madame?

— Ce bruit, d'où vient-il?

En effet, un bruit d'éperons, de voix, de portes heurtées, d'exclamations joyeuses, montait de la salle d'en bas, comme l'écho d'une invasion.

Ernauton passa sa tête par la porte qui donnait dans l'antichambre.

— Ce sont mes compagnons, dit-il, qui viennent ici fêter le congé que leur a donné M. de Loignac.

— Mais par quel hasard ici, justement en cette hôtellerie où nous sommes?

— Parce que c'est justement au *Fier-Chevalier*, madame, que le rendez-vous d'arrivée a été donné, parce que, de ce jour bienheureux de leur entrée dans la capitale, mes compagnons ont pris en affection le vin et les pâtés de maître Fournichon, et quelques-uns même les tourelles de madame.

— Oh! fit la duchesse avec un malicieux sourire, vous parlez bien expertement, monsieur, de ces tourelles.

— C'est la première fois, sur mon honneur, qu'il m'arrive d'y pénétrer, madame. Mais vous, vous qui les avez choisies? osa-t-il dire.

— J'ai choisi, et vous allez comprendre facilement cela; j'ai choisi le lieu le plus désert de Paris, un endroit près de la rivière, près du grand rempart, un endroit où personne ne peut me reconnaître, ni soupçonner que je puisse aller; mais, mon Dieu! qu'ils sont donc bruyants, vos compagnons, ajouta la duchesse.

En effet, le vacarme de l'entrée devenait un infernal ouragan; le bruit des exploits de la veille, les forfanteries, le bruit des écus d'or et le cliquetis des verres, présageaient l'orage au grand complet.

Tout à coup on entendit un bruit de pas dans le petit escalier qui conduisait à la tourelle, et la voix de dame Fournichon cria d'en bas :

— Monsieur de Sainte-Maline! monsieur de Sainte-Maline!

— Eh bien? répondit la voix du jeune homme.

— N'allez pas là haut, monsieur de Sainte-Maline, je vous en supplie.

— Bon! et pourquoi pas, chère dame Fournichon? toute la maison n'est-elle pas à nous, ce soir?

— Toute la maison, soit, mais pas les tourelles.

— Bah! les tourelles sont de la maison, crièrent cinq ou six autres voix, parmi lesquelles Ernauton reconnut celles de Perducas de Pincorney et d'Eustache de Miradoux.

— Non, les tourelles n'en sont pas, continuait dame Fournichon, les tourelles font exception, les tourelles sont à moi; ne dérangez pas mes locataires.

— Madame Fournichon, dit Sainte-Maline, je suis votre locataire aussi, moi, ne me dérangez donc pas.

— Sainte-Maline! murmura Ernauton inquiet, car il connaissait les mauvais penchants et l'audace de cet homme.

— Mais, par grâce! répéta madame Fournichon.

— Madame Fournichon, dit Sainte-Maline, il est minuit; à neuf heures, tous les feux doivent être éteints, et je vois un feu dans votre tourelle; il n'y a que les mauvais serviteurs du roi qui transgressent les édits du roi; je veux connaître quels sont ces mauvais serviteurs.

Et Sainte-Maline continua d'avancer, suivi de plusieurs Gascons, dont les pas s'emboîtaient dans les siens.

— Mon Dieu! s'écria la duchesse, mon Dieu! monsieur de Carmainges, est-ce que ces gens-là oseraient entrer ici?

— En tout cas, madame, s'ils osaient, je suis là, et je puis vous dire d'avance, madame: n'ayez aucune crainte.

— Oh! mais ils enfoncent les portes, monsieur.

En effet, Sainte-Maline, trop avancé pour reculer maintenant, heurtait si violemment à cette porte, qu'elle se brisa en deux: elle était d'un sapin que madame Fournichon n'avait pas jugé à propos d'éprouver, elle dont le respect pour les amours allait jusqu'au fanatisme.

LX

COMMENT SAINTE-MALINE ENTRA DANS LA TOURELLE ET DE CE QUI S'ENSUIVIT

Le premier soin d'Ernauton, lorsqu'il vit la porte de l'antichambre se fendre sous les coups de Sainte-Maline, fut de souffler la bougie qui éclairait la tourelle.

Cette précaution, qui pouvait être bonne, mais qui n'était que momentanée, ne rassurait cependant pas la duchesse, lorsque tout à coup dame Fournichon, qui avait épuisé toutes ses ressources, eut recours à un dernier moyen et se mit à crier :

— Monsieur de Sainte-Maline, je vous préviens que les personnes que vous troublez sont de vos amis : la nécessité me force à vous l'avouer.

— Eh bien ! raison de plus pour que nous leur présentions nos compliments, dit Perducas de Pincorney d'une voix avinée, et trébuchant derrière Sainte-Maline sur la dernière marche de l'escalier.

— Et quels sont ces amis, voyons ? dit Sainte-Maline.

— Oui, voyons-les, voyons-les, cria Eustache de Miradoux.

La bonne hôtesse, espérant toujours prévenir une collision qui pouvait, tout en honorant le *Fier-Chevalier*, faire le plus grand tort au *Rosier-d'Amour*, monta au milieu des rangs pressés des gentilshommes, et glissa tout bas le nom d'Ernauton à l'oreille de son agresseur.

— Ernauton ! répéta tout haut Sainte-Maline, pour qui cette révélation était de l'huile au lieu d'eau jetée sur le feu, Ernauton ! ce n'est pas possible.

— Et pourquoi cela ? demanda madame Fournichon.

— Et pourquoi cela ? répétèrent plusieurs voix.

— Eh ! parbleu ! dit Sainte-Maline, parce que Ernauton est un modèle de chasteté, un exemple de continence, un composé de toutes les vertus. Non, non, vous vous trompez, dame Fournichon, ce n'est point M. de Carmainges qui est enfermé là-dedans.

Et il s'approcha vers la seconde porte, pour en faire autant qu'il avait fait de la première, quand tout à coup cette porte s'ouvrit, et Ernauton parut debout sur le seuil, avec un visage qui n'annonçait point que la patience fût une de ces vertus qu'il pratiquait si religieusement, au dire de Sainte-Maline.

— De quel droit M. de Sainte-Maline a-t-il brisé cette première porte ? demanda-t-il ; et, ayant déjà brisé celle-là, veut-il encore briser celle-ci ?

— Eh ! c'est lui, en réalité, c'est Ernauton ! s'écria Sainte-Maline ; je reconnais sa voix, car, quant à sa personne, le diable m'emporte si je pourrais dire dans l'obscurité de quelle couleur elle est.

— Vous ne répondez pas à ma question, monsieur, réitéra Ernauton.

Sainte-Maline se mit à rire bruyamment, ce qui rassura ceux des quarante-cinq qui, à la voix grosse de menaces qu'ils venaient d'entendre, avaient jugé qu'il était prudent de descen-

Je l'entends encore murmurer : « Venge-moi! » — PAGE 146.

dre à tout hasard deux marches de l'escalier.

— C'est à vous que je parle, monsieur de Sainte-Maline, m'entendez-vous? s'écria Ernauton.

— Oui, monsieur, parfaitement, répondit celui-ci.

— Alors qu'avez-vous à dire?

— J'ai à dire, mon cher compagnon, que nous voulions savoir si c'était vous qui habitiez cette hôtellerie des amours.

— Eh bien maintenant, monsieur, que vous avez pu vous assurer que c'était moi, puisque je vous parle et qu'au besoin je pourrais vous toucher, laissez-moi en repos.

— Cap-de-Diou! dit Sainte-Maline, vous ne vous êtes pas fait ermite et vous ne l'habitez pas seul, je suppose.

— Quant à cela, monsieur, vous me permettrez de vous laisser dans le doute, en supposant que vous y soyez.

— Ah! bah! continua Sainte-Maline en s'efforçant de pénétrer dans la tourelle, est-ce que vraiment vous seriez seul? Ah! vous êtes sans lumière, bravo!

— Allons, messieurs, dit Ernauton d'un ton hautain, j'admets que vous soyez ivres, et je vous pardonne; mais il y a un terme même à la patience que l'on doit à des hommes hors de leur bon sens; les plaisanteries sont épuisées, n'est-ce pas? faites-moi donc le plaisir de vous retirer.

Malheureusement Sainte-Maline était dans un de ses accès de méchanceté envieuse.

— Oh! oh! nous retirer, dit-il, comme vous nous dites cela, monsieur Ernauton!

— Je vous dis cela de façon à ce que vous ne vous trompiez pas à mon désir, monsieur de Sainte-Maline, et, s'il le faut même, je le répète: retirez-vous, messieurs, je vous en prie.

— Oh! pas avant que vous ne nous ayez admis à l'honneur de saluer la personne pour laquelle vous désertez notre compagnie.

A cette insistance de Sainte-Maline, le cercle prêt à se rompre se reforma autour de lui.

— Monsieur de Montcrabeau, dit Sainte-Maline avec autorité, descendez, et remontez avec une bougie.

— Monsieur de Montcrabeau, s'écria Ernauton, si vous faites cela, souvenez-vous que vous m'offensez personnellement.

Montcrabeau hésita, tant il y avait de menaces dans la voix du jeune homme.

— Bon! répliqua Sainte-Maline, nous avons notre serment, et M. de Carmainges est si religieux en discipline qu'il ne voudra pas l'enfreindre; nous ne pouvons tirer l'épée les uns contre les autres; ainsi éclairez. Montcrabeau, éclairez.

Montcrabeau descendit, et, cinq minutes après, remonta avec une bougie qu'il voulut remettre à Sainte-Maline.

— Non pas, non pas, dit celui-ci, gardez, je vais peut-être avoir besoin de mes deux mains.

Et Sainte-Maline fit un pas en avant pour pénétrer dans la tourelle.

— Je vous prends à témoin, tous tant que vous êtes ici, dit Ernauton, qu'on m'insulte indignement et qu'on me fait violence sans motifs, et qu'en conséquence, — Ernauton tira vivement son épée, et qu'en conséquence j'enfonce cette épée dans la poitrine du premier qui fera un pas en avant.

Sainte-Maline, furieux, voulut mettre aussi l'épée à la main, mais il n'avait pas encore dégaîné à moitié, qu'il vit briller sur sa poitrine la pointe de l'épée d'Ernauton.

Or, comme en ce moment il faisait un pas en avant, sans que M. de Carmainges eût besoin de se fendre, ou de pousser le bras, Sainte-Maline sentit le froid du fer, et recula en délire, comme un taureau blessé.

Alors, Ernauton fit en avant un pas égal au pas de retraite que faisait Sainte-Maline, et l'épée se retrouva menaçante sur la poitrine de ce dernier.

Sainte-Maline pâlit: si Ernauton s'était fendu, il le clouait à la muraille.

Il repoussa lentement son épée au fourreau.

— Vous mériteriez mille morts pour votre insolence, monsieur, dit Ernauton; mais le serment dont vous me parliez tout à l'heure me lie, et je ne vous toucherai pas davantage; laissez-moi le chemin libre.

Il fit un pas en arrière pour voir si l'on obéirait.

Et avec un geste suprême, qui eût fait honneur à un roi:

— Au large, messieurs, dit-il; venez, madame, je réponds de tout.

On vit alors apparaître au seuil de la tourelle une femme dont la tête était couverte d'une coiffe, dont le visage était couvert d'un voile, et qui prit toute tremblante le bras d'Ernauton.

Alors le jeune homme remit son épée au fourreau, et comme s'il était sûr de n'avoir plus rien à craindre, il traversa fièrement l'antichambre peuplée de ses compagnons inquiets et curieux à la fois.

Sainte-Maline, dont le fer avait légèrement effleuré la poitrine, avait reculé jusque sur le palier, tout étouffant de l'affront mérité qu'il venait de recevoir devant ses compagnons et devant la dame inconnue.

Il comprit que tout se réunissait contre lui, rieurs et hommes sérieux, si les choses demeuraient entre lui et Ernauton dans l'état où elles étaient; cette conviction le poussa à une dernière extrémité.

Il tira sa dague au moment où Carmainges passait devant lui.

Avait-il l'intention de frapper Carmainges? avait-il l'intention de faire ce qu'il fit? voilà ce qu'il serait impossible d'éclaircir sans avoir lu dans la ténébreuse pensée de cet homme, où lui-même peut-être ne pouvait lire dans ses moments de colère.

Toujours est-il que son bras s'abattit sur le couple, et que la lame de son poignard, au lieu d'entamer la poitrine d'Ernauton, fendit la coiffe de soie de la duchesse, et trancha un des cordons du masque.

Le masque tomba à terre.

Le mouvement de Sainte-Maline avait été si prompt, que, dans l'ombre, nul n'avait pu s'en rendre compte, nul n'avait pu s'y opposer.

La duchesse jeta un cri. Son masque l'abandonnait et, le long de son col, elle avait senti glisser le dos arrondi de la lame, qui cependant ne l'avait pas blessée.

Sainte-Maline eut donc, tandis qu'Ernauton s'inquiétait de ce cri poussé par la duchesse, tout le temps de ramasser le masque et de le lui rendre, de sorte qu'à la lueur de la bougie de Montcrabeau, il put voir le visage de la jeune femme, que rien ne protégeait.

— Ah! ah! dit-il de sa voix railleuse et insolente : c'est la belle dame de la litière : mes compliments, Ernauton, vous allez vite en besogne.

Ernauton s'arrêtait et avait déjà tiré à moitié du fourreau son épée, qu'il se repentait d'y avoir remise, lorsque la duchesse l'entraîna par les degrés en lui disant tout bas:

— Venez, venez, je vous en supplie, monsieur de Carmainges.

— Je vous reverrai, monsieur de Sainte-Maline, dit Ernauton en s'éloignant, et soyez tranquille, vous me paierez cette lâcheté avec les autres.

— Bien, bien! fit Sainte-Maline, tenez votre compte de votre côté; je tiens le mien; nous les règlerons tous deux un jour.

Carmainges entendit, mais ne se retourna même point, il était tout entier à la duchesse.

Arrivé au bas de l'escalier, personne ne s'opposa plus à son passage ; ceux des quarante-cinq qui n'avaient pas monté l'escalier blâmaient sans doute tout bas la violence de leurs camarades.

Ernauton conduisit la duchesse à sa litière gardée par deux serviteurs.

Arrivée là et se sentant en sûreté, la duchesse serra la main de Carmainges et lui dit:

— Monsieur Ernauton, après ce qui vient de se passer, après l'insulte dont, malgré votre courage, vous n'avez pu me défendre, et qui ne manquerait pas de se renouveler, nous ne pouvons plus revenir ici; cherchez, je vous prie, dans les environs, quelque maison à vendre ou à louer en totalité ; avant peu, soyez tranquille, vous recevrez de mes nouvelles.

— Dois-je prendre congé de vous, madame ? dit Ernauton, en s'inclinant en signe d'obéissance aux ordres qui venaient de lui être donnés, et qui étaient trop flatteurs à son amour-propre pour qu'il les discutât.

— Pas encore, monsieur de Carmainges, pas encore ; suivez ma litière jusqu'au nouveau pont, dans la crainte que ce misérable, qui m'a reconnue pour la dame de la litière, mais qui ne m'a point reconnue pour ce que je suis, ne marche derrière nous et ne découvre ainsi ma demeure.

Ernauton obéit, mais personne ne les espionna.

Arrivée au pont Neuf, qui alors méritait ce nom, puisqu'il y avait à peine sept ans que l'architecte Ducerceau l'avait jeté sur la Seine, arrivée au pont Neuf, la duchesse tendit la main aux lèvres d'Ernauton en lui disant:

— Allez, maintenant, monsieur.

— Oserai-je vous demander quand je vous reverrai, madame?

— Cela dépend de la hâte que vous mettrez à faire ma commission, et cette hâte me sera une preuve du plus ou du moins de désir que vous aurez de me revoir.

— Oh! madame, en ce cas, rapportez-vous-en à moi.

— C'est bien, allez, mon chevalier.

Et la duchesse donna une seconde fois sa main à baiser à Ernauton, puis s'éloigna.

— C'est étrange, en vérité, dit le jeune homme revenant sur ses pas, cette femme a du goût pour moi, je n'en puis douter, et elle ne s'inquiète pas le moins du monde si je puis ou non être tué par ce coupe-jarret de Sainte-Maline.

Et un léger mouvement d'épaules prouva que le jeune homme estimait cette insouciance à sa valeur.

Puis revenant sur ce premier sentiment qui n'avait rien de flatteur pour son amour-propre :

— Oh! poursuivit-il, c'est qu'en effet elle était bien troublée, la pauvre femme, et que la crainte d'être compromise est, chez les princesses surtout, le plus fort de tous les sentiments.

Car, ajoutait-il en souriant à lui-même, elle est princesse.

Et comme ce dernier sentiment était le plus flatteur pour lui, ce fut ce dernier sentiment qui l'emporta.

Mais ce sentiment ne put effacer chez Carmainges le souvenir de l'insulte qui lui avait été faite; il retourna donc droit à l'hôtellerie, pour ne laisser à personne le droit de supposer qu'il avait eu peur des suites que pourrait avoir cette affaire.

Il était naturellement décidé à enfreindre toutes les consignes et tous les serments possibles, et à en finir avec Sainte-Maline au premier mot qu'il dirait ou au premier geste qu'il se permettrait de faire.

L'amour et l'amour-propre blessés du même coup lui donnaient une rage de bravoure qui lui eût certainement, dans l'état d'exaltation où il était, permis de lutter avec dix hommes.

Cette résolution étincelait dans ses yeux, lorsqu'il toucha le seuil de l'hôtellerie du *Fier-Chevalier*.

Madame Fournichon, qui attendait ce retour avec anxiété, se tenait toute tremblante sur le seuil.

A la vue d'Ernauton, elle s'essuya les yeux, comme si elle avait abondamment pleuré, et jetant ses deux bras au cou du jeune homme, elle lui demanda pardon, malgré tous les efforts de son mari, qui prétendait que, n'ayant aucun tort, sa femme n'avait aucun pardon à demander.

La bonne hôtelière n'était point assez désagréable pour que Carmainges, eût-il à se plaindre d'elle, lui tînt obstinément rancune; il assura donc dame Fournichon qu'il n'avait contre elle aucun levain de rancune, et que son vin seul était coupable.

Ce fut un avis que le mari parut comprendre, et dont par un signe de tête il remercia Ernauton.

Pendant que ces choses se passaient à la porte, tout le monde était à table, et l'on causait chaleureusement de l'événement qui faisait sans contredit le point culminant de la soirée.

Beaucoup donnaient tort à Sainte-Maline avec cette franchise qui est le principal caractère des Gascons lorsqu'ils causent entre eux.

Plusieurs s'abstenaient, voyant le sourcil froncé de leur compagnon et sa lèvre crispée par une réflexion profonde.

Au reste on n'en attaquait point avec moins d'enthousiasme le souper de maître Fournichon, mais on philosophait en l'attaquant, voilà tout.

— Quant à moi, disait tout haut M. Hector de Biran, je sais que M. de Sainte-Maline est dans son tort, et que si je me fusse appelé un instant Ernauton de Carmainges, M. de Sainte-Maline serait à cette heure couché sous cette table au lieu d'être assis devant.

Sainte-Maline leva la tête et regarda Hector de Biran.

— Je dis ce que je dis, répondit celui-ci, et tenez, voilà là-bas sur le seuil de la porte quelqu'un qui paraît être de mon avis.

Tous les regards se tournèrent vers l'endroit indiqué par le jeune gentilhomme, et l'on aperçut Carmainges, pâle et debout dans le cadre formé par la porte.

A cette vue qui semblait une apparition, chacun sentit un frisson lui courir par tout le corps.

Ernauton descendit du seuil, comme eût fait la statue du commandeur de son piédestal, et marcha droit à Sainte-Maline, sans provocation réelle, mais avec une fermeté qui fit battre plus d'un cœur.

A cette vue, de toutes parts on cria à M. de Carmainges :

— Venez par ici, Ernauton; venez de ce côté, Carmainges, il y a une place près de moi.

— Merci, répondit le jeune homme, c'est près de M. de Sainte-Maline que je veux m'asseoir.

Sainte-Maline se leva; tous les yeux étaient fixés sur lui.

Mais, dans le mouvement qu'il fit en se levant, sa figure changea complétement d'expression.

— Je vais vous faire la place que vous désirez, monsieur, dit-il sans colère, et en vous la faisant, je vous adresserai des excuses bien franches et bien sincères, pour ma stupide agression de tout à l'heure; j'étais ivre, vous l'avez dit vous-même; pardonnez-moi.

Cette déclaration, faite au milieu du silence général, ne satisfit point Ernauton, quoiqu'il fût évident que pas une syllabe n'en avait été

Il ramena le seau plein d'une eau glacée. — Page 148.

perdue pour les quarante-trois convives, qui regardaient avec anxiété de quelle façon se terminerait cette scène.

Mais aux dernières paroles de Sainte-Maline, les cris de joie de ses compagnons montrèrent à Ernauton qu'il devait paraître satisfait, et qu'il était pleinement vengé.

Son bon sens le força donc à se taire.

En même temps, un regard jeté sur Sainte-Maline lui indiquait qu'il devait se défier de lui plus que jamais.

— Ce misérable est brave, cependant, se dit tout bas Ernauton, et s'il cède en ce moment, c'est par suite de quelque odieuse combinaison qui le satisfait davantage.

Le verre de Sainte-Maline était plein ; il remplit celui d'Ernauton.

— Allons, allons! la paix, la paix ! crièrent toutes les voix : à la réconciliation de Carmainges et de Sainte-Maline!

Carmainges profita du choc des verres et du bruit de toutes les voix, et se penchant vers

Sainte-Maline, avec le sourire sur les lèvres pour qu'on ne pût soupçonner le sens des paroles qu'il lui adressait :

— Monsieur de Sainte-Maline, lui dit-il, voilà la seconde fois que vous m'insultez sans m'en faire réparation ; prenez garde : à la troisième offense, je vous tuerai comme un chien.

— Faites, monsieur, si vous trouvez votre belle, répondit Sainte-Maline, car, foi de gentilhomme, à votre place, j'en ferais autant que vous.

Et les deux ennemis mortels choquèrent leurs verres, comme eussent pu faire les deux meilleurs amis.

LXI

CE QUI SE PASSAIT DANS LA MAISON MYSTÉRIEUSE

Tandis que l'hôtellerie du *Fier-Chevalier*, séjour apparent de la concorde la plus parfaite, laissait, portes closes, mais caves ouvertes, filtrer, à travers les fentes de ses volets, la lumière des bougies et la joie des convives, un mouvement inaccoutumé avait lieu dans cette maison mystérieuse, que nos lecteurs n'ont jamais vue qu'extérieurement dans les pages de ce récit.

Le serviteur, au front chauve, allait et venait d'une chambre à l'autre, portant çà et là des objets empaquetés qu'il enfermait dans une caisse de voyage.

Ces premiers préparatifs terminés, il chargea un pistolet et fit jouer dans sa gaîne de velours un large poignard ; puis il le suspendit, à l'aide d'un anneau, à la chaîne qui lui servait de ceinture, à laquelle il attacha, en outre, son pistolet, un trousseau de clefs et un livre de prières relié en chagrin noir.

Tandis qu'il s'occupait ainsi, un pas léger comme celui d'une ombre effleurait le plancher du premier étage et glissait le long de l'escalier.

Tout à coup une femme pâle et pareille à un fantôme, sous les plis de son voile blanc, apparut au seuil de la porte, et une voix, douce et triste comme un chant d'oiseau au fond d'un bois, se fit entendre.

— Remy, dit cette voix, êtes-vous prêt?

— Oui, madame, et je n'attends plus, à cette heure, que votre cassette pour la joindre à la mienne.

— Croyez-vous donc que ces boîtes seront facilement chargées sur nos chevaux?

— J'en réponds, madame; d'ailleurs, si cela vous inquiète le moins du monde, nous pouvons nous dispenser d'emporter la mienne : n'ai-je point là-bas tout ce qu'il me faut?

— Non, Remy, non, sous aucun prétexte je ne veux que vous manquiez du nécessaire en route; et puis, une fois là-bas, le pauvre vieillard étant malade, tous les domestiques seront occupés autour de lui. O Remy ! j'ai hâte de rejoindre mon père ; j'ai de tristes pressentiments, et il me semble que depuis un siècle je ne l'ai pas vu.

— Cependant, madame, dit Remy, vous l'avez quitté il y a trois mois, et il n'y a pas entre ce voyage et le dernier plus d'intervalle qu'entre les autres.

— Remy, vous qui êtes si bon médecin, ne m'avez-vous pas avoué vous-même, en le quittant la dernière fois, que mon père n'avait plus longtemps à vivre?

— Oui, sans doute, mais c'était une crainte exprimée et non une prédiction faite ; Dieu prend parfois en oubli les vieillards, et ils vivent, c'est étrange à dire, par l'habitude de vivre ; il y a même plus : parfois encore le vieillard est comme l'enfant, malade aujourd'hui, dispos demain.

— Hélas ! Remy, et comme l'enfant aussi, le vieillard, dispos aujourd'hui, demain est mort.

Remy ne répondit pas, car aucune réponse rassurante ne pouvait réellement sortir de sa bouche, et un silence lugubre succéda pendant quelques minutes au dialogue que nous venons de rapporter.

Chacun des deux interlocuteurs resta dans sa position morne et pensive.

— Pour quelle heure avez-vous demandé les chevaux, Remy? reprit enfin la dame mystérieuse.

— Pour deux heures après minuit.

— Une heure vient de sonner.

— Oui, madame.

— Personne ne guette au dehors, Remy?

— Personne.

— Pas même ce malheureux jeune homme?

— Pas même lui !

Remy soupira.

— Vous me dites cela d'une façon étrange, Remy.

— C'est que celui-là aussi a pris une résolution.

— Laquelle ? demanda la dame en tressaillant.

— Celle de ne plus nous voir, ou du moins de ne plus essayer à nous voir.

— Et où va-t-il?

— Où nous allons tous : au repos.

— Dieu le lui donne éternel, répondit la dame d'une voix grave et froide comme un glas de mort, et cependant...

Elle s'arrêta.

— Cependant? reprit Remy.

— N'avait-il rien à faire en ce monde.

— Il avait à aimer si on l'eût aimé.

— Un homme de son nom, de son rang et de son âge devrait compter sur l'avenir.

— Y comptez-vous, vous, madame, qui êtes d'un âge, d'un rang et d'un nom qui n'ont rien à envier au sien ?

Les yeux de la dame lancèrent une sinistre lueur.

— Oui, Remy, dit-elle, j'y compte, puisque je vis ; mais attendez donc...

Elle prêta l'oreille.

— N'est-ce pas le trot d'un cheval que j'entends?

— Oui, ce me semble.

— Serait-ce déjà notre conducteur?

— C'est possible ; mais, en ce cas, il aurait devancé le rendez-vous de près d'une heure.

— On s'arrête à la porte, Remy.

— En effet.

Remy descendit précipitamment, et arriva au bas de l'escalier au moment où trois coups, rapidement heurtés, se faisaient entendre.

— Qui va là? demanda Remy.

— Moi, répondit une voix cassée et tremblante, moi, Grandchamp, le valet de chambre du baron.

— Ah ! mon Dieu ! vous, Grandchamp, vous à Paris ! Attendez que je vous ouvre ; mais parlez bas.

Et il ouvrit la porte.

— D'où venez-vous donc? demanda Remy à voix basse.

— De Méridor.

— De Méridor?

— Oui, cher monsieur Remy. Hélas !

— Entrez, entrez vite. Mon Dieu !

— Eh bien ! Remy, dit du haut de l'escalier la voix de la dame, sont-ce nos chevaux ?

— Non, non, madame, ce ne sont pas eux.

Puis, revenant au vieillard :

— Qu'y a-t-il, mon bon Grandchamp?

— Nous ne devinez pas? répondit le serviteur.

— Hélas ! si, je devine ; mais au nom du ciel ne lui annoncez pas cette nouvelle tout d'un coup. Oh ! que va-t-elle dire, la pauvre dame !

Guillaume de Nassau.

— Remy, Remy, dit la voix, vous causez avec quelqu'un, ce me semble?

— Oui, madame, oui.

— Avec quelqu'un dont je reconnais la voix.

— En effet, madame... Comment la ménager, Grandchamp? la voilà.

La dame, qui était descendue du premier au rez-de-chaussée, comme elle était descendue déjà du second au premier, apparut à l'extrémité du corridor.

— Qui est là? demanda-t-elle; on dirait que c'est Grandchamp.

— Oui madame, c'est moi, répondit humblement et tristement le vieillard en découvrant sa tête blanchie.

— Grandchamp, toi! oh! mon Dieu! mes pressentiments ne m'avaient point trompée, mon père est mort!

— En effet, madame, répondit Grandchamp oubliant toutes les recommandations de Remy, en effet, Méridor n'a plus de maître.

Pâle, glacée, mais immobile et ferme, la dame supporta le coup sans fléchir.

Remy, la voyant si résignée et si sombre,

alla à elle et lui prit doucement la main.

— Comment est-il mort? demanda la dame, dites, mon ami.

— Madame, M. le baron, qui ne quittait plus son fauteuil, a été frappé, il y a huit jours, d'une troisième attaque d'apoplexie. Il a pu une dernière fois balbutier votre nom, puis, il a cessé de parler et dans la nuit il est mort.

Diane fit au vieux serviteur un geste de remercîment; puis, sans ajouter un mot, elle remonta dans sa chambre.

— Enfin la voilà libre, murmura Remy, plus sombre et plus pâle qu'elle. Venez, Grandchamp, venez.

La chambre de la dame était située au premier étage, derrière un cabinet qui avait vue sur la rue, tandis que cette chambre elle-même ne tirait son jour que d'une petite fenêtre percée sur une cour.

L'ameublement de cette pièce était sombre, mais riche; les tentures, en tapisseries d'Arras, les plus belles de l'époque, représentaient les divers sujets de la Passion.

Un prie-Dieu en chêne sculpté, une stalle de la même matière et du même travail, un lit à colonnes torses, avec des tapisseries pareilles à celles des murs, enfin un tapis de Bruges, voilà tout ce qui ornait la chambre.

Pas une fleur, pas un joyau, pas une dorure; le bois et le fer bruni remplaçaient partout l'argent et l'or; un cadre de bois noir enfermait un portrait d'homme placé dans un pan coupé de la chambre et sur lequel donnait le jour de la fenêtre, évidemment percée pour l'éclairer.

Ce fut devant ce portrait que la dame alla s'agenouiller, avec un cœur gonflé, mais des yeux arides.

Elle attacha sur cette figure inanimée un long et indicible regard d'amour, comme si cette noble image allait s'animer pour lui répondre.

Noble image, en effet, et l'épithète semblait faite pour elle.

Le peintre avait représenté un jeune homme de vingt-huit à trente ans, couché à moitié nu sur un lit de repos; de son sein entr'ouvert tombaient encore quelques gouttes de sang; une de ses mains, la main droite, pendait mutilée, et cependant elle tenait encore un tronçon d'épée.

Ses yeux se fermaient comme ceux d'un homme qui va mourir; la pâleur et la souffrance donnaient à cette physionomie un caractère divin que le visage de l'homme ne commence à prendre qu'au moment où il quitte la vie pour l'éternité.

Pour toute légende, pour toute devise, on lisait sous ce portrait, en lettres rouges comme du sang :

Aut Cesar aut nihil.

La dame étendit le bras vers cette image, et lui adressant la parole comme elle eût fait à un dieu :

« Je t'avais supplié d'attendre, quoique ton âme irritée dût être altérée de vengeance, dit-elle; et comme les morts voient tout, ô mon amour, tu as vu que je n'ai supporté la vie que pour ne pas devenir parricide; toi mort, j'eusse dû mourir; mais en mourant, je tuais mon père.

« Et puis, tu le sais encore, sur ton cadavre sanglant j'avais fait un vœu, j'avais juré de payer la mort par la mort, le sang par le sang; mais alors je chargeais d'un crime la tête blanchie du vénérable vieillard qui m'appelait son innocente enfant.

« Tu as attendu, merci, bien-aimé, tu as attendu, et maintenant je suis libre; le dernier lien qui m'enchaînait à la terre vient d'être brisé par le Seigneur, au Seigneur grâces soient rendues. Je suis tout à toi : plus de voiles, plus d'embûches, je puis agir au grand jour, car, maintenant, je ne laisserai plus personne après moi sur la terre, j'ai le droit de la quitter. »

Elle se releva sur un genou et baisa la main qui semblait pendre hors du cadre.

« Tu me pardonnes, ami, dit-elle, d'avoir les yeux arides, c'est en pleurant sur ta tombe que mes yeux se sont desséchés, ces yeux que tu aimais tant.

« Dans peu de mois j'irai te rejoindre, et tu me répondras enfin, chère ombre à qui j'ai tant parlé sans jamais obtenir de réponse. »

A ces mots, Diane se releva respectueusement, comme si elle eût fini de converser avec Dieu; elle alla s'asseoir sur sa stalle de chêne.

— Pauvre père! murmura-t-elle d'un ton

froid et avec une expression qui semblait n'appartenir à aucune créature humaine.

Puis elle s'abîma dans une rêverie sombre qui lui fit oublier, en apparence, le malheur présent et les malheurs passés.

Tout à coup elle se dressa, la main appuyée au bras du fauteuil.

— C'est cela, dit-elle, et ainsi tout sera mieux. Remy!

Le fidèle serviteur écoutait sans doute à la porte, car il apparut aussitôt.

— Me voici, madame, répondit-il.

— Mon digne ami, mon frère, dit Diane, vous la seule créature qui me connaisse en ce monde, dites-moi adieu.

— Pourquoi cela, madame?

— Parce que l'heure est venue de nous séparer, Remy.

— Nous séparer! s'écria le jeune homme avec un accent qui fit tressaillir sa compagne. Que dites-vous, madame?

— Oui, Remy. Ce projet de vengeance me paraissait noble et pur, tant qu'il y avait un obstacle entre lui et moi, tant que je ne l'apercevais qu'à l'horizon; ainsi sont les choses de ce monde : grandes et belles de loin. Maintenant que je touche à l'exécution, maintenant que l'obstacle a disparu, je ne recule pas, Remy; mais je ne veux pas entraîner à ma suite, dans le chemin du crime, une âme généreuse et sans tache : ainsi, vous me quitterez, mon ami. Toute cette vie passée dans les larmes me comptera comme une expiation devant Dieu et devant vous, et elle vous comptera aussi à vous, je l'espère; et vous, qui n'avez jamais fait et qui ne ferez jamais de mal, vous serez deux fois sûr du ciel.

Remy avait écouté les paroles de la dame de Monsoreau d'un air sombre et presque hautain.

— Madame, répondit-il, croyez-vous donc parler à un vieillard trembleur et usé par l'abus de la vie? Madame, j'ai vingt-six ans, c'est-à-dire toute la séve de la jeunesse qui paraît tarie en moi. Cadavre arraché de la tombe, si je vis encore, c'est pour l'accomplissement de quelque action terrible, c'est pour jouer un rôle actif dans l'œuvre de la Providence. Ne séparez donc jamais ma pensée de la vôtre, madame, puisque ces deux pensées sinistres ont si longtemps habité sous le même toit : où vous irez, j'irai; ce que vous ferez, je vous y aiderai; sinon, madame, et si, malgré mes prières, vous persistez dans cette résolution de me chasser...

— Oh! murmura la jeune femme, vous chasser! quel mot avez-vous dit là, Remy?

— Si vous persistez dans cette résolution, continua le jeune homme, comme si elle n'avait point parlé, je sais ce que j'ai à faire, moi, et toutes nos études devenues inutiles aboutiront pour moi à deux coups de poignard : l'un, que je donnerai dans le cœur de celui que vous connaissez, l'autre dans le mien.

— Remy, Remy! s'écria Diane en faisant un pas vers le jeune homme et en étendant impérativement sa main au-dessus de sa tête, Remy, ne dites pas cela. La vie de celui que vous menacez ne vous appartient pas : elle est à moi, je l'ai payée assez cher pour la lui prendre moi-même quand le moment où il doit la perdre sera venu. Vous savez ce qui est arrivé, Remy, et ce n'est point un rêve, je vous le jure, le jour où j'allai m'agenouiller devant le corps déjà froid de celui-ci...

Et elle montra le portrait.

— Ce jour, dis-je, j'approchai mes lèvres des lèvres de cette blessure que vous voyez ouverte, et ces lèvres tremblèrent et me dirent :

— Venge-moi, Diane, venge-moi!

— Madame!

— Remy, je te le répète, ce n'était pas une illusion, ce n'était pas un bourdonnement de mon délire : la blessure a parlé, elle a parlé, te dis-je, et je l'entends encore murmurer :

« Venge-moi, Diane, venge-moi. »

Le serviteur baissa la tête.

— C'est donc à moi et non pas à vous la vengeance, continua Diane; d'ailleurs, pour qui et par qui est-il mort? Pour moi et par moi.

— Je dois vous obéir, madame, répondit Remy, car j'étais aussi mort que lui. Qui m'a fait enlever du milieu des cadavres dont cette chambre était jonchée? vous. Qui m'a guéri de mes blessures? vous. Qui m'a caché? vous, vous, c'est-à-dire la moitié de l'âme de celui pour lequel j'étais mort si joyeusement; ordonnez donc, j'obéirai, pourvu que vous n'ordonniez pas que je vous quitte.

— Soit, Remy, suivez donc ma fortune; vous avez raison, rien ne doit plus nous séparer.

Remy montra le portrait.

— Maintenant, madame, dit-il avec énergie,

il a été tué par trahison ; c'est par trahison qu'il doit être vengé. Ah! vous ne savez pas une chose, vous avez raison, la main de Dieu est avec nous ; vous ne savez pas que, cette nuit, j'ai trouvé le secret de l'*aqua tofana*, ce poison des Médicis, ce poison de René, le Florentin.

— Oh! dis-tu vrai?

— Venez voir, madame, venez voir.

— Mais Grandchamp, qui attend, que dira-t-il de ne plus nous voir revenir, de ne plus nous entendre? car c'est en bas, n'est-ce pas, que tu veux me conduire?

— Le pauvre vieillard a fait à cheval soixante lieues, madame ; il est brisé de fatigue, et vient de s'endormir sur mon lit.

— Venez.

Diane suivit Remy.

LXII

LE LABORATOIRE

Remy emmena la dame inconnue dans la chambre voisine, et, poussant un ressort caché sous une lame du parquet, il fit jouer une trappe qui glissait dans la largeur de la chambre jusqu'au mur.

Cette trappe, en s'ouvrant, laissait apercevoir un escalier sombre, raide et étroit. Remy s'y engagea le premier et tendit son poing à Diane, qui s'y appuya et descendit après lui.

Vingt marches de cet escalier, ou, pour mieux dire, de cette échelle, conduisaient dans un caveau circulaire noir et humide, qui pour tout meuble renfermait un fourneau avec son âtre immense, une table carrée, deux chaises de jonc, quantité de fioles et de boîtes de fer.

Et pour tous habitants, une chèvre sans bêlements et des oiseaux sans voix, qui semblaient dans ce lieu obscur et souterrain les spectres des animaux dont ils avaient la ressemblance, et non plus ces animaux eux-mêmes.

Dans le fourneau, un reste de feu s'en allait mourant, tandis qu'une fumée épaisse et noire fuyait silencieuse par un conduit engagé dans la muraille.

Un alambic posé sur l'âtre laissait filtrer lentement, et goutte à goutte, une liqueur jaune comme l'or.

Ces gouttes tombaient dans une fiole de verre blanc, épais de deux doigts, mais en même temps de la plus parfaite transparence, et qui était fermée par le tube de l'alambic qui communiquait avec elle.

Diane descendit et s'arrêta au milieu de tous ces objets à l'existence et aux formes étranges sans étonnement et sans terreur; on eût dit que les impressions ordinaires de la vie ne pouvaient plus avoir aucune influence sur cette femme, qui vivait déjà hors de la vie.

Remy lui fit signe de s'arrêter au pied de l'escalier; elle s'arrêta où lui disait Remy.

Le jeune homme alla allumer une lampe qui jeta un jour livide sur tous les objets que nous venons de détailler et qui, jusque-là, dormaient ou s'agitaient dans l'ombre.

Puis il s'approcha d'un puits creusé dans le caveau touchant aux parois d'une des murailles, et qui n'avait ni parapet, ni margelle, attacha un seau à une longue corde et laissa glisser la corde sans poulie dans l'eau, qui sommeillait sinistrement au fond de cet entonnoir, et qui fit entendre un sourd clapotement; enfin il ramena le seau plein d'une eau glacée et pure comme le cristal.

— Approchez, madame, dit Remy.

Diane approcha.

Dans cette énorme quantité d'eau, il laissa tomber une seule goutte du liquide contenu dans la fiole de verre, et la masse entière de l'eau se teignit à l'instant même d'une couleur jaune; puis cette couleur s'évapora, et l'eau, au bout de dix minutes, était devenue transparente comme auparavant.

La fixité des yeux de Diane donnait seule une idée de l'attention profonde qu'elle donnait à cette opération.

Remy la regarda.

— Eh bien ? demanda celle-ci.

— Eh bien! trempez maintenant, dit Remy, dans cette eau qui n'a ni saveur ni couleur, trempez une fleur, un gant, un mouchoir; pétrissez avec cette eau des savons de senteur, versez-en dans l'aiguière où l'on puisera pour se laver les dents, les mains et le visage, et vous verrez, comme on le vit naguère à la cour du roi Charles IX, la fleur étouffer par son parfum, le gant empoisonner par son contact, le savon tuer par son introduction dans les pores. Versez une seule goutte de cette huile pure sur la mèche d'une bougie ou d'une lampe, le coton s'en imprégnera jusqu'à un pouce à peu près, et pendant une heure, la bougie ou la lampe exhalera la mort, pour brûler ensuite aussi innocemment qu'une autre lampe ou une autre bougie.

— Vous êtes sûr de ce que vous dites là, Remy? demanda Diane.

— Toutes ces expériences, je les ai faites, madame; voyez ces oiseaux qui ne peuvent plus dormir et qui ne veulent plus manger, ils ont bu de l'eau pareille à cette eau. Voyez cette chèvre qui a brouté de l'herbe arrosée de cette même eau, elle mue, et ses yeux vacillent; nous aurons beau la rendre maintenant à la liberté, à la lumière, à la nature, sa vie est condamnée, à moins que cette nature à laquelle nous la rendrons ne révèle à son instinct quelques-uns de ces contre-poisons que les animaux devinent, et que les hommes ignorent.

— Peut-on voir cette fiole, Remy ? demanda Diane.

— Oui, madame, car tout le liquide est précipité, à cette heure; mais attendez.

Remy la sépara de l'alambic avec des précautions infinies; puis, aussitôt, il la boucha d'un tampon de molle cire qu'il aplatit à la surface de son orifice, et, enveloppant cet orifice d'un morceau de laine, il présenta le flacon à sa compagne.

Diane le prit sans émotion aucune, le souleva à la hauteur de la lampe, et, après avoir regardé quelque temps la liquour épaisse qu'il contenait :

— Il suffit, dit-elle; nous choisirons, lorsqu'il sera temps, du bouquet, des gants, de la lampe, du savon ou de l'aiguière. La liqueur tient-elle dans le métal?

— Elle le ronge.

— Mais alors ce flacon se brisera, peut-être.

— Je ne crois pas; voyez l'épaisseur du cristal; d'ailleurs nous pourrons l'enfermer ou plutôt l'emboîter dans une enveloppe d'or.

— Alors, Remy, reprit la dame, vous êtes content, n'est-ce pas?

Et quelque chose comme un pâle sourire effleura les lèvres de la dame, et leur donna ce reflet de vie qu'un rayon de la lune donne aux objets engourdis.

— Plus que je ne fus jamais, madame, répondit celui-ci; punir les méchants, c'est jouir de la sainte prérogative de Dieu.

— Ecoutez, Remy, écoutez!

Et la dame prêta l'oreille.

— Vous avez entendu quelque bruit?

— Le piétinement des chevaux dans la rue, ce me semble; Remy, nos chevaux sont arrivés.

— C'est probable, madame, car il est à peu près l'heure à laquelle ils devaient venir; mais, maintenant, je vais les renvoyer.

— Pourquoi cela?

— Ne sont-ils plus inutiles?

— Au lieu d'aller à Méridor, Remy, nous allons en Flandre ; gardez les chevaux.

— Ah ! je comprends.

Et les yeux du serviteur, à leur tour, laissèrent échapper un éclair de joie qui ne pouvait se comparer qu'au sourire de Diane.

— Mais Grandchamp, ajouta-t-il, qu'allons-nous en faire?

— Grandchamp a besoin de se reposer, je vous l'ai dit. Il demeurera à Paris et vendra cette maison, dont nous n'avons plus besoin. Seulement vous rendrez la liberté à tous ces pauvres animaux innocents que nous avons fait souffrir par nécessité. Vous l'avez dit : Dieu pourvoira peut-être à leur salut.

— Mais tous ces fourneaux, ces cornues, ces alambics?

— Puisqu'ils étaient ici quand nous avons acheté la maison, qu'importe que d'autres les y trouvent après nous?

— Mais ces poudres, ces acides, ces essences?

— Au feu, Remy, au feu!

— Eloignez-vous alors.

— Moi?

— Oui, du moins mettez ce masque de verre.

Et Remy présenta à Diane un masque, qu'elle appliqua sur son visage.

Alors, appuyant lui-même sur sa bouche et sur son nez un large tampon de laine, il pressa le cordon du soufflet, aviva la flamme du charbon; puis, quand le feu fut bien embrasé, il y versa les poudres qui éclatèrent en pétillements joyeux, les unes lançant des feux verts, les autres se volatilisant en étincelles pâles comme le soufre; et les essences, qui, au lieu d'éteindre la flamme, montèrent comme des serpents de feu dans le conduit, avec des grondements pareils à ceux d'un tonnerre lointain.

Enfin, quand tout fut consumé :

— Vous avez raison, madame, dit Remy, si quelqu'un, maintenant, découvre le secret de cette cave, ce quelqu'un pensera qu'un alchimiste l'a habité; aujourd'hui, on brûle encore les sorciers, mais on respecte les alchimistes.

— Eh! d'ailleurs, dit la dame, quand on nous brûlerait, Remy, ce serait justice, ce me semble : ne sommes-nous point des empoisonneurs? Et pourvu qu'au jour où je monterai sur le bûcher, j'aie accompli ma tâche, je ne répugne pas plus à ce genre de mort qu'à un autre : la plupart des anciens martyrs sont morts ainsi.

Remy fit un geste d'assentiment, et, reprenant sa fiole des mains de sa maîtresse, il l'empaqueta soigneusement.

En ce moment on heurta à la porte de la rue.

— Ce sont vos gens, madame, vous ne vous trompiez pas. Vite, remontez et répondez, tandis que je vais fermer la trappe.

La dame obéit.

Une même pensée vivait tellement dans ces deux corps, qu'il eût été difficile de dire lequel des deux pliait l'autre sous sa domination.

Remy remonta derrière elle, et poussa le ressort.

Le caveau se referma.

Diane trouva Grandchamp à la porte; éveillé par le bruit, il était venu ouvrir.

Le vieillard ne fut pas peu surpris quand il connut le prochain départ de sa maîtresse, qu lui apprit ce départ sans lui dire où elle allait.

— Grandchamp, mon ami, lui dit-elle, nous allons, Remy et moi, accomplir un pèlerinage, voté depuis longtemps; vous ne parlerez de ce voyage à personne, et vous ne révélerez mon nom à qui que ce soit.

— Oh! je le jure, madame, dit le vieux serviteur. Mais on vous reverra cependant?

— Sans doute, Grandchamp, sans doute; ne se revoit-on pas toujours, quand ce n'est point en ce monde, dans l'autre au moins? Mais, à propos, Grandchamp, cette maison nous devient inutile.

Diane tira d'une armoire une liasse de papiers.

— Voici les titres qui constatent la propriété : vous louerez ou vendrez cette maison. Si d'ici à un mois, vous n'avez trouvé ni locataire, ni acquéreur, vous l'abandonnerez tout simplement et vous retournerez à Méridor.

— Et si je trouve acquéreur, madame, combien la vendrai-je?

— Ce que vous voudrez.

— Alors je rapporterai l'argent à Méridor?

— Vous le garderez pour vous, mon vieux Grandchamp.

— Quoi ! madame, une pareille somme?

— Sans doute. Ne vous dois-je pas bien cela pour vos bons services, Grandchamp? et puis, outre mes dettes envers vous, n'ai-je pas aussi à payer celles de mon père?

— Mais, madame, sans contrat, sans procuration, je ne puis rien faire.

— Il a raison, dit Remy.

— Trouvez un moyen, dit Diane.

— Rien de plus simple. Cette maison a été achetée en mon nom ; je la revends à Grandchamp, qui, de cette façon, pourra la revendre lui-même à qui il voudra.

— Faites.

Remy prit une plume et écrivit sa donation au bas du contrat de vente.

— Maintenant, adieu, dit la dame de Monsoreau à Grandchamp, qui se sentait tout ému de rester seule en cette maison, adieu, Grandchamp ; faites avancer les chevaux tandis que je termine les préparatifs.

Alors Diane remonta chez elle, coupa avec un poignard la toile du portrait, le roula, l'enveloppa dans une étoffe de soie et plaça le rouleau dans la caisse de voyage.

Ce cadre, demeuré vide et béant, semblait raconter plus éloquemment qu'auparavant encore toutes les douleurs qu'il avait entendues.

Le reste de la chambre, une fois ce portrait enlevé, n'avait plus de signification et devenait une chambre ordinaire.

Quand Remy eut lié les deux caisses avec des sangles, il donna un dernier coup d'œil dans la rue pour s'assurer que nul n'y était arrêté, excepté le guide ; puis aidant sa pâle maîtresse à monter à cheval :

— Je crois, madame, lui dit-il tout bas, que cette maison sera la dernière où nous aurons demeuré si longtemps.

L'avant-dernière, Remy, dit la dame de sa voix grave et monotone.

— Quelle sera donc l'autre ?

— Le tombeau, Remy.

LXIII

CE QUE FAISAIT EN FLANDRE MONSEIGNEUR FRANÇOIS DE FLANDRE, DUC D'ANJOU ET DE BRABANT, COMTE DE FLANDRE

Maintenant, il faut que nos lecteurs nous permettent d'abandonner le roi au Louvre, Henri de Navarre à Cahors, Chicot sur la grande route, et la dame de Monsoreau dans la rue, pour aller trouver en Flandre monseigneur le duc d'Anjou, tout récemment nommé duc de Brabant, et au secours duquel nous avons vu s'avancer le grand amiral de France, Anne Daigues, duc de Joyeuse.

A quatre-vingts lieues de Paris, vers le nord, le bruit des voix françaises et le drapeau de France flottaient sur un camp français aux rives de l'Escaut.

C'était la nuit : des feux disposés en un cercle immense bordaient le fleuve si large devant Anvers, et se reflétaient dans ses eaux profondes.

La solitude habituelle des polders à la sombre verdure était troublée par le hennissement des chevaux français.

Du haut des remparts de la ville, les sentinelles voyaient reluire, au feu des bivouacs, le mousquet des sentinelles françaises, éclair fugitif et lointain que la largeur du fleuve jeté entre cette armée et la ville rendait aussi inoffensif que ces éclairs de chaleur qui brillent à l'horizon par un beau soir d'été.

Cette armée était celle du duc d'Anjou.

Ce qu'elle était venue faire là, il faut bien que nous le racontions à nos lecteurs. Ce ne sera peut-être pas bien amusant, mais ils nous pardonneront en faveur de l'avis : tant de gens sont ennuyeux sans prévenir !

Ceux de nos lecteurs qui ont bien voulu perdre leur temps à feuilleter la *Reine Margot* et la *Dame de Monsoreau*, connaissent déjà M. le duc d'Anjou, ce prince jaloux, égoïste, ambitieux et impatient, qui, né si près du trône dont chaque événement semblait le rapprocher, n'avait jamais pu attendre avec résignation que la mort lui fît un chemin libre.

Ainsi l'avait-on vu d'abord désirer le trône de Navarre sous Charles IX, puis celui de Charles IX lui-même, enfin celui de France occupé par son frère, Henri, ex-roi de Pologne, lequel avait porté deux couronnes, à la jalousie de son frère qui n'avait jamais pu en attraper une.

Un instant alors il avait tourné les yeux vers l'Angleterre, gouvernée par une femme, et pour avoir le trône, il avait demandé à épouser la femme, quoique cette femme s'appelât Élisabeth et eût vingt ans de plus que lui.

Sur ce point, la destinée avait commencé de lui sourire, si toutefois c'eût été un sourire de la fortune, que d'épouser l'altière fille de Henri VIII. Celui qui, toute sa vie, dans ses désirs hâtifs, n'avait pu réussir même à défendre sa liberté ; qui avait vu tuer, fait tuer peut-être, ses favoris La Mole et Coconnas, et sacrifié lâchement Bussy, le plus brave de ses gentilshommes : le tout sans profit pour son élévation et avec grand dommage pour sa gloire, ce répudié de la fortune se voyait tout à la fois accablé des faveurs d'une grande reine, inaccessible jusque-là à tout regard mortel, et porté par tout un peuple à la première dignité que ce peuple pouvait conférer.

Les Flandres lui offraient une couronne, et Élisabeth lui avait donné son anneau.

Nous n'avons pas la prétention d'être historien ; si nous le devenons parfois, c'est quand par hasard l'histoire descend au niveau du roman, ou, mieux encore, quand le roman monte à la hauteur de l'histoire ; c'est alors que nous plongeons nos regards curieux dans l'existence princière du duc d'Anjou, laquelle ayant constamment côtoyé l'illustre chemin des royautés, est pleine de ces événements, tantôt sombres, tantôt éclatants, qu'on ne remarque d'habitude que dans les existences royales.

Traçons donc en quelques mots l'histoire de cette existence.

Il avait vu son frère Henri III embarrassé dans sa querelle avec les Guises et il s'était allié aux Guises ; mais bientôt il s'était aperçu que ceux-ci n'avaient d'autre but réel que celui de se substituer aux Valois sur le trône de France.

Il s'était alors séparé des Guises ; mais, comme on l'a vu, ce n'était pas sans quelque danger que cette séparation avait eu lieu, et Salcède, roué en Grève, avait prouvé l'importance que la susceptibilité de MM. de Lorraine attachait à l'amitié de M. d'Anjou.

En outre, depuis longtemps déjà, Henri III avait ouvert les yeux, et un an avant l'époque où cette histoire commence, le duc d'Alençon, exilé ou à peu près, s'était retiré à Amboise.

C'est alors que les Flamands lui avaient tendu les bras. Fatigués de la domination espagnole, décimés par le proconsulat du duc d'Albe, trompés par la fausse paix de don Juan d'Autriche, qui avait profité de cette paix pour reprendre Namur et Charlemont, les Flamands avaient appelé à eux Guillaume de Nassau, prince d'Orange, et l'avaient fait gouverneur général du Brabant.

Un mot sur ce nouveau personnage, qui a tenu une si grande place dans l'histoire et qui ne fera qu'apparaître chez nous.

Guillaume de Nassau, prince d'Orange, avait alors cinquante à cinquante et un ans ; fils de Guillaume de Nassau, dit le Vieux, et de Julienne de Stolberg, cousin de ce René de Nassau tué au siége de Saint-Dizier, ayant hérité de son titre de prince d'Orange, il avait, tout jeune encore, nourri dans les principes les plus sévères de la réforme, il avait, disons-nous, tout jeune encore, senti sa valeur et mesuré la grandeur de sa mission.

Cette mission, qu'il croyait avoir reçue du ciel, à laquelle il fut fidèle toute sa vie, et pour laquelle il mourut comme un martyr, fut de fonder la république de Hollande, qu'il fonda en effet.

Jeune, il avait été appelé par Charles-Quint à sa cour. Charles-Quint se connaissait en hommes; il avait jugé Guillaume, et souvent le vieil empereur, qui tenait alors dans sa main le globe le plus pesant qu'ait jamais porté une main impériale, avait consulté l'enfant sur les matières les plus délicates de la politique des Pays-Bas. Bien plus, le jeune homme avait vingt-quatre ans à peine, quand Charles-Quint lui confia, en l'absence du fameux Philibert-Emmanuel de Savoie, le commandement de l'armée de Flandre. Guillaume s'était alors montré digne de cette haute estime; il avait tenu en échec le duc de Nevers et Coligny, deux des plus grands capitaines du temps, et, sous leurs yeux, il avait fortifié Philippeville et Charlemont; le jour où Charles-Quint abdiqua, ce fut sur Guillaume de Nassau qu'il s'appuya pour descendre les marches du trône, et ce fut lui qu'il chargea de porter à Ferdinand la couronne impériale, que Charles-Quint venait de résigner volontairement.

Alors était venu Philippe II, et, malgré la recommandation de Charles-Quint à son fils, de regarder Guillaume comme un frère, celui-ci avait bientôt senti que Philippe II était un de ces princes qui ne veulent pas avoir de famille. Alors s'était affermie en sa pensée cette grande idée de l'affranchissement de la Hollande et de l'émancipation des Flandres, qu'il eût peut-être éternellement enfermée en son esprit, si le vieil empereur, son ami et son père, n'eût point eu cette étrange idée de substituer la robe du moine au manteau royal. Alors les Pays-Bas, sur la proposition de Guillaume, demandèrent le renvoi des troupes étrangères; alors commença cette lutte acharnée de l'Espagne, retenant la proie qui voulait lui échapper; alors passèrent sur ce malheureux peuple, toujours froissé entre la France et l'Empire, la vice-royauté de Marguerite d'Autriche et le proconsulat sanglant du duc d'Albe; alors s'organisa cette lutte à la fois politique et religieuse, dont la protestation de l'hôtel de Culembourg, qui demandait l'abolition de l'inquisition dans les Pays-Bas, fut le prétexte; alors s'avança cette procession de quatre cents gentilshommes vêtus avec la plus grande simplicité, défilant deux à deux et venant apporter au pied du trône de la vice-gouvernante l'expression du désir général, résumé dans cette protestation; alors, et à la vue de ces gens si graves et si simplement vêtus, échappa à Barlaimont, un des conseillers de la duchesse, ce mot de *gueux*, qui, relevé par les gentilshommes flamands et accepté par eux, désigna dès lors, dans les Pays-Bas, le parti patriote, qui, jusque-là, était sans appellation.

Ce fut à partir de ce moment que Guillaume commença de jouer le rôle qui fit de lui un des plus grands acteurs politiques qu'il y ait au monde. Constamment battu dans cette lutte contre l'écrasante puissance de Philippe II, il se releva constamment, et toujours plus fort après ses défaites, toujours levant une nouvelle armée, qui remplace l'armée disparue, mise en fuite ou anéantie, il reparaît plus fort qu'avant sa défaite, et toujours salué comme un libérateur.

C'est au milieu de ces alternatives de triomphes moraux et de défaites physiques, si cela peut se dire ainsi, que Guillaume apprit à Mons la nouvelle du massacre de la Saint-Barthélemy.

C'était une blessure terrible et qui allait presque au cœur des Pays-Bas; la Hollande et cette portion des Flandres qui était calviniste perdaient par cette blessure le plus brave sang de ses alliés naturels, les huguenots de France.

Guillaume répondit à cette nouvelle, d'abord par la retraite, comme il avait l'habitude de le faire; de Mons où il était, il recula jusqu'au Rhin; il attendit les événements.

Les événements font rarement faute aux nobles causes.

Une nouvelle à laquelle il était impossible de s'attendre, se répandit tout à coup.

Quelques gueux de mer, il y avait des gueux de mer et des gueux de terre, quelques gueux de mer, poussés par le vent contraire dans le port de Brille, voyant qu'il n'y avait aucun moyen pour eux de regagner la haute mer, se laissèrent aller à la dérive, et, poussés par le désespoir, ils prirent la ville qui avait déjà préparé ses potences pour les pendre.

La ville prise, ils chassèrent les garnisons espagnoles des environs, et ne reconnaissant point parmi eux un homme assez fort pour faire fructifier le succès qu'ils devaient au hasard, ils appelèrent le prince d'Orange; Guillaume accourut; il fallait frapper un grand coup; il fallait, en compromettant toute la Hollande, rendre à tout jamais impossible une réconciliation avec l'Espagne.

Guillaume fit rendre une ordonnance qui proscrivait de Hollande le culte catholique, comme le culte protestant était proscrit en France.

A ce manifeste, la guerre recommença : le duc d'Albe envoya contre les révoltés son propre fils, Frédéric de Tolède, qui leur prit Zutphen, Narden et Harlem, mais cet échec, loin d'abattre les Hollandais, sembla leur avoir donné une nouvelle force : tout se souleva ; tout prit les armes, depuis le Zuyderzée jusqu'à l'Escaut; l'Espagne eut peur un instant, rappela le duc d'Albe, et lui donna pour successeur don Louis de Requesens, l'un des vainqueurs de Lépante.

Alors s'ouvrit pour Guillaume une nouvelle série de malheurs : Ludovic et Henri de Nassau, qui amenaient un secours au prince d'Orange, furent surpris par un des lieutenants de don Louis, près de Nimègue, défaits et tués ; les Espagnols pénétrèrent en Hollande, mirent le siége devant Leyde et pillèrent Anvers.

Tout était désespéré, quand le ciel vint une seconde fois au secours de la république naissante. Requesens mourut à Bruxelles.

Ce fut alors que toutes les provinces, réunies par un seul intérêt, dressèrent d'un commun accord et signèrent, le 8 novembre 1576, c'est-à-dire quatre jours après le sac d'Anvers, le traité connu sous le nom de paix de Gand, par lequel elles s'engageaient à s'entr'aider à délivrer le pays de la servitude des Espagnols *et des autres étrangers.*

Don Juan reparut, et avec lui la mauvaise fortune des Pays-Bas. En moins de deux mois, Namur et Charlemont furent pris.

Les Flamands répondirent à ces deux échecs en nommant le prince d'Orange gouverneur général du Brabant.

Don Juan mourut à son tour. Décidément Dieu se prononçait en faveur de la liberté des Pays-Bas. Alexandre Farnèse lui succéda.

C'était un prince habile, charmant de façons, doux et fort en même temps, grand politique, bon général; la Flandre tressaillit en entendant pour la première fois cette mielleuse voix italienne l'appeler amie, au lieu de la traiter en rebelle.

Guillaume comprit que Farnèse ferait plus pour l'Espagne avec ses promesses que le duc d'Albe avec ses supplices.

Il fit signer aux provinces, le 29 janvier 1579, l'union d'Utrecht, qui fut la base fondamentale du droit public de la Hollande.

Ce fut alors que, craignant de ne pouvoir exécuter seul ce plan d'affranchissement pour lequel il luttait depuis quinze ans, il fit proposer au duc d'Anjou la souveraineté des Pays-Bas, sous la condition qu'il respecterait les priviléges des Hollandais et des Flamands et respecterait leur liberté de conscience.

C'était un coup terrible porté à Philippe II. Il y répondit en mettant à prix à 25,000 écus la tête de Guillaume.

Les Etats assemblés à la Haye déclarèrent alors Philippe II déchu de la souveraineté des Pays-Bas, et ordonnèrent que dorénavant le serment de fidélité leur fût prêté à eux, au lieu d'être prêté au roi d'Espagne.

Ce fut en ce moment que le duc d'Anjou entra en Belgique et y fut reçu par les Flamands avec la défiance dont ils accompagnaient tous les étrangers. Mais l'appui de la France promis par le prince français leur était trop important pour qu'ils ne lui fissent pas, en apparence au moins, bon et respectueux accueil.

Cependant la promesse de Philippe II portait ses fruits. Au milieu des fêtes de sa réception, un coup de pistolet partit aux côtés du prince d'Orange ; Guillaume chancela : on le crut blessé à mort; mais la Hollande avait encore besoin de lui.

La balle de l'assassin avait seulement traversé les deux joues. Celui qui avait tiré le coup, c'était Jean Jaureguy, le précurseur de Balthasar Gérard, comme Jean Chatel devait être le précurseur de Ravaillac.

De tous ces événements il était resté à Guillaume une sombre tristesse qu'éclairait rarement un sourire pensif. Flamands et Hollandais respectaient ce rêveur, comme ils eussent respecté un Dieu, car ils sentaient qu'en lui, en lui seul, était tout leur avenir ; et quand ils le voyaient s'avancer, enveloppé dans son large manteau, le front voilé par l'ombre de son feutre, le coude dans sa main gauche, le menton dans sa main droite, les hommes se rangeaient pour lui faire place, et les mères, avec une certaine superstition religieuse, le montraient à leurs enfants en leur disant :

— Regarde, mon fils, voilà le Taciturne.

Les Flamands, sur la proposition de Guillaume, avaient donc élu François de Valois duc de Brabant, comte de Flandre, c'est-à-dire prince souverain.

Ce qui n'empêchait pas, bien au contraire, Élisabeth de lui laisser espérer sa main. Elle voyait dans cette alliance un moyen de réunir aux calvinistes d'Angleterre ceux de Flandre et de France : la sage Élisabeth rêvait peut-être une triple couronne.

Le prince d'Orange favorisait en apparence le duc d'Anjou, lui faisant un manteau provisoire de sa popularité, quitte à lui reprendre le manteau quand il croirait le temps venu de se débarrasser du pouvoir français, comme il s'était débarrassé de la tyrannie espagnole.

Mais cet allié hypocrite était plus redoutable pour le duc d'Anjou qu'un ennemi; il paralysait l'exécution de tous les plans qui eussent pu lui donner un trop grand pouvoir ou une trop haute influence dans les Flandres.

Philippe II, en voyant cette entrée d'un prince français à Bruxelles, avait sommé le duc de Guise de venir à son aide, et cette aide, il la réclamait au nom d'un traité fait autrefois entre don Juan d'Autriche et Henri de Guise.

Les deux jeunes héros, qui étaient à peu près du même âge, s'étaient devinés, et, en se rencontrant et associant leurs ambitions, ils s'étaient engagés à se conquérir chacun un royaume.

Lorsqu'à la mort de son frère redouté, Philippe II trouva dans les papiers du jeune prince le traité signé par Henri de Guise, il ne parut pas en prendre ombrage. D'ailleurs à quoi bon s'inquiéter de l'ambition d'un mort? La tombe n'enfermait-elle pas l'épée qui pouvait vivifier la lettre?

Seulement un roi de la force de Philippe II, et qui savait de quelle importance en politique peuvent être deux lignes écrites par certaines mains, ne devait pas laisser croupir dans une collection de manuscrits et d'autographes, attrait des visiteurs de l'Escurial, la signature de Henri de Guise, signature qui commençait à prendre tant de crédit parmi ces trafiquants de royauté, qu'on appelait les Orange, les Valois, les Hapsbourg et les Tudor.

Philippe II engagea donc le duc de Guise à continuer avec lui le traité fait avec don Juan; traité dont la teneur était que le Lorrain soutiendrait l'Espagnol dans la possession des Flandres, tandis que l'Espagnol aiderait le Lorrain à mener à bonne fin le conseil héréditaire que le cardinal avait jadis enté dans sa maison.

Ce conseil héréditaire n'était autre chose que de ne point suspendre un instant le travail éternel qui devait conduire, un beau jour, les travailleurs à l'usurpation du royaume de France.

Guise acquiesça; il ne pouvait guère faire autrement; Philippe II menaçait d'envoyer un double du traité à Henri de France, et c'est alors que l'Espagnol et le Lorrain avaient déchaîné contre le duc d'Anjou, vainqueur et roi dans les Flandres, Salcède, Espagnol, et appartenant à la maison de Lorraine, pour l'assassiner.

En effet un assassinat terminait tout à la satisfaction de l'Espagnol et du Lorrain.

Le duc d'Anjou mort, plus de prétendant au trône de Flandre, plus de successeur à la couronne de France.

Restait bien le prince d'Orange; mais, comme on le sait déjà, Philippe II tenait tout prêt un autre Salcède qui s'appelait Jean Jaureguy.

Salcède fut pris et écartelé en place de Grève, sans avoir pu mettre son projet à exécution.

Jean Jaureguy blessa grièvement le prince d'Orange, mais enfin il ne fit que le blesser.

Le duc d'Anjou et le Taciturne restaient donc toujours debout, bons amis en apparence, rivaux plus mortels en réalité que ne l'étaient ceux mêmes qui voulaient les faire assassiner.

Comme nous l'avons dit, le duc d'Anjou avait été reçu avec défiance. Bruxelles lui avait ouvert ses portes, mais Bruxelles n'était ni la Flandre ni le Brabant; il avait donc commencé, soit par persuasion, soit par force, à s'avancer dans les Pays-Bas, à y prendre, ville par ville, pièce par pièce, son royaume récalcitrant; et, sur le conseil du prince d'Orange, qui connaissait la susceptibilité flamande, à manger feuille à feuille, comme eût dit César Borgia, le savoureux artichaut de Flandre.

Les Flamands, de leur côté, ne se défendaient pas trop brutalement; ils sentaient que le duc d'Anjou les défendait victorieusement contre les Espagnols; ils se hâtaient lentement d'accepter leur libérateur, mais enfin ils l'acceptaient.

François s'impatientait et frappait du pied en voyant qu'il n'avançait que pas à pas.

— Ces peuples sont lents et timides, disaient à François ses bons amis, attendez.

— Ces peuples sont traîtres et changeants, disait au prince le Taciturne, forcez.

Il en résultait que le duc, à qui son amour-propre naturel exagérait encore la lenteur des Flamands comme une défaite, se mit à prendre de force les villes qui ne se livraient point aussi spontanément qu'il eût désiré.

C'est là que l'attendaient, veillant l'un sur l'autre, son allié, le Taciturne, prince d'Orange ; son ennemi le plus sombre, Philippe II.

Après quelques succès, le duc d'Anjou était donc venu camper devant Anvers, pour forcer cette ville, que le duc d'Albe, Requesens, don Juan, et le duc de Parme avaient tour à tour courbée sous leur joug, sans l'épuiser jamais, sans la façonner à l'esclavage un instant.

Anvers avait appelé le duc d'Anjou à son secours contre Alexandre Farnèse ; lorsque le duc d'Anjou, à son tour, voulut entrer dans Anvers, Anvers tourna ses canons contre lui.

Voilà dans quelle position s'était placé François de France, au moment où nous le retrouvons dans cette histoire, le surlendemain du jour où l'avaient rejoint Joyeuse et sa flotte.

FIN DE LA DEUXIÈME PARTIE

TABLE DES MATIÈRES

www.ingramcontent.com/pod-product-compliance
Lightning Source LLC
Chambersburg PA
CBHW050018100426
42739CB00011B/2693
* 9 7 8 2 0 1 1 8 6 7 6 0 5 *